师爱素质研究

陈 宁 张 萍 著

上海交通大学出版社
SHANGHAI JIAO TONG UNIVERSITY PRESS

内容提要

　　本书是从教育实践的现实需要和教育心理学特别是情感教育心理学的学科发展出发,在中外师爱思想研究和师爱基本理论问题研究的基础上,对"师爱素质"这一原创性概念的内涵、结构及师爱素质的发展特征、心理机制、培养模式等核心理论问题,进行的探索性开创研究。

　　本书拟回答的核心理论问题是:在人类爱的谱系中,师爱是一种什么样的爱? 具有怎样的性质和价值? 师爱素质是一种什么样的教师素质? 具有怎样的属性和特点? 构建的内含爱生情感和爱生能力两个维度的师爱素质理论结构能否得到确证? 中小学教师师爱素质具有怎样的发展特征和表现特点? 师爱素质的影响因素和心理机制呈现怎样的规律? 如何在发展生态学等理论基础上构建师爱素质的有效培养模式? 围绕这些焦点问题,本书对师爱素质进行了规范性、功能性、生成性阐述和实然、应然分析。

　　本书可供一线教师、教育理论工作者、教育学和心理学研究生阅读。

图书在版编目(CIP)数据

师爱素质研究 / 陈宁,张萍著. —上海:上海交
通大学出版社,2016
ISBN 978 - 7 - 313 - 16210 - 6

Ⅰ. ①师…　Ⅱ. ①陈… ②张…　Ⅲ. ①师德—教师素
质—研究　Ⅳ. ①G451.6

中国版本图书馆 CIP 数据核字(2016)第 280916 号

师爱素质研究

著　　者:陈 宁 张 萍
出版发行:上海交通大学出版社　　　　地　　址:上海市番禺路 951 号
邮政编码:200030　　　　　　　　　　电　　话:021 - 64071208
出 版 人:郑益慧
印　　制:上海宝山译文印刷厂　　　　经　　销:全国新华书店
开　　本:787 mm×960 mm　1/16　　印　　张:16.75
字　　数:280 千字
版　　次:2016 年 12 月第 1 版　　　　印　　次:2016 年 12 月第 1 次印刷
书　　号:ISBN 978 - 7 - 313 - 16210 - 6/G
定　　价:49.00 元

前　言

古今中外，一些著名的思想家、哲学家、教育家都普遍认为师爱是教育的灵魂，都普遍重视师爱在教育中发挥的重要作用，并留下了丰富的师爱思想，产生了极为深远的影响。改革开放以来，我国多次制定、修订、颁布《中小学教师职业道德规范》《关于建立健全中小学师德建设长效机制的意见》等文件，尽管随着社会变迁和教育发展，其中关于师德规范的条目数量、具体内容存有差异，但体现师爱要求的"热爱学生""关爱学生"却始终作为师德的一条明确规范。这种制度性规定对广大教师恪守师德、激荡师爱发挥了重要的作用，也直接推动了学界对师爱的研究。

当前对师爱的研究形成三种主要理论视角。一是教育伦理学视角，强调师爱的道德属性，这是当前研究的主要视角。国内学术界一般将师爱视为师德的核心，甚至是教师最高的职业道德。因而教师不仅是"经师"，更应是"人师""仁师"。国外主要代表是 Noddings，她强调师爱的道德关系性，并区分了两种师爱类型：自然关爱与伦理关爱。二是教育现象学视角，凸显师爱的职业特性。强调教师的爱就是指教师的心始终向着孩子，心向着孩子生存和成长的固有本性。三是教育心理学视角，关注师爱的心理特质。如 Baines 等将师爱定义为"精神上、情感上和体力上的投入与付出，包括照顾、回应和支持他人"，O'Connor 认为，师爱是指因教师激励、帮助以及鼓舞学生的欲望而产生的情感、行动及反思。然而，应客观正视当前学界在师爱相关领域研究不足：首先，尽管中外师爱思想源远流长，古往今来讴歌者甚多，但师爱却很少受到教育科学应有的学术观照，即便是研究文献的数量也并不多见；其次，尽管以往研究从多个视角对师爱问题进行了理论探讨，或者实证研究，但多囿于师德视角，鲜有从教师专业素质角度进行的研究,直接导致教师教育中师爱培养的可操作性和有效性。

现有研究的不足,可能与师爱问题上的两种认识误区有关:一是"简单论",认为师爱就是教师对学生的爱,无非就是教师要像母亲爱孩子一样爱学生,不需要对师爱进行理论研究;二是"复杂论",认为教师对学生的爱和其它爱的情感一样,只可意会、不可言传,只可体验、不可操纵,似乎无法进行研究。"简单论"当然是错误的。教育活动实践中,教师对学生的爱具有全息性、弥散性、持久性、关系性特点,在教师所有的职业工作内容中都能得到体现,因而,无论是对师爱内涵和价值的理论探讨,还是对师爱结构和发展机制的实证揭示,都有极为重要的理论意义和实践意义。"复杂论"无疑是偏颇的。诚然,人类情感具有高度的复杂性,师爱更是一种体现职业特点、蕴含道德要求的社会性情感,对其的科学研究确实有相当难度,但是,心理学学科理论和研究方法的发展,为对人类复杂情感问题的研究奠定了基础。

在上述背景下,笔者在长期的教育实践和教师研究过程中,逐渐形成两个看法:一是,教师的教育教学工作是典型的道德实践,师德是有效教育教学的前提和保障,然而师德建设和师德研究,又必须以师爱涵养和师爱研究为基础;二是,需扭转师爱研究的单一师德视角,应将师爱纳入教师专业素质范畴予以考察,唯此,才能强化教师在这方面自觉培养的意识,才有助于改变"师爱未能为学生感受到"等"爱的鸿沟"状况,从而为构建和谐师生关系、促进师生情感交融、促进教育教学的有效性提供实证依据和实践策略。正是基于这两点思考,在文献研究、理论推演、概念组合和现象学分析基础上,笔者提出原创性的"师爱素质"概念,并产生了一系列问题研究的冲动:在人类爱的谱系中,师爱是一种什么样的爱、具有怎样的性质和价值? 师爱素质是一种什么样的教师素质、具有怎样的属性、特点和心理结构? 中小学教师师爱素质具有怎样的发展特征和表现特点? 师爱素质的影响因素和心理机制呈现怎样的规律? 如何在发展生态学等理论基础上构建师爱素质的有效培养模式? 等等。

呈现在读者面前的这本专著,即是对上述问题进行思考和研究后的成果。全书共八章,除第一章"绪论"外,余下章节研究内容主要包括:中外师爱思想研究和师爱研究述评,即对古今中外师爱思想进行梳理、分析,阐述中外思想的发展脉络、主要特点,同时对当代国内外师爱相关研究文献进行文献计量学和知识图谱分析,以把握其主要的研究动态;师爱的基本理论问题研究,即首先从哲学、伦理学、心理学、教育学等视角,对人类爱进行诠释分析,并从爱的本质属性入手,界定师爱内涵、阐述师爱所具有的特点,再从价值范畴分析入手,具体阐述师爱之于学生的教育价值和之于教师的职业价值;师爱素质概念提出与内涵结构研究,即在详细分析教师工作的专业性特征、教师素质结构的基础上,原创性提出"师爱素质"概念,界定其概念内涵,分析师爱素质的特点,进一步从情感和能力相结合的视角,综合运用现象学手段和理论思辨方法,建构师爱素质理论结构并予以实证检验;师爱素质发展特征和表现特点研究,即原创性编制《师爱素质调查问卷》并进行全国范围内取样调查,揭示当前中小学教师师爱素质发展水平和发展特征,同时选取名师个案,初步分析、归纳中小学名师师爱素质的表现特征和共同成长规律;师爱素质心理机制研究,即通过理论建模和实证研究,分析教师职业认同、学校组织关爱氛围、教师反思、教师反馈性体验、教师更新等个体因素、情境因素与师爱素质之间的关系路径,以揭示师爱素质的心理机制;师爱素质培养模式研究,即阐述相关理论,提出并论证师爱素质的生态学培养模式模型,阐述生态学取向的师爱素质培养的目标结构、基本原则和具体路径。

通过研究,本书提出了若干理论观点、发现了一些研究结论,如:"在教师专业素质结构中,师爱素质处于基础性、奠基性地位";"师爱是教育活动中的基本善,既是目的善,又是手段善";"人性爱是师爱的最初源点,但师爱生成、发展的关键机制是教师对其责任和使命的自觉意识";"师爱素质,即教师对学生的爱的素质,它是经教育实践形成发展并体现出来的教师乐于与学生交往、真诚关心爱护学生、积极为学生发展投入的情感心理特征,具有社会属性、职业特性、可测量性和可发展性等特点";"师爱素质结构是多层次、多维度的,从情感和能力相结合角度,包括2层次(爱生情感,爱生能力)、6维度(亲密感、关爱感、投入感;觉察能力、理解能力、表达能力)";"当前,中小学教师的师爱素质总体正向积极,但仍有较大提升空间";"教师实践经历越丰富、师生交往互动越频繁、越是注重实践反思、学校关爱氛围越好、越是认同教师职业、教师越是注重知识和能力更新,师爱素质水平越高";"基于发展生态学模型构建的内含组织文化涵育、成长平台支持和教师个人修养三条路径的生态学培养模式,是师爱素质的有效培养模式";等等。

　　尽管上述研究工作和所得结论,对师爱培育、教师专业素质提升具有很好的现实指导意义,甚至在概念提出和实证研究方面具有一定的创新性,但由于教育心理学在师爱研究方面的文献积累不足,特别是受笔者的研究水平局限,这些探索都是初步的、初浅的,我们诚恳期待同行专家、广大教师和读者批评指正!

　　本书由陈宁和张萍合著完成。在选题、设计、研究、撰稿和出版过程中,得到了我们的导师卢家楣教授的悉心指导和鼓励,得到了我们各自单位、参与调查和资料搜集的各中小学校领导、师生和同门师兄弟姐妹的大力支持,得到了上海交通大学出版社郁金豹、易文娟编辑的鼎力相助,同时参考了国内外大量研究文献。在本书付梓之际,谨向所有关心、支持本书的单位和个人表示衷心的感谢!

作　者

2016 年 11 月 1 日

目　　录

第一章 绪 论

　　教育是以人为核心、为促进人的发展为宗旨的人类实践活动。情感是人的固有属性,人是情感性存在,不存在没有情感的人,也不存在没有情感的教育。教育活动中最宝贵、最纯洁的情感,莫过于教师对学生的爱。师爱如水,师爱如烛,她似乎无声无痕,却又真实地滋润着学生的心田、点亮着学生的心灯。古往今来,多少人都用优美的言语讴歌着师爱,然而,她却很少受到教育科学特别是教育心理学学科应有的学术观照,使得长期以来"师爱"虽然是教育实践中的常见术语,却并非理论研究中的科学问题。而在人机互动频繁、人际关系疏离并已经影响到教育实践、师生关系的今天,对师爱的理性审思和科学研究,已不仅是重要的理论问题,更是迫切的实践问题。本研究在情感教育心理学的理论框架下,在中外师爱思想发展研究和师爱基本理论问题研究的基础上,原创性地提出"师爱素质"的本土概念,进而对师爱素质的概念内涵、结构模型、发展特征、心理机制、培养模式等核心理论问题,进行探索性开创研究。在具体展开这一系列探索性研究成果之前,先对本研究的选题背景、研究框架和研究方法进行概要阐述,以进一步彰显本研究的必要性和迫切性,凸显本研究的内在逻辑和思路方法。

第一节 研究背景

　　"问题是时代的声音",师爱素质概念的提出及对其核心理论问题的研究,既源于宏观上我国教育事业发展和教师素质提升的现实诉求,又是对微观教育实践中师生共情鸿沟跨越、和谐师生关系构建的及时应答,既是进一步拓展、丰富教育心理学学科内容体系的理论需要,又得益于积极心理学和情感教育心理学的理论积淀和研究进展。

一、师爱素质是教师的奠基性专业素质

1. 教师专业素质是教育事业发展的根本保障

百年大计,教育为本;教育大计,教师为本。从宏观上来说,强国必先强教,强教首先强师,教师职业素质是我国教育事业发展的根本保障。《全国教育人才发展中长期规划(2010—2020 年)》(教育部,2010)中指出,"教育人才是教育事业科学发展的第一资源,是国家人才队伍的重要组成部分,在建设人力资源强国、人才强国和创新型国家中处于十分关键的战略地位。"根据教育部统计公报,2014 年全国各级各类学校专任教师超过 1 500 万人。如此庞大的教师队伍,其数量和结构固然重要,但身为培养人才的人才,教师的专业素质更为根本。著名心理学家林崇德教授(1999)在他的《教育的智慧——写给中小学教师》一书中写道:"在长期研究学生心理的发展与培养的过程中,我深深地体会到,学生的发展,关键在于教师。教师素质的高低是学生能否发展的前提。这使我从只研究学生转入到既研究学生又研究教师。"对教师素有研究的著名教育专家肖川教授(2005)也深情地说:"教师无疑是我们这个社会中最有教养、最为纯洁和最为善良的一个群体,也是我们社会中最大的知识群体。他们的劳动也是极其有意义的:关系着民族的未来,关系着我们这个社会的安全、和谐与温暖,关系着每一人对待生活的态度,关系着每一个人生命的质素。"

实际上,世界各国都清醒地认识到教师和教师专业素质之于教育的极端重要性。俄国教育家乌申斯基(凯洛夫,1957)说:"一个教师如果不落后于现代教育的进程,他就会感到自己是克服人类无知和恶习的大机构中的一个活跃而积极的成员,是过去历史上所有高尚而伟大的人物跟新一代之间的中介人,是那些争取真理和幸福的人的神圣遗训的保存者。他感到自己是过去和未来之间的一个活的环节……他的事业,从表面来看虽然平凡,却是历史上最伟大的事业之一……"乌申斯基看到了教师在任何社会的历史进程中所具有的文化传承、真理捍卫、代际更替的不可或缺性和不可替代性,而联合国教科文组织更是看到了教师在现代社会发展变革中的意义,指出教师作为变革的因素,在促进相互理解和宽容方面,其作用的重要性从未像今日这样不容置疑(国际 21 世纪教育委员会,1996)。在美国,一个名为"美国教育"的著名民间教育组织用十几年的研究得出一个结论,那就是"老师的作用比学校大",美国现任总统奥巴马甚至说道:"美国的命运将掌握在教师的手里。"当代美国教育心理学家吉诺特博士以一名教师的

身份,从正反两个方面指出了教师职业素质之于儿童发展的决定性意义(宋洪昌,2012),他说:"在经历了若干年的教师工作之后,我得到一个令人惶恐的结论:教育的成功和失败,'我'是决定性的因素。我个人采用的方法和每天的情绪,是造成学习气氛和情境的主因。身为老师,我具有极大的力量,能够让孩子们活得愉快或悲惨,我可以是制造痛苦的工具,也可能是启发灵感的媒介。我能让人丢脸,也能叫人开心;能伤人,也可以救人。在任何情况下,一场危机之恶化或解除,儿童是否受到感化,全部决定在我。"由此可见,教师素质之于青少年儿童发展和教育成效的关键作用。

2. 师爱素质是奠基性的教师专业素质

教师需要怎样的专业素质? 从政策的角度看,国家、教育行政部门一般会对教师专业素质提出明确要求、发布相关标准。从研究的角度看,通常从三个不同路径进行分析:一是角色职责分析路径,即通过分析教师的职业角色和工作职责,构建教师专业素质体系;二是学生评价路径,即通过调查受教育者对现实教师的评价和理想教师的期待,对教师专业素质的内容进行完善;三是教师自省路径,即通过搜集教师对教育实践活动的体察、感悟和反思,分析问题,提出教师专业素质的新的构想和理念。本研究在综合自上而下的政策和自下而上的研究两个角度的基础上,提出"师爱素质是奠基性的教师专业素质"这一命题。该命题包含两层意思:第一,教师专业素质是教师成功地担当职业角色、有效地履行工作职责所必须具备的综合性素质,它是一个由道德、情感、知识、能力、身心健康等素质有机组成的结构系统;第二,教师专业素质结构中,师爱素质处于基础性、奠基性地位,这是因为教师对学生的爱的情感,不仅是教师职业道德的核心,也是教师职业情感的源泉和教师职业行为的根本动力,而教师对学生的爱的能力,不仅本身就是教师能力的核心元素,也是全部教育教学能力发挥实际效益的前提。

尽管"师爱素质是奠基性的教师专业素质"这一命题是本研究首次提出,但从政策和研究角度都能找到很多依据。国家层面,习近平总书记在第三十个教师节之际,号召全国广大教师要做"有理想信念、有道德情操、有扎实知识、有仁爱之心"的"四有"好老师,优秀教师是"经师"和"人师"的统一,而且应"仁而爱人",好老师是"仁师";改革开放以来,我国一共颁布了四次《中小学教师职业道德规范》,尽管随着社会变迁和教育发展,四次师德规范的条目数量、具体内容存有差异,但体现师爱要求的"热爱学生"、"关爱学生"却始终作为师德的一条明确规范。从研究层面的学生评价视角看,张巧明(2014)调查表明,"了解学生,和蔼可亲"是初中学生心目中理想教师的形象特征;邢利红(2011)对 44 所学校 2 175 名学生的调查表明,学生最关注的是"热爱和关心学生";张焰和黄希庭等(2005)对大、中、小学生采用教师人格特质形容词检核表对自己理想中的教师人格特质进行评定,结果显示慈爱/公正是学生喜欢的教师人格特质。从研究层面的教师自省视角看,孙炳海和申继亮等(2010)研究发现,无论是职前教师还是在职教师,在对"关爱学生"体现教师道德特殊性的评分上无显著差异,"关爱学生"是教师职业道德特殊性要求的集中体现,从教师素养的角度来看,"关爱学生"属于教师内在素质的动力系统之成分,也是进行教师评价的重要指标(申继亮,孙炳海,2008)。兼具教师身份的很多研究者同样看到师爱的奠基性作用,如新教育实验发起人、我国著名教育思想家朱永新教授(2000)认为,"具有人格魅力,充满爱心、受学生尊敬"是理想教师的重要标准;如关心教育理论提出者、美国著名教育哲学家诺丁斯(Noddings,1992)认为,教师的教学关爱是有意义教学的本质,是教学的核心方面,是教师素质的核心成分。而当今美国一些最优秀的一线教师也认识到,虽然随着技术的发展,如今教学工具已发生了很大的变化(课本不断更新,黑板也换成了计算机),但教学最重要的工具——真心和热情——却始终没有改变(比格勒,毕晓普,2008)。

二、师爱素质是师生关系中的关键变量

1. 师爱素质缺乏是教育实践中师生冲突的主因

教育是在人与人的关系中进行的,教师工作具有鲜明的关系属性。教师在教育活动实践中需要建立、应对、优化多重关系,如教师与社会的关系、教师与同事的关系、教师与学校管理者的关系、教师与家长的关系以及教师的自我关系等。其中,师生关系是最为基本、最为重要的关系。苏霍姆林斯基曾指出:"我坚信,常常以教育上的巨大不幸和失败而告终的学校内许许多多的冲突,其根源都在于教师不善于与学生交往。"这一精辟见解以反证的形式强调了师生关系和师生交往在教育活动中的重要性。然而,在教育活动实践中,因教师不理解学生引起的误会频频出现,因教师不善于沟通导致的师生间冲突时有发生。这些事件一发生,不但招致家长和学生的不满,而且会迅速成为引发社会广泛热议的教育事件。尽管教育者事后做出道歉或受到相关处理,但事实上已经在不同程度上伤害了学生心理,给师生关系蒙上了阴影。尽管这些事情发生的原因多种多样,

但都往往与教师的师爱素质有根本关系：教育实践中，一些教师要么奉行"教师本位"、"师道尊严"，对学生缺乏关爱和温情，要么虽认识到师生关系的核心成分是爱——师对生的热爱和生对师的敬爱，但正如克鲁普斯卡娅指出的："光爱还是不够的，必须善于爱"，由于不懂爱生的艺术、欠缺爱生的能力，所以导致师生和谐融洽关系的破坏、师生误会冲突的发生。

国内外已有很多研究者就师生关系中的师爱素质问题进行了探讨。据上海进行的一项关于师生关系现状的调查报告显示，有58％的教师说自己"很爱"或"尚爱"学生，可只有5.61％的学生明白地感受到这种"爱"，"不注意、不知道"的占了46.51％。这就是说，教师付出的"爱"，只有十分之一左右被学生"领情"（钱焕琦，2002）。另据柳州市对"师生关系的现状如何"调查的结果显示，超过60％的教师自我感觉自己是爱学生的，但是爱学生的教师中，有一部分是偏爱的，而被调查的学生当中，能感受到教师的爱的只有20％，认为自己"不注意或不知道"师爱的学生占46.51％，可以看出，仅仅有五分之一的学生可以感受到教师给予的爱（杨曾龙，2002）。无独有偶，美国女子军团（Girl Scouts of America）所做的一项调查显示，一百个孩子中就有一个声称，没有成人真正关心他，只有三分之一的孩子称他们的教师关心他们，且孩子们年龄越大，这样说的人数越少（诺丁斯，2003）。为何教师的感知和学生的体验之间出现了鸿沟呢？于是，一些研究者对师爱误区进行了探讨。刘洋（2008）认为师爱的误区主要表现在，教师把师爱视为必须完成的任务，被动消极地履行，对学生的关爱表面化、形式化；给予学生的爱有所区分，如优等生和差生的区分、学生家庭背景好坏的区分、男生和女生的区分。魏萍（2004）认为师爱误区有以下几种表现：施舍式的爱，教师忽视了学生的自尊心而去同情学生；强制式的爱，教师用强制的做法要求学生去完成大量作业；家长式的爱，教师像家长一样用"全面包办"的姿态来爱护学生；两极式的爱，教师的目光常投向表现好的学生或表现欠佳的学生而忽视了中等生；姑息式的爱，教师很少指出学生的错误，变爱为纵容。师爱的误区，正反映出教师在爱生素质上的问题：或者不是真正的爱生情感，或者缺乏爱生的能力。总之，师爱素质不足、低下，是现实教育实践中师生鸿沟、师生冲突的主因。

2. 师爱素质提升是构建和谐师生关系的关键

师生间的关系究竟是一种什么样的关系？它与通常意义上的人际关系有何区别？从教育哲学的角度看，师生关系本质上是人与人的关系，是主体与主体间的关系,是主体间关系,进一步说,是教师作为主导性主体和学生作为主动性主体之间的关系。这种主体间的关系固然是一种教育关系、伦理关系甚至可以说是一种道德上和义务上的契约关系,但根本来说,由于情感是人的存在属性,因而师生关系是一种情感关系,是教师和学生在教育活动中逐渐形成的态度和感受以及在此基础上产生的心理联系,是以爱的生成、爱的传递、爱的体验、爱的回馈为核心机制的情感关系。由于教师在师生关系中的主导性主体地位,因而教师对学生的爱的情感以及爱的能力——即师爱素质——就成为和谐、融洽、温馨的师生关系的关键变量。师爱素质水平高的教师,会促进师生情感交融,产生"安其学而亲其师"的效果,反之,则可能使师生情感关系恶化,出现"隐其学而疾其师"的局面。美国研究者斯黛菲等(Steffi et al. ,2012)曾提出教师职业生涯周期模型中的几个基本假设,其中一个关键假设是"教学工作中的卓越性有赖于教师将关爱——对学生、自身、理念以及教学专业的关爱——置于核心地位。"很多实证研究也证实了师爱素质在师生关系甚至是学生发展中的关键作用,如新西兰学者布卢斯坦(Bluestein,2011)的一项研究发现,不管学生是何种年龄、性别、家庭背景、能力水平,影响学生在学校取得成功的关键因素就是学生认为"我的老师喜欢我";潘恩塔和尼米兹(Pianta & Nimetz,1991)的研究证实,师生间的亲密程度对儿童问题行为的反向预测力甚至超过了用儿童早期的问题行为作为预测变量的预测力,攻击性儿童如果处在一种情感亲密的师生关系中,第二年后他的攻击性就降低了;而休斯等(Hughes et al. ,1999)则认为对那些抗拒父母的攻击性儿童来说,早期积极的师生关系有利于他们以后的行为适应。

三、师爱素质是教育心理学研究的弱域

1. 师爱始终受到高度重视,却未得到应有的理论观照

教育心理学作为心理学的一门应用分支学科,主要研究教育教学活动过程中的心理与行为规律。以桑代克三卷本《教育心理学》的出版为诞生标志,教育心理学的发展迄今已走过百余年历史,并渐渐形成以学习心理为基础和核心,包括育人心理(德育心理)、教学心理和教师心理为重要内容的学科体系。当然,真正把教师研究纳入自然科学的范式,从心理学的角度进行探索,这还是 21 世纪初的事。分析已有的研究,可以看出这类研究大致是从四个方面进行的:即教师人格特征的研究、教师知识的研究、教师观念的研究和教师能力的研究(辛涛,林崇德,1996)。在文献梳理和分析的基础上,本研究认为,近年来国内外关于教

师心理的研究主要围绕三方面内容展开：教师认知与能力研究、教师情感与人格特征研究、教师职业发展与心理健康研究（见图 1-1）。相比较而言，当前对教师情感的研究是教师心理研究中的薄弱环节，因而也是整个教育心理学学科研究中的薄弱环节，作为教师最宝贵、最纯洁的职业情感的师爱，更是很少得到应有的理论观照，实属教育心理学研究的弱域。由于师爱问题作为教育生活中一个重要的问题，在教育研究中并没有得到应有的重视和说明，因而对于其意义的模糊性和不确定性导致了在师爱问题讨论上的歧义，没有形成一个明晰的、统一的看法，这给实际工作造成了一系列的困难（李红博，2009）。

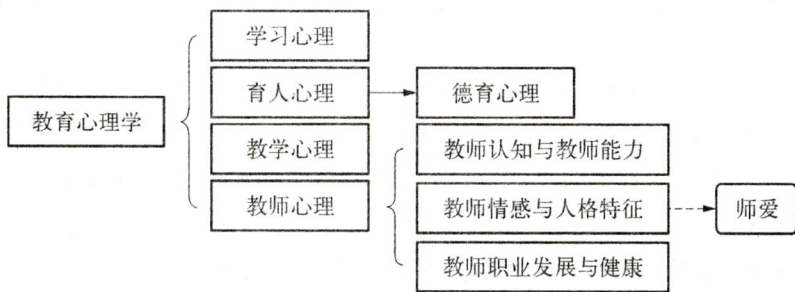

图 1-1 教育心理学学科研究内容

实际上，古今中外思想家、哲学家或教育家对师爱的赞美和对师爱问题的思考从未停止过（见第二章中外师爱思想的相关研究内容），近年来研究者和教师也开始对师爱的本质、特点、价值等问题进行理性探索（见第二章中外师爱研究进展的相关研究内容），但是，讴歌并非科学的研究，现有研究又多见于零散的论述、缺乏严谨的学理分析和严密的科学论证，使得师爱虽然被公认为教育活动实践中的问题，但却并未成为教育心理学中的一个科学研究问题。究其原因，可能与师爱问题上的两种认识误区有关：一是"简单论"，认为师爱就是教师对学生的爱，无非就是教师要像母亲爱孩子一样爱学生，不需要对师爱进行理论研究；二是"复杂论"，认为教师对学生的爱和其他爱的情感一样，只可意会、不可言传，只可体验、不可操纵，似乎无法运用教育心理学的范式和方法进行研究。"简单论"是错误的。无论是对师爱本身价值和功能的探讨，还是对师爱素质的结构和发展机制的揭示，都有极为重要的理论意义和实践意义，正如美国哲学家威廉·詹姆斯（James）所言，"你即使是在田野里捡石头也需要理论"，理论就像锻炼身体或者吃维生素 C，有的人过分上瘾，有的人很少考虑，但是没有人可以没有它

(沃尔科特,1995)。"复杂论"是偏颇的。诚然,人类情感具有高度的复杂性,师爱更是一种体现职业特点、蕴含道德要求的社会性情感,对其的科学研究确实有相当难度,但是,心理学学科理论和研究方法的发展,为对人类复杂情感问题的研究奠定了基础。特别是,本研究在师爱概念的基础上提出原创性的"师爱素质"概念,为开展教师对学生的爱提供了一个可行的研究范式。

2. 积极心理学与情感教育理论为师爱素质研究奠定基础

对师爱和师爱素质的研究,不仅对教育心理学的理论研究是十分必要的,而且积极心理学与教育的结合所产生的积极教育理论、情感心理学与教育的结合所产生的情感教育理论所提供的理论视角、奠定的理论基础,使得师爱素质的研究具有可行性。

积极心理学是当代心理学的最新发展趋势,它挑战了心理学界长期以来以研究心理疾病为主的思潮,倡导心理学的积极取向。1998 年,在美国心理学年会上,积极心理学之父、新任美国心理学会主席塞利格曼(Seligman)竭力主张将心理学的研究从对病态心理的研究和治疗扩展到研究人类幸福和美德的科学上,2000年,他在美国心理学会(APA)会刊《美国心理学家》上发表了《积极心理学导论》一文,吹响了建立聚焦积极情绪情感、积极人格力量、积极环境和制度三大研究领域的积极心理学号角(任俊,2010)。积极心理学理论一经与教育实践相结合,便出现了积极青少年发展、积极心理健康教育、积极思想道德教育、积极学校文化等积极教育理念、理论和方法。师爱,不但本身就是一种积极情感,不但与积极人格之一的"仁爱"相对应,而且也是积极环境中促进学生发展的保护性因子。由此可见,积极心理学和积极教育理论为本研究提供了重要的研究理念和理论支撑。

情感,长期以来是社会科学研究领域中的薄弱领域,甚至处于心理学中"灰姑娘"的地位和社会学中的"隐形"境地。但是,随着人本主义哲学思潮的发展、科学研究方法的演进和社会生活中对情感认识的加深,从 20 世纪 70 年代开始情感迅速成为多学科研究范畴,引发一场波及众多学科的"情感研究的革命",以揭示人类情绪情感心理发生发展规律为己任的情感心理学学科更是取得长足发展。情感心理学理论一经与教育实践相结合,便诞生了情感教育理论体系,它旨在关注人的情感层面如何在教育的影响下不断产生新质、走向新的高度,也是关注作为人的生命机制之一的情绪机制,如何与生理机制、思维机制一道协调发挥作用,以达到最佳的功能状态(朱小蔓,2008)。情感心理学理论与教学论以及教学实践的结合,情感教学心理学学科孕育而生,它为在教学工作中充分利用情感因素,实施知情和谐统一的教学提供有关的情感心理学依据(卢家楣,2000)。情感教育理论和情感教学心理学学科,为本研究提供了直接的理论来源和概念基础。

第二节 研 究 内 容

提出师爱素质概念并对其核心理论问题展开研究,既契合理论发展的需要,又符合教育实践的需求。一旦将师爱素质作为研究问题提出来,并进入科学研究的程序,需要按照研究的一般程式进行总体的研究设计。

一、研究问题和思路

教育活动实践中,教师对学生的爱具有全息性、弥散性特点,在教师所有的职业工作内容中都能得到体现。作为一项探索性研究,不可能穷尽该领域的全部问题。本研究关注师爱素质的关键成分、聚焦师爱素质的关键理论问题。具体而言,本研究力图通过积极探索,回答以下关键问题:在人类爱的谱系中,师爱是一种什么样的爱、具有怎样的性质和价值? 师爱素质是一种什么样的教师素质、具有怎样的属性和特点? 构建的内含爱生情感和爱生能力两个维度的师爱素质结构能否得到确证? 当前中小学教师的师爱素质呈现怎样的发展特征和表现特点? 师爱素质的影响因素和发展机制具有怎样的规律? 如何在发展生态学理论基础上构建师爱素质的有效培养模式? 对这些具体问题的回答,需要对师爱素质进行规范性论证、功能性剖析、生成性分析,以及对师爱素质基本状况进行实然描述、对师爱素质培养路径进行应然阐述。为此,本研究将采取大胆而科学、创新而严谨的研究态度,采取"三个相结合"的研究思路循序推进研究:

第一,理论借鉴与理论创新相结合。在社会科学研究中,理论为资料解释提供模型,把研究彼此关联起来,为概念和变量配备框架从而使之获得实质意义,使我们能向自己和他人解释我们的发现的深远意义……可以说,没有理论,社会科学就会沦为没条理且毫无意义的一堆观察、数据和统计数字(赫文,多纳,2013)。本研究高度重视理论所具有的这些作用,并在借鉴价值理论、情感素质理论、教师职业生涯发展理论、发展生态学理论等的基础上,探索性提出师爱价值、师爱素质结构模型、师爱素质发展机制、师爱素质培养模式等创新性理论,以期初步建构师爱素质核心理论体系。

第二,理论建构与实证研究相结合。一个好的理论既不可能随意生成,它往往最初源于事实的发现并接受实证的检验,理论一经形成又不能束之高阁,它需要在解释数据、指导实践的过程中才能彰显价值、才能不断完善。通过实证研究获得的资料,也唯有经由理论的解读方能获得实质性意义,否则,仅仅在事实之后罗列出这些事实,而没有围绕一系列概念和命题组织这些信息是很不够的。我们很快就会被无意义的数据淹没——成为缺乏"宏伟蓝图"的琐事专家(西格曼,瑞德尔,2009)。因而,理论和实证研究是不能割裂的,这是本研究必须遵循的研究思路。

第三,定量研究与质性研究相结合。实证研究通常划分为质性研究、定量研究以及两种方法的组合。质性研究侧重于用文字探索、理解事件、现象和规律,定量研究侧重于用数字描述、揭示事件、现象和规律。本研究将同时采取两种实证研究手段,并通过这些手段实现概念的演绎、理论的建构、理论模型的检验。

二、研究框架和内容

本研究整体研究框架如图1-2所示,具体展开六个方面的研究内容:

第一,中外师爱思想发展研究。本研究内容由两项具体研究构成:首先,对我国自先秦时期开始的师爱思想、对国外自古希腊时期以降的师爱思想进行梳理、分析,阐述中外思想的发展脉络及其主要特点;继而,对当代中外师爱相关研究文献进行综述、评价,把握其主要的研究动态。本部分内容详见第二章,构成本研究整体内容的思想源点。

第二,师爱基本理论问题研究。本研究内容由两项具体研究构成:首先,对人类之爱进行诠释分析,揭示其人性根源,并基于爱的类型分析阐述教师的教育爱;其次,详析师爱的内涵、特点及其根源,并以"师爱是基本的教育善"这一命题为切入点,剖析师爱之于学生的教育价值和之于教师的职业价值。本部分内容详见第三章,为本研究核心范畴——师爱素质的概念提出和理论建构提供原初性概念基础。

第三,师爱素质内涵结构研究。本研究内容由两项具体研究构成:首先,在分析教师职业特点、教师素质结构的基础上,将师爱纳入教师素质结构之中,提出师爱素质的概念,界定其内涵,分析其特点,并阐述其理论与实践意义;其次,

中外师爱思想研究 → ┌─────────────────────────┐
│ 中外师爱思想源流与嬗变研究 │
├─────────────────────────┤
│ 中外师爱研究综述与研究动态 │
└─────────────────────────┘

师爱基本理论研究 → ┌─────────────────────────┐
│ 爱的人性根源与教师的教育爱研究 │
├─────────────────────────┤
│ 师爱的内涵、特点与价值等理论研究 │
└─────────────────────────┘

师爱素质概念建构 → ┌─────────────────────────┐
│ 师爱素质概念提出及其理论与实践意义 │
├─────────────────────────┤
│ 师爱素质结构模型建构与模型检验 │
└─────────────────────────┘

师爱素质发展特征 → ┌─────────────────────────┐
│ 师爱素质发展水平与发展特征调查研究 │
├─────────────────────────┤
│ 名师师爱素质发展特征的个案研究 │
└─────────────────────────┘

师爱素质心理机制 → ┌─────────────────────────┐
│ 师爱素质心理机制的理论模型建构 │
├─────────────────────────┤
│ 师爱素质心理机制的理论模型检验 │
└─────────────────────────┘

师爱素质培养模式 → ┌─────────────────────────┐
│ 师爱素质培养的理论基础 │
├─────────────────────────┤
│ 师爱素质培养的生态学模型建构 │
└─────────────────────────┘

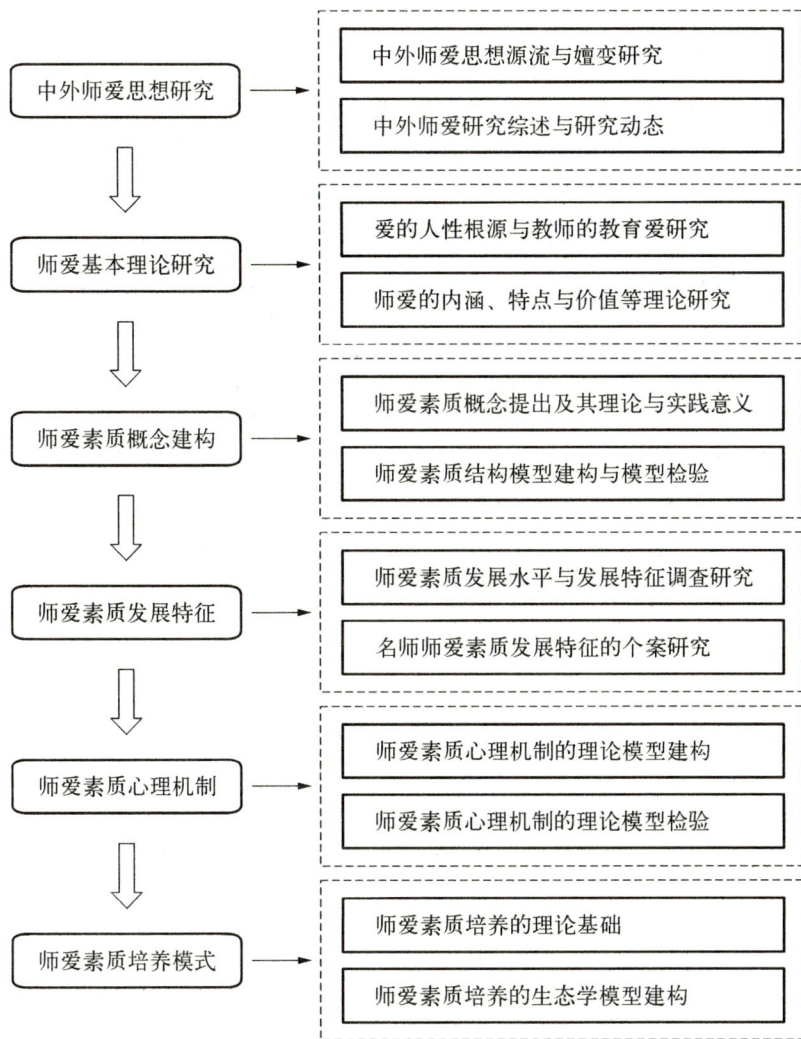

图 1 - 2　本研究的整体研究框架

理论推导师爱素质结构,运用心理测量学手段检验其结构,并对师爱素质各结构维度进行具体的理论分析。本部分内容详见第四章、第五章,这是本研究理论原创性的集中体现。

第四,师爱素质发展特征研究。本研究内容由三个具体实证研究构成:一是自编《师爱素质调查问卷》并进行调查,揭示中小学教师师爱素质发展水平和发展特征;二是自编《师爱素质学生感知调查问卷》并进行调查,从学生视角进一

步揭示中小学教师师爱素质发展水平和发展特征;三是运用个案和文本相结合
手段,对我国中小学名师进行质性研究,分析名师师爱素质的表现特征。本部分
内容详见第六章,试图通过一系列实证研究和实然性分析,揭示师爱素质发展水
平和不同经验类型教师师爱素质发展上的规律性特点。

第五,师爱素质心理机制研究。本研究内容包括:首先,在文献分析、理论演
绎的基础上,初步构建师爱素质心理机制模型;其次,通过调查手段搜集资料,分析
教师个体因素、学校情境因素等变量与师爱素质之间的关系路径,对理论模型进行
数据拟合和检验,以揭示师爱素质的心理机制。本部分内容详见第七章,这部分既
是本研究的又一重要理论创新点,同时也为师爱素质的培养提供理论依据。

第六,师爱素质培养模式研究。本研究内容涉及两项具体研究:一是回顾
素质养成理论、成人学习理论,提出并初步论述习学论,阐述师爱素质培养的理
论基础;二是以发展生态学模型为直接的理论基础,建构师爱素质的生态学培养
模式理论,并具体阐述生态学模型中师爱素质的培养目标、培养原则和具体路
径。本部分内容详见第八章,该研究内容侧重以实践为导向的理论研究,体现本
研究运用理论、走向实践、指导实践的价值。

第三节　研 究 方 法

任何一个原理当被运用于认识一个新事物或解决一个新问题,从而得出
一个新结论,它就是一种方法。原理是很多的,有不同领域的原理,有不同层
次的原理,因此,方法也是很多的,有不同领域的方法,有不同层次的方法(黄
楠森,2011)。师爱素质既是一项探索性研究,又是教育心理学学科中的科学
探究活动,自然需要综合运用多种研究方法,尤其需要在科学的方法论指导下
进行。

一、研究的方法论

第一,以马克思主义理论特别是人学思想为指导。教育是以人为中心的人
类实践活动,对教育问题的认识实际上都是对教育中的人的认识,对教育问题的
研究本质上都是对教育中的人的研究。师爱素质是教师对学生的爱的情感和爱
的能力方面的素质,这更是一个涉及人性、人情、人的能力以及人与人的关系的
教育问题。马克思对人的认识最为深刻,他指出:"人的本质不是单个人所固有

的抽象物,在其现实性上,它是一切社会关系的总和。"①因此,本研究必须坚持以马克思主义理论为指导,对爱的人性根源的分析、对师爱价值的认识、对师爱素质与教育实践间的关系揭示等等,无不需要在马克思主义认识论、价值论、实践论以及人学思想指导下进行。

第二,遵循历史的与逻辑的统一和系统方法论。本研究既要考察中外师爱思想发展脉络,又会探索教师职业发展过程中的师爱素质发展特点与机制,既要在师爱概念基础上、在教师素质框架下建构师爱素质概念,又会揭示并实证检验师爱素质结构,坚持结构视角与发生视角相结合、历史过程考查与内部逻辑分析相结合,体现了历史的与逻辑的统一。系统科学方法是指按事物本身的系统性,把研究对象作为一个具有一定组成、结构和功能的整体来加以考察的方法,即从整体与环境、整体与部分、部分与部分之间的相互联系、相互制约、相互使用的关系中综合地研究特定对象及其发展的方法(林崇德,2009)。本研究从情感和能力双重视角揭示师爱素质结构、从内部因素和外部因素两方面提出师爱素质培养模式,无不需要在系统方法论指导下,对所要研究的问题进行整体思考。

二、具体研究方法

第一,文献研究法。本研究所搜集、参考的文献包括著作、教材、报刊论文、学位论文、政策文件以及网络文献资料等多种类型。除一般引用、综述文献外,本研究还将运用文献定量学、知识图谱分析等方法,对师爱研究文献进行定量分析,以揭示这方面研究进展。

第二,理论思辨法。运用理论思辨法进行概念界定、理论分析和模型建构,是本研究获得理论知识的主要方法。本研究注重理论的借鉴、传承和创新,如基于师爱和教师素质、教师情感素质等上位概念,通过逻辑推导、归纳演绎进而原创性提出师爱素质概念,再如师爱素质结构、师爱素质发展机制、师爱素质培养模式等理论模型建构研究。

第三,定量研究法。调查研究是本研究的主要定量研究方法,主要包括对中小学教师、中小学学生两个群体的调查。研究过程中,首先基于理论模型编制调查问卷,并进行心理测量学分析,然后按照整群配比抽样方法进行取样调查,对数据的分析综合运用描述性统计、推断统计、回归分析和结构方程建模等多种

① 马克思恩格斯选集第 1 卷[M].北京:人民出版社,1995.

方法。

第四，质性研究。个案研究是本研究的主要质性研究方法，即通过对我国中小学典型名师个案进行资料搜集、文本分析、文字归纳，分析杰出教育专家师爱素质的表现特点。

第五，跨学科研究方法。科学是一种活动，是人类动用理论思维能力去探索自然、社会和精神的奥秘，获得关于世界的规律性知识，并用以改造世界、造福人类的活动（孙正聿，2000）。教育心理学研究要想获得对教育教学活动过程中的心理与行为的规律性认识，必须排除一己学科之见，积极借鉴、综合运用多学科方法。这种跨学科研究方法对师爱素质的探索性开创研究更为必要，例如，在本研究中，既要运用心理学的调查、实验等科学测量研究方法，又要运用一般社会科学中的概念建构和演绎方法，而在对师爱的价值进行分析时，又需要借鉴伦理学中的价值分析方法。

第二章　师爱思想源流与
师爱研究进展

中外教育思想的历史源远流长。可以说,随着人类的产生,就产生了如何规训、引导、教育下一代的问题,就出现了教育实践的尝试与探索,并随着代际更替开始积累教育经验。随着教育活动的日益发展和教育经验的不断积累,一些极富教育价值的师爱思想开始出现、形成,成为中外教育思想宝库中的重要内容。近几十年来,世界各国更加重视教育在经济社会发展中的基础性、全局性作用,更加重视教师职业素质的培养和提升,师爱也开始进入研究者的视野,在师爱的价值、内涵、性质等理论问题以及师爱的要求、培养等实践问题上取得了一些成果。考察中外师爱思想的发展轨迹、把握中外师爱研究的动态,对本研究开展师爱素质的探索性研究,无疑会给予相当多的启迪与思考。

第一节　中外师爱思想源流

无论是国内还是国外,无论是古代还是近现代,一些著名的思想家、哲学家、教育家都普遍认为师爱是教育的灵魂,都普遍重视师爱在教育中发挥的重要作用,并留下了丰富的师爱思想,产生了极为深远的影响,值得我们吸取和借鉴其中的合理因素。

一、我国师爱思想及其发展

1. 我国古代的师爱思想

我国是一个历史悠久、文化灿烂的文明古国、礼仪之邦。早在商周时代,就已逐步开始了教育职业活动,自此在绵延数千年的历史进程和教育发展中,我们的先辈特别是教育家们留下了丰富的教育思想遗产,其中一部分便是师爱思想。中国古代教育家师爱思想的具体表现,朱永新教授(2011)将其归纳为亲切关怀学生、充分信任学生、严格要求学生、鼓励学生成才等方面,张良才教授(1999)认为,中国古代教育家的师爱,蕴含于他们的教育言行之中,具体表现在以下方面:教学态度方面是"学而不厌,诲人不倦",教育对象方面的"有教无类",教育目标方面的"尽人之材",教育方式方面的"爱严结合、以身立教",师生关系方面的"教学相长,交以为师"。

我国古代师爱思想的产生应追溯到孔子。春秋末期,随着周王朝统治的崩溃,奴隶主贵族阶级垄断教育的"学在官府"、"师非官莫属"的状况逐渐被打破。在官学废弛的过程中,私学逐渐兴起,所谓"天子失官,学在四夷"正是当时学校教育巨大变迁的写照。然而,长期以来由于"官师合一"所造成的官吏教师作风,尤其是那种对学生"时现而弗语"的冷漠态度,仍在继续发生影响。作为首创私学、"弟子三千之众,贤人七十二比肩"的孔子,认识到这种官学教师作风有碍于师生关系的融洽和对教学的不利影响,故而在他的教育实践中力图建立一种以师爱为基础的、平等融洽的新型师生关系,正是在这一实践过程中,逐步形成了他的师爱思想(龙柏林,1987)。

首先,孔子的师爱思想其实也是一种师德思想,他从最高道德原则、道德标准和道德境界的"仁"字出发,把师爱作为师德的首要因素(王正平,郑百伟,1998)。孔子在《论语》中提到"仁者,爱人也"。孔子思想的核心是"仁",从这个核心出发,是"仁者爱人",进而是"入则孝,出则悌",最后是"克己复礼,天下归仁焉"。"仁"的基本形式是人与人之间彼此相爱的伦理关系,要求将人作为人来看待,承认人的存在,尊重人的人格,强调人有爱和尊重的需求。他不仅希望以"仁爱"精神处理人与人之间的关系,更以"仁爱"原则来治国安邦。"仁"的中心含义是"爱人",所以孔子把它作为为人之道的标准。在教育学生方面,孔子更是以"仁"为主要依据,在《论语》中,孔子对弟子和时人谈到"仁"的地方就有一百多次,足以证明孔子的教育思想完全是以"仁"为基础的,孔子"仁"的核心思想也是孔子爱的教育的指导思想。

其次,孔子的师爱思想几乎体现在教育活动的方方面面。在他看来,师爱的目的是让学生接受教诲,热爱学生,就要"诲人不倦"①,使其成为"仁者",师爱应以爱始而以诲终;热爱学生,就要"有教无类",无贫富、贵贱、庶鄙之分,无阶级、阶层之别,不分远近亲疏,不分成人童稚,不分地域民族,受而教之,广播师爱;热

---

① 《论语·述而》.

爱学生，就是要爱严结合，"爱之能勿劳乎？忠焉能勿诲乎？"①就是要对学生有极大的耐心，教师要帮助学生克服心理惰性，培养吃苦耐劳和奋发进取的精神；热爱学生，就是要以身立教，"其身正，不令而行。其身不正，虽令不从。"②热爱学生，就是要因材施教，教师要善于观察、了解学生的特点，孔子能够做到用精练的语言相当准确地概括出学生的特征，如："柴也愚，参也鲁，师也辟，由也瞻"，③"由也果，赐也达，求也艺"；④热爱学生，就是要关心和信任学生，使学生受到一次次生动的教育和感化，就是应有不耻下问的精神，"三人行，必有我师焉。"⑤

　　第三，孔子不仅在师爱思想方面提出了精辟见解，也是爱护学生的伟大实践者。孔子视富贵如浮云，为教诲学生甘愿过"饭疏食饮水，曲肱而枕之"的清贫生活。他对学生的爱，可以说不亚于父亲爱自己的孩子。当自己心爱的学生伯牛病危时，孔子亲自去看他，因为患有恶疾，所以孔子只能从窗户外伸手去握住伯牛的手，痛心说，"亡之，命也夫！命也夫！斯人也而有斯疾也！斯人也而有斯疾也！"⑥当孔子听闻自己心爱的学生颜渊去世时，孔子先是向天大呼"噫！天丧予！天丧予！"⑦继而是恸哭，真切之情何其感人。整部《论语》当中，子路似乎是被孔子骂得最多、似乎是他最不喜欢的学生，其实不然，在子路死后，孔子是在院子里放声痛哭。孔子对学生的无私的爱，对后世产生了巨大的影响，西方学者常把中国、孔子、道德这三个名词联系在一起，欧洲启蒙主义思想家、"百科全书派"的领袖伏尔泰，也曾盛赞孔子为"道德的化身"。

　　墨子是战国时期著名的教育家。"兼爱"是墨家学说的中心概念，是墨子政治和伦理理论的核心。"兼爱"是对一切人无所不爱，不分远近、不分等级，广泛地爱所有的人，其实质是爱无差等、是平等的爱，"爱人之亲，若爱其亲"，⑧"爱人，待周爱人，而后为爱人；不爱人，不待周不爱人；不周爱，因为不爱人矣。"⑨在教育活动中，墨子把"有道者劝以教人"视为教师的大善，而"隐匿良道而不相教

① 《论语·宪问》.
② 《论语·子路》.
③ 《论语·先进》.
④ 《论语·雍也》.
⑤ 《论语·述而》.
⑥ 《论语·雍也》.
⑦ 《论语·先进》.
⑧ 《墨子·大取》.
⑨ 《墨子·小取》.

诲"则是教师的大恶。① 墨子非常重视教师的言行一致,提倡"言必信,行必果",②教师只有表里如一,"使言行之合,犹合符节",③才能使学生心悦诚服。

孟子继承了孔子的教育思想。他把师爱与父爱加以区别,认为师爱之教有"如时雨化之"的功能,可以产生积极作用,而父爱之教则往往可能导致"父子相夷"的消极效果,从而更深刻地认识到了师爱的价值,"爱人者,人恒爱之;敬人者,人恒敬之。"④在孟子看来,教师要教育好学生,应该以身垂范,为人师表,品行高尚,他十分重视教师的品德修养,"教者必以正"。⑤ 他进一步提出了"反求诸己"的道德修养手段,"爱人不亲反其亲,治人不治反其智",这可谓是最早的对于教育者反思的表述。

战国时期另一教育家荀子,虽然没有直接的有关师爱的思想表述,但他特别重视教师的地位和作用,竭力倡导尊师,把教师提高到与天、地、君、亲的同等地位,而教师地位之所以如此崇高,是由教师的作用决定的,"礼者,所以正身也;师,所以正礼也。无礼何以正身? 无师吾安知礼之为是也?"⑥他说:"故有师法者,人之大宝也;无师法者,人之大殃也。人无师法则隆性矣;有师法则隆积矣。"⑦可见,教师是决定学生人格形成的重要因素。他同时对教师的职业道德素养提出了严格的要求。

《学记》是我国最早、也是迄今为止发现的世界教育史上第一部教育学专著,它不但高度评价了教师的作用,认为"能为师,然后能为长;能为长,然后能为君。故师也者,所以学为君也",而且也闪烁着某些师爱的独到论述,其中一个很重要的观点就是教师要善于开导、启发学生,"道而弗牵则和"、"强而弗抑则易"、"开而弗达则思",也就是要鼓励学生独立思考、主动探索,建立融洽、和谐的师生关系。这一思想,无疑道出了师爱的原则和方法。秦相吕不韦门下儒生集体编写的《吕氏春秋》中,认为人之情,"爱同于己者,誉同于己者,助同于己者",因而极力倡导"视徒如己,反己以教,则得教之情矣。所加于人,必可行于己,若此则师

---

① 《墨子·尚贤下》.
② 《墨子·兼爱下》.
③ 《墨子·兼爱下》.
④ 《孟子·离娄下》.
⑤ 《孟子·离娄上》.
⑥ 《荀子·修身》.
⑦ 《荀子·儒效》.

徒同体。"①也就是说，教师真正热爱学生，就应当设身处地地施教，让学生做到的，自己首先要做到，这是建立良好的师生关系所不可缺少的，如果师生异心，就会互相结怨生厌。

　　唐代韩愈的《师说》是我国古代第一篇集中论述教师问题的文章，也是古代教育的名篇。他认为，教师的责任在于"传道、受业、解惑"，并提出了"弟子不必不如师，师不必贤于弟子"的观点，进一步发展了孔子和《学记》的平等的师生关系思想，颇具教育民主精神。同时代的柳宗元强调要"爱加于生徒"，他在《种树郭橐驼传》一文中，以种树为喻，借郭橐驼之口表达了他的师爱思想：若"爱之太恩，忧之太勤"，"旦视而暮抚"，甚至"抓其肤以验其生枯，摇其本以观其疏密，而木之性日以离矣。"假如是这样，"虽曰爱之，其实害之；虽曰忧之，其实仇之。"可谓道出了"顺木之天，以致其性"的师爱真谛。北宋思想家、教育家张载曾指出，"答问学者，虽多不倦，有不能者，未尝不开其端，可语者，必丁宁以诲之，唯恐其成就之晚。"他还提出了"不尽材，不顾安，皆是施教之妄也。教人至难，必尽人之材，乃不误人"等极尽所能、以爱育人的思想。北宋程颢、程颐两兄弟，同样是爱生的典范，特别是程颐，他平日里对学生决不迁就姑息，弟子们也无不敬畏，但在这威仪严厉之中，却透着对学生的爱护之情，"程门立雪"的典故，就是他爱生的最好证明。南宋理学大师、大教育家朱熹，一日不讲学就一日不快乐，据他的学生黄勉斋回忆说："从游之士，迭诵所习，以质其疑，则委曲告之，而未尝倦。问有未切，则反映戒之，而未尝隐。务学笃则喜见于言，讲道难则忧形色。讲论经典，商略古今，率至夜半"。他不仅以实际行动践行师爱，而且还提出了"穷理致知"、"知行合一"的教师修养原则以及"教人未见意趣，必不乐学"的教师在引导学生爱好学习中的作用。②

　　明朝王守仁是陆王"心学"的集大成者，他极力主张乐学乐教思想，认为教师要顺应儿童性情、鼓励儿童兴趣，"大抵童子之情，乐嬉游而惮拘检，如草木之始萌芽，舒畅之则条达，摧挠之则衰萎。今教童子，必使其趋向鼓舞，中心喜悦，则其自进不能已。譬之时雨春风，霑被卉木，莫不萌动发越，自然日长月化；若冰霜剥落，则生意萧索，日就枯槁矣。"③这段话不仅饱含着他对儿童的爱，而且体现了情感教育、积极教育思想。明末清初的王夫之，是一位具有早期民主主义思想

---

①　《吕氏春秋·诬徒》.
②　《小学集注》.
③　《传习录》.

的爱国主义教育家,他强调教师负有"正人心"的道德重任,要指引学生"进善"、"致知",教师要在实际行为和道德行为上做学生表率,正所谓"主教有本,躬行为起化之源;谨教有义,正道为渐摩之益。"①而他自己正是这样做的,他自33岁以后便隐居在"良禽过而不栖"的荒山野岭中授徒讲学,与弟子们"昼共食蕨,夜共燃藜"。

2. 我国近现代的师爱思想

历史的车轮进入近代社会之后,我国开始沦为半殖民地半封建国家。康有为、梁启超、夏丏尊、蔡元培等追求进步的民主主义教育家,在继承我国古代师爱思想的基础上,从抨击旧教育的种种弊端的过程中,提出了一些新的师爱思想。康有为非常重视教师的道德品质,认为"全世界之人类才能德性兼系之,岂不重哉!"②他甚至提出了包含师爱师德内容的教师标准问题,如幼儿教师应"德性慈祥,身体强健,资禀敏慧,有恒心而无倦心",小学教师应"德性仁慈,威仪端正,学问通达,诲诱不倦。"③梁启超认为,作为教师,一边教一边学,形成"两重趣味",为其他职业所未有的(转引自卢家楣,2000)。他强调要保护儿童的身心健康,倡导废止对儿童的体罚行为,并且要重视女子教育。夏丏尊是我国近现代著名教育家,他在《爱的教育》译者序言中做过一个精辟的比喻:"教育改革好比挖池塘,有人说方的好,有人说圆的好,只在形式上改来改去,而对于池塘之所以为池塘的要素——水,却无人在意。教育上的水是指什么? 就是情,就是爱。教育没有了情和爱,就成了无水的池,任你方形也罢,圆形也罢,总免不了一个空虚。"作为教育家的他最大的特点就是"爱",他对待学生一直爱护备至、满腔热情、至诚至深,所实行的感化教育法,被时人称为"妈妈的教育"。蔡元培先生主张教育要"养成健全人格",行五育并举之路,他说:"我们教书,并不是像注水入瓶一样,注满了就完事。""教员之教授,职员之任务,皆以图诸君求学便利,诸君能无动于衷乎? 自应以诚相待,敬礼有加。至于同学共处一堂,尤应互相亲爱,庶可收切磋之效。"(高平叔,1987)。可见,近现代民主主义教育家的师爱思想中已经体现了尊重、平等等现代儿童观。

在中国共产党的领导和影响下,在新民主主义革命和社会主义革命过程中,一批革命教育家提出的师爱思想,直接体现了人民群众的根本利益。优秀共产

---

① 《四书训义》.
② 《大同书》.
③ 《大同书》.

党员杨贤江是我国教师理论的奠基人之一(施克灿,2008),他提出教师要"家人子弟般"相待学生,随时随地实施"微妙的感化"、"心灵的暗示",教育者不能仅对学生的一时负责,而要对学生的一生负责,实行"全人生指导"。伟大的人民教育家陶行知先生,一生倡导和践行"爱满天下"的教育理念,他以爱学生为起点,又突破学校的门槛,进而去爱天下的劳动人民,他说:"晓庄是从爱里产生的,没有爱,便没有晓庄,因为它爱人类,所以他爱人类中的最多最不幸的中华民族;因为它爱中华民族,所以它爱中华民族最多最不幸的农人。它爱农人只从农人出发,从最多最不幸的人出发,它的目光没有一刻不注意到中华民族和人类的全体。"他在《第二年的晓庄》一文中指出(徐明聪,2009):"爱是一种力量,真教育是心心相印的活动,唯独从心里发出来的,才能打到心的深处。""你若把你的生命放在学生的生命里,把你和你的学生的生命放在大众的生命里,这才算是尽了教师的天职。"教师如何爱学生呢? 那就是要对教育对象尊重、信任,并竭力保护他们,公正地对待他们,与他们融为一体,陶行知说,"您若变成小孩子,便有惊人的奇迹出现:师生立刻成为朋友,学校立刻成为乐园;您立刻觉得是和小孩子一般儿大,一块儿玩,一处儿做工,谁也不觉得您是先生,您便成了真正的先生。"①陶行知先生更是以他"捧着一颗心来,不带半根草去"的名言表现了他对学生无私的、无限的爱,以至于能爱满天下。现代著名教育家、儿童心理学家陈鹤琴指出,"活教育"的目的是"做人,做中国人,做现代中国人",并归纳出十七条教学原则,其中不乏师爱原则的论述,如"凡是儿童自己能够做的,应当让他自己做"、"积极的鼓励胜于消极的制裁"、"积极的暗示胜于消极的命令"等,而且这些原则都是基于自己的教育研究和教育实践提出来的。无产阶级革命教育家徐特立,积极提倡建立民主、平等、互相尊重的新型师生关系,认为教师要尊重学生的人格,倡导学校领导者也要民主地对待教师。他还指出,教师有两种人格,一种是"经师",是教学生做学问,一种是"人师",是教学生做人,并且要"人师和经师合二为一"。由此可见,革命教育家的师爱思想不仅极为丰富,而且是在理性思考和积极实践的基础上提出来的,代表着先进的教育观和人民的根本利益。

3. 我国师爱思想的当代发展

新中国成立以来,特别是改革开放后,我国教育事业取得令世界瞩目的成就,有关师爱思想的发展也日趋完善、渐成体系。与古代和近现代集中于少数思

---

① 　陶行知. 陶行知全集第 3 卷[M]. 南京: 江苏教育出版社,1986.

想家、教育家的探索不同,在当代,师爱已经成为全社会、特别是广大教师共同思考的话题,并且由于出版业的发达和网络媒体的出现,这种思考更为频繁、传播更广,使得我们很难在有限的篇幅内对其进行梳理,而只能对其发展趋势做一粗线条的勾勒。

第一,当代师爱思想,从思想基础上来说,从以儒家仁爱思想为源头的师爱观向以新型师生关系为轴心的师爱观发展。中国传统师爱思想基本以儒家仁爱思想为源头,同时兼容了诸子百家师生关系思想,如师君并尊、师生如父子的师道尊严思想,以教师为主体的传道、授业、解惑思想,"师即是友"、"友即是师"的观念等。随着社会变革,封建体制下的办学形式已不复存在,人们的意识形态也发生了极大的变化,教育目的也不再相同,以爱构建民主、平等、和谐的新型师生关系就成为当代教育的必然需要,尊师爱生就成为社会主义新型师生关系的集中体现。

第二,当代师爱思想,从师生主体地位来看,从以教师为中心向以学生为中心转变。在我国传统社会,教师是统治者认可的伦理规范"道"和"礼"的载体和化身,是"道"和"礼"的传播者、践行者和示范者。因此,传统的师生关系理念一直将师生关系视为主客体的关系,如把教师视为园丁,学生视为圃苗,将教师视为"匠",学生视为"才"(柴俊青,2004)。以现代教育观、儿童观为基础,从教师为主体转变为以学生为主体,这是当代教育的基本特点,以生为本、以学生的发展为本,尊重学生的主体地位、发掘学生的主体潜能,自然就成为当代教育中教师爱生的基本原则。

第三,当代师爱思想,从内涵属性角度看,从注重师爱的德性规范向注重师爱的情性要求转变。中华文明历来崇德重德,也十分重视师德,诸如"学而不厌,诲人不倦"、"以身作则,为人师表"、"循循善诱,启发诱导"、"闻过则喜,改过迁善"、"有教无类,公私并举"等师德规范,无不体现了传统社会道德规范的要求(林崇德,2014)。然而,师德是从道德标准的角度对教师的要求,并不契合现今时代对教师发展的要求。当代师爱更多从情感角度来诠释,以情感为核心的师爱思想受到极大关注,这在愉快教育、情感教育、情境教育、成功教育等一些情性教育或教学理论、理念中得到更为鲜明的体现。不仅如此,人们还认识到,教师仅仅有爱的情感还不够,还得善于爱,具备爱的艺术、爱的能力,唯此,才能让学生感受到师爱,师爱才能转化为现实的教育资源,促进学生的发展。

二、国外师爱思想源流

1. 古代西方师爱思想

在国外古代师爱思想中,古希腊古罗马师爱思想占有十分重要的地位。古希腊哲学家、教育家苏格拉底、柏拉图、亚里士多德和古罗马教育思想家昆体良以个人师爱教育实践为基础,提出了许多有价值的师爱观点和见解,在外国思想史上留下了珍贵的遗产,对后世的师爱思想产生了深远的影响。

国外师爱思想的产生可以追溯到古代希腊的哲学家、教育家苏格拉底。古希腊经济的繁荣、奴隶主民主政治的确立及文化科学艺术的昌盛,为古希腊师爱思想的产生创造了良好的外部条件。这时,在古希腊出现了最早的职业教师,即所谓的"智者"。苏格拉底从发展人的自然禀性来论述师爱,他指出,人天生是有区别的,但不论这种差异有多大,教师无私的教育和关爱可以使人得到改进。所以他主张"无论是天资比较聪明的人还是天资比较鲁钝的人"都应该受教育,教师都应对学生施与关爱(色诺芬,吴永泉译,1986)。

柏拉图是古希腊的哲学家和教育家。在柏拉图所写的《理想国》中,他主张在统治阶级内部实行"儿童公有,全部教育公有"(柏拉图,郭德和等译,1986)。另外,柏拉图重视女子教育,明确提出男女教育平等。他认为,在治理邦国时,女子之为女子,或男子之为男子,没有特殊的智能,本性里的天资是一样的分散于两性间的,所有男子的事业也是妇女的(华东师范大学教育系等,1985)。他认为人人都有接受教育的权利,表现出一种对儿童无阶级、无差别、平等的师爱情感。

亚里士多德为古希腊的哲学家和教育家,他继承了柏拉图的教育思想。他指出:"凡与共同利益有关的事物,大家都应受到相同之训练……人人都是国家的一分子,人人都该接受平等的教育。"(张焕庭,1964)。亚里士多德提出了体、德、智、美和谐发展的教育思想,他希望儿童的能力得到多方面的发展。此外,他还对学生的身心发展特点进行了观察和研究,并强调教育应顺应儿童的发展天性,提出了按年龄划分受教育阶段的设想。亚里士多德可谓是西方教育史上第一位论述教育要适应人的自然发展原则的教育家,体现出他尊重儿童性情、重视儿童身心全面发展的师爱情感。

昆体良是古罗马最著名的教育思想家。昆体良在总结自己的教学经验上,对师爱提出了独到的见解。一是需要对学生进行因材施教:他认为每一位儿童都具有才能上的差异,教师应该尊重学生的这种才能差异,所以在教学中,教师要"善于精细地观察学生能力的差异,弄清每个学生的天性的特殊倾向",并主张按照每一位学生的具体情况安排课程;二是要坚决反对体罚、凌辱学生:在他看来,用体罚学生的方法来驱使学生学习,不但不能调动学生学习的积极性和自觉性,反而会使学生产生厌学的情绪,降低学习的主动性。昆体良认为教师要以慈父的态度对待学生,在纠正学生的过失时,既不能讽刺挖苦,也不应辱骂(昆体良,任钟印译,1989)。

2. 近代西方师爱思想

步入中世纪后,西方进入封建社会时期,统治者一度对古希腊古罗马的文化教育采取全盘否定的态度和做法,此时的文化教育本身渗透着神学的性质,文化科学的发展被扼制,一切进步的思想被扼杀,文化教育开始走向衰落。但在迂腐的学风和压抑的教育氛围中,也涌现如奥古斯丁、托马斯·阿奎那、伊拉斯谟等哲学家和教育家,提出了经院主义、人文主义等教育思想,这其中也包含了对师爱思想的研究,对西方近代的师爱研究产生了一定影响。

近代以后,欧洲社会的进步和自然科学的迅速发展,对西方国家当时的教育思想产生了巨大的影响,人们开始深入探索教育与社会发展的关系,以便使教育能适应社会发展的需要。与此同时,夸美纽斯、洛克、卢梭、裴斯泰洛齐、赫尔巴特等教育家的师爱思想、师爱观念不断产生并得以发展。

捷克教育家夸美纽斯是泛智教育思想的代表人物。在夸美纽斯看来,"泛智"是指广泛的、全面的智慧。一是普及教育,一切男女儿童,不论贫富贵贱,"人人均应受教育";二是"人人均需学习一切"(张焕庭,1979),即:"把一切事物教给一切人类。"在教育实践中,夸美纽斯(傅任敢译,1984)认为,教育应当考虑儿童的性格和年龄特征,"自始至终,要按学生的年龄及其已有的知识循序渐进地进行教导,"他要求学校教学要"适合学生的年龄,凡是超出了他们的理解的东西就不要给他们学习。"可以看出,夸美纽斯尊重、爱护儿童天性,是"第一个企图发现教育的规律性并根据人的本性来组织教学过程的教育家"(赵荣昌,单中惠,1991)。

英国教育家洛克是绅士教育思想的代表人物,其师爱思想淋漓尽致地展现在了他的教育方法之中。一是教育方式应适合儿童的"心性",符合儿童的年龄特征,对儿童进行说理的时候要符合儿童的能力与理解力。二是奖励与惩罚适当,洛克认为在儿童的教育中,奖励和惩罚是应该采用的,但方法应得当。洛克明确反对体罚,认为体罚是种奴隶式的管教,因为它"所养成的也是一种奴隶式的脾气;一旦不用教鞭,没人看见,知道不会受到处罚的时候,他便越会放任他的行为。"三是反对强迫儿童学习,要求诱导儿童学习(洛克,傅任敢译,1985),他说:"儿童是喜欢变换、喜欢自由的……所以,我们不应该把书本和儿童要去学的事物当作一种任务去强加给他们。"他告诫教师,强迫会使学生对于学习产生憎恶的心理。他主张:宁可让学生迟一年学会读书,也不能让学生产生憎恶的心理。他希望教师能设法使学生体会到学习的乐趣,从而能主动学习。四是主张鼓励和培养儿童的好奇心。他认为,儿童的好奇心是一种追求知识的欲望,应该加以鼓励。为此,洛克建议:① 儿童无论提出什么问题,教师不可制止他、不可讥笑他,教师应答复他的一切问题,按照他的年龄与知识的阶段,为他解释他想要了解的知识;② 采用一些特殊的称赞方法,培养儿童的自信心;③ 儿童提出的问题不可忽视,教师更不可给儿童虚妄的答复。五是,主张教学应由浅入深,分量适中。他说:"教师要十分注意要从明白简易的地方开始,一次教的分量越少越好,要等他们完全掌握了所教的知识,才可以再教那门学科里面的新知识。"(洛克,傅任敢译,1985)。

法国教育家卢梭是自然教育思想的代表人物。在教育方法上,卢梭指出,儿童是按照自然制定的计划而成长的,这个计划推动着儿童在不同的阶段发展不同的能力。所以,卢梭主张教育要"归于自然"、"顺应自然",要顺应儿童的自然发展和注意儿童的年龄特征。他要求要尊重儿童的自由,让儿童享有充分自由活动的可能和条件,并在教学过程中采取自然的、自由的教学方式以适应儿童的身心发育水平和儿童的差异,注重培养儿童的独立判断能力和思考能力,并根据年龄阶段的分期,进行不同的教育。在纪律教育方面,卢梭反对体罚,也不赞成口头说教。卢梭是自然教育思想的倡导者,为西方现代教育派理论的先驱和奠基人,在教育价值选择上,把传统的"以社会为本位"的教育转变为"以个人(儿童)为本位"的教育(陈桂生,1998)。卢梭的自然教育思想极大地促进了儿童观的变革,"提出了一种我们今天称之为'儿童中心'的新的教育哲学"(格莱因,计文莹译,1983)。卢梭的自然教育的思想无处不体现着以儿童的生理、心理发展为基础的师爱思想精髓,在科学的心理学产生之前,这实在是难能可贵的(赵祥麟,1992)。

瑞士教育家裴斯泰洛齐继承了夸美纽斯、卢梭的自然教育思想,提出了"教育心理学化",创立了爱的教育理论和要素教育理论,是要素教育思想的代表人物。裴斯泰洛齐曾指出:"教育的主要原则是爱。""爱"是裴氏教育思想的核心。

裴斯泰洛奇十分注重师爱的向善性,认为教师应该给予学生家庭式的爱。他认为"从孩提时代起直到生命的最后一息,内心都要充满感情、充满爱、充满一种使所有人都为之感动的炽热的爱,一种能赐予所有人力量的强烈的爱"。他认为学校应该具有家庭气氛(裴斯泰洛齐,夏之莲译,1992)。裴斯泰洛齐倡导并身体力行,一生办乡村小学,办战地孤儿院,虽历尽艰辛,却以自己的教育理论和实践孕育了瑞士乃至整个欧洲的兴学运动,裴氏有言:"教育的全部技巧在于如何爱护儿童。"裴氏爱的教育的第一层含义,指教育者基于历史使命感及对教育的热爱、对教育对象发展可能性的坚定信念,对教育对象表现出真诚的、全身心的、无保留的关心与热爱。裴氏爱的教育的第二层含义,指教育者在主动奉献爱后,获得可贵的成果,其受教育对象不仅改掉各种不良习气,学会自尊自爱,而且乐于助人,乃至造福人群,将爱的情感转移到他人身上,释放出爱(杨汉麟等,2011)。他在给友人的信中写道(戴本博,张法琨,1990):"我生活在儿童中间,从早到晚和他们在一起,照顾他们的生活,教育他们、鼓励他们,给他们以温暖和爱,教他们学习和劳动,增长他们的智慧和活力,教他们懂得人的尊严,尊重自己,也尊重别人,诚实、善良、公正;同情别人的痛苦和不幸,帮助受难者。""我的热情如同春天的太阳,给孩子们以幸福和欢乐。他们生病时,我在他们身边;他们健康时,我也在他们身边;他们睡觉时,我仍在他们身边,我最后一个睡觉,第一个起身。""我生活在他们中间,我的手握着他们的手,我的脉搏和他们的脉搏一起跳动;我的眼睛注视着他们的眼睛,我的眼泪和他们一起同流;我和他们共欢笑。""我时刻注视着每一个孩子心灵的细微变化;我的心向每一个孩子敞开着。""我没有一切,只有他们。"这些饱蘸着爱的文字,让人读来甚为感动。

德国教育家、哲学家和心理学家赫尔巴特是主知主义教育思想的代表人物。在教学过程中,赫尔巴特认为,教师应采取符合学生心理活动规律的教学程序,有计划、有步骤地进行教学。赫尔巴特提倡对儿童实行严格的管理和训育。一方面,在师生关系中,"教育者要深入到学生的感情中去",使学生的感情接近教育者的感情,两种感情紧密地融合在一起,提倡建立平等的师生关系与师生情感。另一方面,赫尔巴特认为训育"将注意到学生的未来",教师爱学生、平等对待学生就要为学生的发展而教,就要考虑学生身心发展的特点。它表现为耐心地教导学生,用平等的师生关系去延续地、不断地、慢慢地深入学生的内心,使之感觉到一种陶冶的力量。当学生"故意作祟"时,要给予应有的惩罚,但"必须严格把握惩罚的尺度,并必须使受惩罚者对所受的惩罚视为正确而愿意接受"(赫尔巴特，李其龙译，1989）。

3. 20 世纪西方师爱思想

进入 20 世纪后，欧美国家的经济和科技技术得到迅速的发展，教育的科学化和专业化都达到了前所未有的发展。此时，美国著名的教育哲学家内尔·诺丁斯提出了"关心教育理论"，并随着 80 年代末 90 年代初兴起的"学会关心"这一具有国际意义的教育思潮而备受关注，成为西方德育理论的强音。与此同时，蒙台梭利、杜威、罗杰斯等人都对师爱思想提出了自己的看法。

意大利教育家蒙台梭利是"自由教育学派"的代表人物。为了使儿童获得自由，蒙台梭利指出，应该通过研究隐藏在儿童内心的需要，尽可能地消除妨碍儿童发展的障碍。所以蒙台梭利提出要建立新型的师生关系。她认为，在教育活动中，儿童是主体、是中心，教师是儿童活动的观察者和指导者，必须具备机敏、沉静、耐心、仁爱和谦逊等良好的品质。蒙台梭利认为，教师应当知道儿童之间有很大的个别差异，因此，要注意对每个儿童的引导和个别练习（单中惠，2002）。教师的作用主要是激发儿童的生命力，使儿童在自由和自发的活动中培养和发展其个性，成为独立自主的人。

美国教育家杜威是实用主义教育思想的代表人物。师爱思想集中体现在以下三点：第一，"教育即生活"。杜威认为（赵祥麟，王承绪，1981），教育就是儿童现在生活的过程，而不是将来生活的预备。他说："生活就是发展，而不断发展，不断成长，就是生活。"因此，最好的教育就是"从生活中学习"、"从经验中学习"。教育就是要给儿童提供保证生长或充分生活的条件。在他看来，教育不是把外面的东西强迫儿童去吸收，而是要使人类与生俱来的能力得以生长。第二，"从做中学"。在他看来，如果儿童没有"做"的机会，那必然会阻碍儿童的自然发展。就课程教材与儿童的关系来说，应该把儿童作为考虑课程教材的出发点，以服务于儿童生长的各种需求来衡量其价值，决不能把课程教材用于儿童经验之外。杜威始终强调课程与教材的起点是儿童和现在的社会生活经验。第三，儿童与教师的关系。杜威认为，学校生活应该以儿童为中心。因为以儿童为中心是与儿童的本能和需要协调一致的，所以，在学校生活中，儿童是起点、是中心、也是目的。杜威强调："我们必须站在儿童的立场上，并且以儿童为自己的出发点。"由于教育过程是儿童与教师共同参与的过程，是他们双方真正合作的过程，因此，在教育过程中儿童与教师之间的接触更亲密，从而使得儿童更多地受到教师的指导。在他看来，教师不仅应该给儿童提供生长的适当机会和条件，而且应该观察儿童的生长并给予真正的指导。

美国心理学家和教育家罗杰斯是人本化教育思想的代表人物。人本化教育思想是 20 世纪 60—70 年代盛行于西方,尤其是美国的一种教育思想。它以人本主义心理学为理论基础,主张教育应培养整体的、自我实现的、创造性的人,倡导人本化的课程和注重人际关系的教学方式。由于罗杰斯崇尚的是儿童的自由学习,所以在他的师爱思想中,主要表现为给学生提供安全的学习心理。他指出教师需要为儿童提供一种没有外部评价的、自由的环境,并且充分信任儿童的思考能力和独立学习能力,这样儿童就会获得心理安全感,充分地思考、感受和形成自由的心理,在这种气氛中,儿童就会真正地展现自我,可以不断地走向创造。他一再强调,"教师应把学生的感情和问题所在放在教学过程的中心地位,自己的发言要有所节制"(钟启泉,1992)。在教学过程中,教师应承担"促进者"的角色,要求教师能从学生的角度观察世界,敏于理解学生的心灵世界,设身处地地为学生着想。罗杰斯认为,人的本性是好的,人具有优越的先天潜能,这些潜能的发展需要良好的、安全的心理气氛。这种良好的心理气氛需要教师对学生各个方面都无条件地接受,并相信学生自己有能力进行有效的自我学习。此外,罗杰斯也认为师爱必须保证对学生的无私性,认为只有无私的爱才能对儿童人格的形成产生十分重要的影响;只有无私的爱才能使儿童"关怀的需要和自尊的需要得到满足,成为完善的人"(檀传宝,2000)。

4. 西方师爱思想发展小结

通过对西方师爱思想源流的简要梳理,可以看出西方师爱思想的大致发展脉络和所呈现出的一些特点。在学习、借鉴这些思想时,以下几点是需要把握的。第一,时代孕育思想,师爱思想的实践是随着社会和教育发展而发展的。由于奴隶制度的存在,西方古代的师爱思想都表现在"理想国"与"乌托邦"之中,无法得以实践。但随着社会的发展与进步,教师成为专门职业,西方的师爱思想从经验走向实践,如裴斯泰洛齐身体力行,一生办乡村小学,以自己的教育理论和实践孕育了瑞士乃至整个欧洲的兴学运动,并建立了以"爱"为核心的裴氏教育思想。第二,从朴素的师爱思想发展为理性思考乃至研究。西方古代的教育注重的是教师的知识范围,教师所展现出来的师爱是建立在教师自身道德水平上的。随着教育思想的变化,西方近代教育不仅注重智育,也注重德育,从而对教师的道德水平提出了要求。教师在传授知识的同时,也要规范自身行为,教师应尊重学生差异,以真诚的态度平等地对待学生,充分信任学生能够发展自己的潜能。第三，老师与学生关系的变化。在西方古代，师生之间更多的是讨论与思辨，正如亚里士多德说的那样："吾爱吾师，吾更爱真理。"到了中世纪，教育主要由教会提供，此时"以教师为中心"，西方的师生关系变为了传授与接受的关系，学生不能有自己的观点，否则将会被视为"异端"。随着社会发展，卢梭提出把传统的"以社会为本位"的教育转变为"以个人（儿童）为本位"的教育，杜威更是明确强调"以儿童为出发点"来开展教学，教学应该由教师和学生共同参与，从而使学生的自我实现的教育动机得以自然的表现。

与我国的师爱思想相比，西方师爱思想可能具有以下一些不同之处：

（1）师爱的出发点不同。我国师爱思想的出发点往往是从道德和礼教的角度来看师爱的，而西方师爱思想更多的是从社会的交往关系、契约关系的角度来阐述师爱。

（2）师生关系的不同。先秦时期，教师代行父母职权，在辈分上是学生的长辈。孔子作为"至圣先师"，致力于恢复周礼，但终究带有"师道尊严"的色彩。虽然近现代社会这种状况大有改观，但教师的权威依然处处可寻。而西方国家主要倡导的是"社会契约论"，所以教育者与受教育者之间是一种双方地位平等、等价交换的师生"契约关系"。

（3）师爱的表现范围不同。从亚里士多德开始，西方师爱思想就体现在对学生的德育、智育、美育、体育等各个方面，倡导教师用"爱"促进学生的全面发展。而由于中国古代礼教的根深蒂固，师爱思想一直比较片面地体现在对学生的德育和智育方面。

5. 苏联师爱思想

苏联有关师爱的主流思想是在马克思主义理论指导下形成发展的。马克思主义教育思想，经过列宁的继承和发展得到了进一步丰富，由此对苏联的师爱思想产生了直接影响，并很快涌现出一大批具有代表性的教育家和师爱的践行家。这些师爱思想对新中国成立以来我国师爱思想产生了直接的重大影响，其价值至今也不能忽视。

苏联无产阶级教育家马卡连柯是人民教师爱生的楷模。他曾指出："爱是一种伟大的感情，它总在创造奇迹、创造新人。唯有爱，教师才会用伯乐的眼光去发现学生的闪光点，才会把辛苦的教育工作当作乐趣来从事，它使教师感觉到每个儿童的喜悦和苦恼都在敲打他的心，引起他的思考、关怀和担心。"他说（刘佛年，2004）："教师的心应该充满对每一个学生的爱，尽管这个学生的品质已非常败坏,尽管他可能会给教师带来许多不愉快的事情。"在他的教育名著《教育诗》一书中也生动地记录了他热爱学生、教育学生的感人事例。其中就有这样一件他亲身经历的事:当年他在一家儿童教养院工作,有一次,全院面临着断粮,马卡连柯力排众议,坚持让一名曾经失足过的少年带着全院仅有的资金外出采购面包。数日后,那个少年在满天风雪中回来了,饿得几乎昏倒的他,不仅带回了满满一马车的面包,还带回了被信任所感召而焕发出的崭新的精神境界(中译本,1954)。可见,一个人得到别人的信任、赞许和表扬,就会在他们心理上产生一种积极的情绪体验,从而激起他们对美好事物的向往和追求。同样,一个教师只有真诚地热爱学生,才能使学生"尊其师"、"信其道",从而乐于接受教师的教导。这就是师爱的激励功能。

苏联教育家苏霍姆林斯基是"个性全面和谐发展"教育思想的代表人物。他提出了"把整个心灵献给孩子"的教育理念和师爱观点。苏霍姆林斯基在《把整个心灵献给孩子》一书中庄重地写道:"我生活中什么是最重要的呢? 我可以毫不犹豫地答道:爱孩子"。苏霍姆林斯基把"爱"作为打开儿童心灵、理解教育奥秘的钥匙,认为教育技巧的全部奥秘在于如何去爱护学生,把"爱孩子"看作一个教师最重要的品德,他说(唐其慈,毕淑之译,1981):"要成为孩子的真正教育者,就要把自己的心奉献给他们。"苏霍姆林斯基曾有个十分精彩的比喻:要像对待荷叶上的露珠一样,小心翼翼地保护学生幼小的心灵。晶莹透亮的露珠是美丽可爱的,却又是十分脆弱的,一不小心露珠滚落,就会破碎,不复存在。学生的幼小心灵,就如同露珠,需要教师和家长倍加呵护(唐元毅,2002)。苏霍姆林斯基指出:"要成为孩子的真正教育者,就要把自己的心奉献给他们","一个好教师意味着什么呢? 首先意味着他是这样的人,他热爱孩子,感到跟孩子交往是一种乐趣……"(中译本,2001)。"不爱孩子,就无法了解他"(傅维利,2002),"不了解儿童就不可能成为教育者"(鲁洁,王逢贤,1994),等等。只有热爱学生,才会"读懂"学生,才会真正了解学生,才会密切师生关系,才会得到学生的信任和尊重,创造良好的教育氛围,增强教育效力。苏霍姆林斯基所倡行的"师爱"是一种理智的人道之爱,他指出(中译本,1982):"教师的爱是在深刻了解一个人的基础上产生的对人的爱。因此,这种爱是理智的爱,高尚的爱,能指导人生活的爱。这种爱需要人无私的奉献和付出,并且需要人持之以恒的坚持。"要真正实现这种爱,教师需要成为一个心灵与理智和谐的人,一个善于观察了解学生世界的人,一个自身精神世界不断丰富的人。

　　苏联教育家赞科夫是"一般发展"教育思想的代表人物。"一般发展"是赞科夫教学理论的基本概念,他主张建立一种"以学生发展为中心"的教学新体系(赞科夫,杜殿坤等译,1985)。赞科夫认为,"一般发展"的教学目的不仅要使优秀的学生,也要使学习成绩差的学生在各自的智力范围内得到最理想、最充分的发展。正如赞可夫所说,当教师把学生认识到他是一个具有个人特点的、具有自己志向、自己智慧和性格的人的时候,才有助于教师去热爱儿童和尊重儿童。也只有这样,教师才能以师爱激励学生,以信赖赢得学生,以真诚打动学生,以博学吸引学生,以虚心贴近学生。这时候学生的学习兴趣、积极性会大大增强,求异思维被大大激活,就会产生一种强大的内驱力,驱使自己在快乐中主动求知,积极思维,大胆创新,享受成功的快乐。赞科夫说:"对学生的爱,首先表现为教师毫无保留地贡献自己的精力、才能和知识,以便在对自己的教学和教育上,在他们的精神成长中取得最好的成果。""不能把教师对儿童的爱,仅仅设想为用慈祥的、关注的态度对待他们。这种态度当然是需要的。但是对学生的爱,首先应当表现出教师毫无保留地贡献出自己的精力、才能和知识,以便在对自己学生的教学教育上,在他们的精神成长上取得最好的成果。因此,教师对儿童的爱应当同合理的严格要求相结合。"(赞科夫,杜殿坤等译,1999)。赞科夫关于彻底的无私性、要求的合理性以及全身心投入等思想,无疑道出了师爱的真谛。

第二节　中外师爱研究进展

　　中外师爱思想源远流长,但真正从研究角度、特别是从学科角度对师爱问题进行的思考和探讨,则始于 20 世纪 70 年代中后期。本节首先采取文献定量学和知识图谱分析两种方法,对国内师爱研究文献进行定量分析,以揭示该领域研究发展的脉络和演进特点。国外很少使用直接对应的"师爱"概念,但在教师关爱、教师关怀研究方面也渐有积累,本节也将对师爱相关的这些研究进行简要综述,以期为本研究的理论建构提供一些启示。

一、国内师爱相关研究进展

　　正如前面所言,中外师爱的思想源远流长。事实上,国内研究者对于师爱的研究也较早,其最早可以追溯到 1981 年况平和的研究,他强调师爱的重要性,提出教师的爱是打开儿童心扉的钥匙(况平和,1981)。嗣后,研究者高度重视师爱的重要性,尤其是师爱在素质教育的大背景下的重要性,正如张良才指出:"让每一只鸟都歌唱,让每一朵花都开放"是素质教育追求的目标,而师爱则是实现这一目标的保证(张良才,1999)。此后,研究者开展了大量有关师爱的理论与实践探索(柴楠,刘要悟,2013;王标,2014;王超,2014;胡锋训,2015)。然而,遗憾的是,至今却鲜有梳理国内师爱研究的报告,更多只存在于硕博论文中的文献综述部分(刘珊,2014)。为此,为探明国内师爱研究的现状、发展趋势和热点领域,拟采用文献计量学和 CiteSpace 可视化分析软件进行国内师爱研究文献的定量分析。

1. 资料与方法

第一,文献选取。2016 年 2 月 1 日以中国知网(CNKI)数据库为检索平台,开展师爱相关文献的人工检索工作,"检索时间"选择"不限"、"检索策略"选择〔主题〕"师爱"或"教师的爱"、"文献类型"选择"期刊论文"和"学位论文",共检索出文献 674 篇(其中期刊论文篇 537 篇、学位论文 9 篇),然后依据以往标准(汪海彬等,2016)和以下流程进行文献的纳入工作,删除会议通知、文件、广告等非学术类文献 128 篇,最终 546 篇文献符合纳入标准。

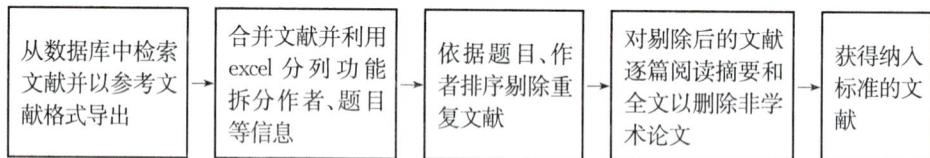

| 从数据库中检索文献并以参考文献格式导出 | → | 合并文献并利用 excel 分列功能拆分作者、题目等信息 | → | 依据题目、作者排序剔除重复文献 | → | 对剔除后的文献逐篇阅读摘要和全文以删除非学术论文 | → | 获得纳入标准的文献 |

图 2-1 资料检索与纳入流程图

第二,分析方法。一是文献计量学方法。将纳入标准的 546 篇文献下载并通篇阅读,并依据以往研究(姚本先,汪海彬,王道阳,2009),将文章的发表年代、期刊级别、研究方法、研究内容、研究对象和项目资助等信息录入 EXCEL2007并编码,然后导入 SPSS19.0 中进行各信息的频次分析。二是 CiteSpace 分析。CiteSpace 软件是陈超美于 2004 年基于 JAVA 开发的信息可视化软件,被认为是国际知识计量学界最为公认的技术之一,其主要分析不同节点类型(Node Types)信息出现或被引的频次,节点类型包括"作者"、"单位"、"关键词"、"被引文献"和"被引作者"等,节点大小代表该信息被引或出现频次的高低(陈悦等,2014)。由于知网数据库的题录信息不提供引证信息,为此此次仅对关键词进行可视化分析。首先将纳入标准的文献题录以 Refworks 格式导出，然后运用 CiteSpace 软件中"Data"菜单下"Import/Export"功能将题录信息转换为 CiteSpace 软件可识别的题录格式。接下来新建"Project"，对"关键词"进行词频和聚类分析，以探索该领域研究的前沿演进和热点领域。

2. 文献计量学分析结果

第一，发表年代分析。由图 2-2 和图 2-3 可知，我国师爱研究最早始于 1981 年，但整个 80 年代发文都较少，十年间共发表论文仅 11 篇，年均发文量仅 1.1 篇，且 1982 年、1984 年和 1989 年均无相关论文发表，表明 20 世纪 80 年代师爱研究处于初步摸索阶段；1990—1999 十年间，每年都有论文发表，并大体呈现逐年上升的趋势，共发文 63 篇，年均发文量 6.3 篇，表明 20 世纪 90 年代师爱研究处于逐年增长阶段；2000—2009 年十年间，每年也均有论文发表，也大体呈现逐年上升的趋势（从 2000 年的 15 篇增长到 2009 年的 42 篇），共发文 257 篇，

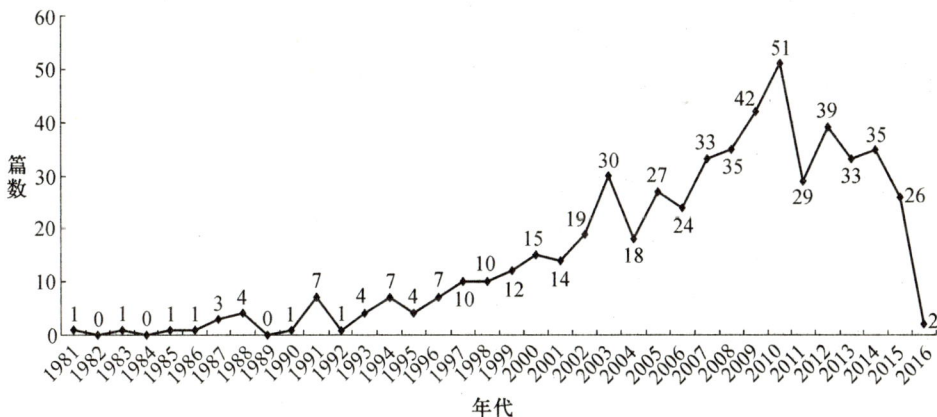

图 2-2　发表年代分布 1

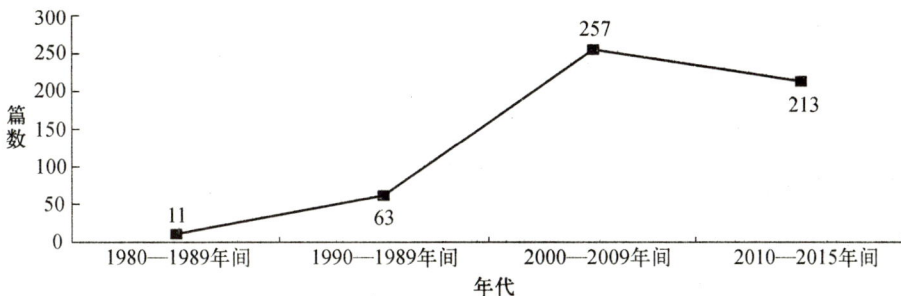

图 2-3　发表年代分布 2

年均发文量达25.7篇,表明21世纪10年代师爱研究处于蓬勃发展阶段;2010—2015六年间,每年也均有论文发表,尤其是2010年发文51篇,达到历史高峰,共发文215篇,年均发文量接近36篇,虽然2010年之后师爱研究呈现下降的趋势,但都维持在年发文量26篇及以上的水平,表明21世纪20年代师爱研究处于繁荣期。因此,可以大胆预测,师爱研究在21世纪20年代末及以后仍是研究重要课题。

第二,期刊级别分布。对546篇期刊论文进行期刊级别的频次分析,结果发现研究主要发表在一般刊物上,占90.1%,仅1篇论文发表在CSSCI核心来源期刊上(见表2-1)。但从期刊发文量来看,排在前五位的分别为《中国校外教育》(25)、《科学咨询(教育科研)》(16)、《才智》(16)、《小学德育》(15)和《成功(教育)》(10),可见,师爱研究发表的期刊级别普遍不高。

表 2 - 1　在分析单元上的分布情况

变　　量	项　　目	篇　　数	百分比(%)
期刊级别	CSSCI/CSCD	1	0.2
	北大核心/CSSCI - E/CSCD - E	53	9.7
	一般刊物	492	90.1
研究方法	理论或思辨	228	41.8
	现象学	315	57.7
	实证	3	0.5
研究内容	概念研究(内涵、要素、特征等)	57	10.4
	重要性探讨	71	13.0
	作用、功能探讨	120	22.3
	现状调查	3	0.5
	问题与对策研究	287	53.7
研究机构	幼儿园	6	1.1
	小学	90	19.2
	中学	161	36.8
	高职高专	122	23.1
	高校	84	17.2
	其他(出版社、教育局、特殊学校等)	14	2.6
项目资助	国家级	3	0.5
	省部级	5	0.9
	市厅级	0	0.0
	校级	1	0.2
	无	537	98.4

第三,研究方法分布。依据以往研究(汪海彬,徐俊华,姚本先,2016),将研究方法分为现象学、理论或思辨和实证三种,结果显示,师爱研究采用现象学方法最多,共 315 篇,占比 57.7%,其次是理论或思辨方法,共 228 篇,占比41.8%,实证方法最少,仅 3 篇,占比 0.5%。可见,现象学和理论或思辨法是我国师爱研究的主要方法(见表 2-1)。

第四,研究内容分布。结果显示(见表 2-1),国内师爱研究内容比较丰富和全面,涉及概念研究(包括内涵、要素和特征等)、师爱重要性探讨、师爱的作用与功能探讨、师爱的现状研究、师爱存在的问题及对策研究等各个方面,但研究主要集中于问题与对策研究,占比 53.7%,其次是作用与功能探讨,占比22.3%,而师爱的现状调查研究最少,仅 3 篇,占比 0.5%。

第五,研究机构分布。结果显示(见表 2-1),师爱研究机构涉及各个学段,甚至诸如出版社、教育局、特殊学校等其他机构,但研究机构主要集中于中学和高职高专,分别占比 36.8%和 23.1%,其次是小学,占比 19.2%。

第六,项目资助分布。对 546 篇期刊文献进行项目资助分析,结果显示,98.4%的研究都没有得到项目的资助,得到资助的期刊文献仅 9 篇,其中国家级3 项,省部级 5 项,校级 1 项,可见,师爱研究大都缺乏相应项目的支持。

3. 可视化分析结果

第一,高频关键词的词频分析。546 篇文献共有关键词 295 个,呈现的总频次为 886 次,前 30 个高频关键词的总呈现频次为 563 次,占总频次的 63.5%。由表 2-2 可知,在去除诸如"师爱"等与主题词直接相关的关键词外,排在前 10位的关键词为:策略(32)、教育(30)、对策(24)、班主任(19)、师德(18)、师生关系(18)、教师(17)、学生(13)、作用(12)和后进生(10),这初步表明我国师爱研究主要集中于师爱的对策策略、师爱与师德等的关系、师爱对于班主任及后进生教育中的作用等。关键词的知识图谱(见图 2-4)也直观地展示了这一结果(圆圈越大表明该关键词出现的频次越多)。

第二,热点领域分析。为探明我国师爱研究的热点领域,采用 CiteSpaceⅢ软件对当前研究中的高频关键词进行聚类分析,结果显示,模板值(modularity,Q 值)为 0.69、平均轮廓值(silhouette,S 值)为 0.64,依据标准(陈悦等,2014),当 Q 值在 0—1 之间,S 值大于 0.3,即表明聚类分析出来的结果显著,由此,我国师爱研究的聚类分析结果显著,图 2-5 直观显示了前 6 大热点领域,具体如下:

表 2 - 2　高频关键词词频(TOP 30)

序号	关键词	频次	序号	关键词	频次	序号	关键词	频次
1	师爱	274	11	后进生	10	21	健康成长	4
2	策略	32	12	尊重	9	22	职业道德	4
3	教育	30	13	教学	7	23	爱生	4
4	对策	24	14	德育	7	24	误区	4
5	班主任	19	15	师德建设	6	25	教师素质	4
6	师德	18	16	学困生	6	26	教育工作	4
7	师生关系	18	17	班主任工作	6	27	培养	4
8	教师	17	18	班集体	5	28	艺术	4
9	学生	13	19	内涵	5	29	案例	4
10	作用	12	20	班级管理	5	30	责任	4

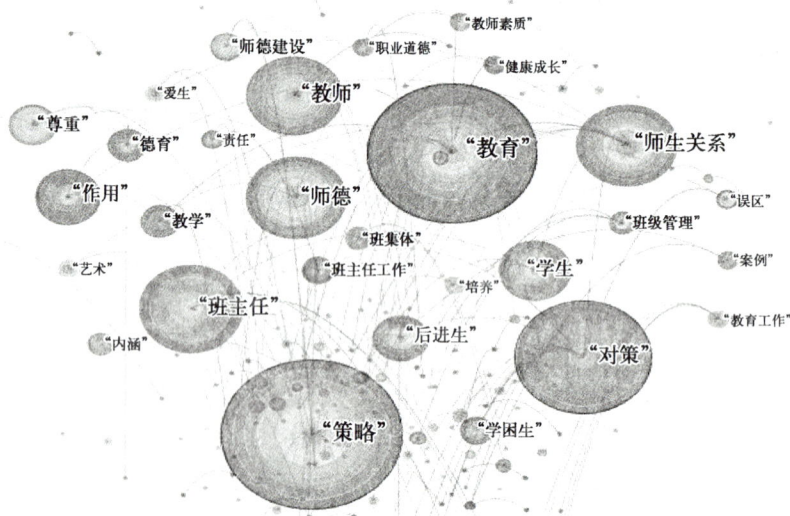

图 2 - 4　关键词图谱

种类♯0"班集体"为最大类,由 43 篇文献构成,S 值为 0.94,包括"师爱"、"班集体"、"班级工作"、"爱生"、"大学"和"人格魅力"等关键词,主要探讨师爱在班级工作(朱凌莉,2006)和大学生中的作用(姜庆,2005)。

种类♯1"学生"为第二类,由 36 篇文献构成,S 值为 0.81,包括"教育"、"教师"、"师生关系"、"学生"、"职业道德"、"师德建设"等关键词,主要探讨师爱与师生关系(魏宏聚,2013)、职业道德和师德建设等(丛微微,2002;宗序

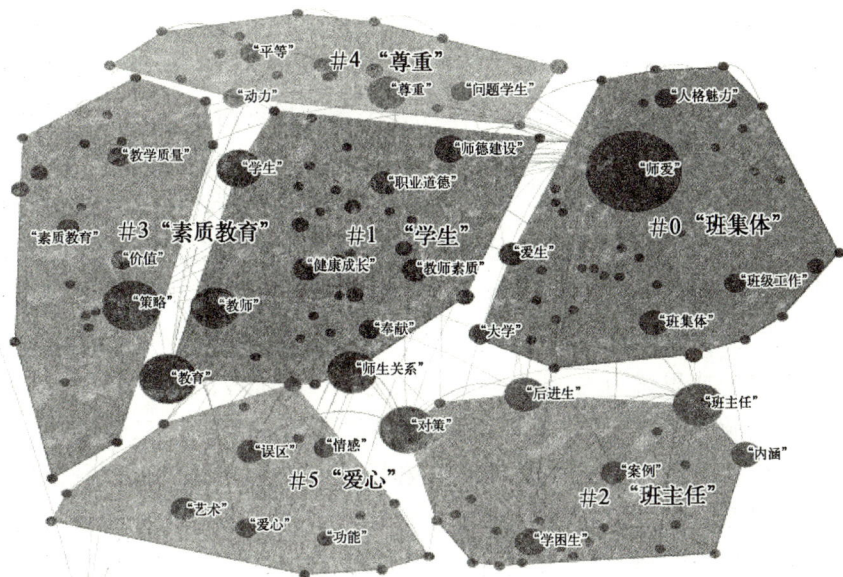

图 2-5 热点领域图谱

亚,2014;郭喜翠,2002)的关系。

种类♯2"班主任"为第三类,由 26 篇文献构成,S 值为 0.91,包括"班主任"、"学困生"、"对策"、"案例"、"后进生"等关键词,主要探讨师爱在班主任工作中的作用(杨文领,2010;林桂媛,2012;胡锋训,2015;陈跃莉,杨长春,1993)。

种类♯3"素质教育"为第四类,由 24 篇文献构成,S 值为 0.92,包括"策略"、"素质教育"、"教学质量"和"价值"等关键词,主要探讨师爱在素质教育下的作用(张良才,1999;郭红梅,2010)及提升策略(穆传慧,2007)。

种类♯4"尊重"为第五类,由 19 篇文献构成,S 值为 0.90,包括"尊重"、"动力"、"平等"和"问题学生"等关键词,主要探讨了师爱在问题学生转换中的作用及策略(李仲令,崔占文,1998;黄金华,2009)。

种类♯5"爱心"为第六类,由 15 篇文献构成,S 值为 0.77,包括"误区"、"情感"、"艺术"、"爱心"和"功能"等关键词,主要探讨师爱的内涵和功能(刘畅,2009;孙婧,2007;王超,2014)以及师爱误区(赵平,2009;钱焕琦,2002)。

4. 小结

采用文献计量学和 CiteSpace 可视化分析软件定量分析了国内师爱领域的研究。计量学结果显示,随着素质教育的推进,研究者日益重视师爱在教育教学中的重要性,并开展了大量研究:国内最早涉及师爱始于 1981 年,迄今已经有 35 年,20 世纪 80 年代师爱研究处于初步摸索阶段、90 年代处于师爱研究的增长阶段、到了 21 世纪 10 年代处于蓬勃发展阶段,到了 2010 年年发文量达到历史高峰。国内研究者采用理论或思辨、现象学和实证等各种方法,探讨了师爱的概念(包括内涵、要素和特征)、师爱重要性探讨、师爱的作用与功能探讨、师爱的现状研究、师爱存在的问题及对策研究等各方面内容,研究机构涉及幼儿园、小学、中学、高职高专、大学、甚至教育局、出版社等其他机构等,研究也得到各级课题的支持,但研究主要发表在一般刊物上、研究方法以现象学和理论或思辨为主、研究内容以问题与对策居多、大部分研究缺乏项目资助。可视化分析结果发现,排在前 10 位的关键词为:策略、教育、对策、班主任、师德、师生关系、教师、学生、作用和后进生,这初步表明我国师爱研究主要集中于师爱的对策策略、师爱与师德等的关系、师爱对于班主任及后进生教育中的作用等;在热点领域方面,国内师爱研究主要包括六大领域,即师爱在班级工作中的作用、师爱与师生关系、师德建设关系、师爱与班主任工作、师爱在素质教育下的作用、师爱在问题学生转换中的作用及策略、师爱的内涵和功能。可见,尽管计量学和可视化分析方法不同,但在一些结果上却是一致的:如研究内容主要涉及问题与对策等。

综述可知,尽管近 35 年年来国内师爱研究取得长足发展,但该领域研究尚存一些不足:一是研究方法上以现象学和理论或思辨法为主,计量学结果显示仅 3 篇采用问卷调查法进行了师爱的实证研究,57.7% 和 41.8% 的研究则分别采用了现象学和理论或思辨的方法,9 篇硕博论文中,也仅 1 篇采用了实证的方法。现象学更多是中小学教师基于教学案例的思考,而理论或思辨则更多是高职高专教师和高校教师关于师爱概念和重要性的探索,这从研究机构的计量学结果可以得到验证。对于教学案例的观察和思考,的确可以为师爱研究提供丰富的、来自一线的资料,但却不利于师爱的理论研究,对于师爱内涵、要素、特征、作用以及重要性等的探索,的确可以丰富师爱的理论研究并呼吁研究者对于师爱研究的重视程度,然而单纯的理论思辨却有脱离实践的偏向。为此,今后研究需采用理论和思辨相结合的方式开展师爱的研究,结合一线资料建构师爱的概念,并通过实证来验证师爱理论研究的科学性。此外,需要提及的是,师爱的 3 篇实证研究均采用传统的问卷调查法,但伴随着《国家中长期科学和技术发展规划纲要》(2006—2020)中"脑科学与认知科学"被列为八大科学前沿问题之一(周晓林,2011)和教育认知神经科学兴起(胡谊,桑标,2010)的背景,国内认知神经科学研究如井喷式发展,为此,今后国内师爱研究有必要采用认知神经科学方法进行尝试性探索。二是研究内容上以问题与对策、作用与功能研究居多。研究方法的局限势必会影响到研究内容,计量学结果显示 53.7%的研究探讨了师爱的问题与对策、22.3%的研究探讨了作用与功能探讨,这一结果还得到可视化分析结果的验证,六大热点领域中有五大领域都涉及上述内容:师爱在班级工作中的作用、师爱与师生关系、师德建设关系、师爱与班主任工作、师爱在素质教育下的作用、师爱在问题学生转换中的作用及策略。内容的偏颇和方法的局限势必使得研究大同小异,抑或质量不高、深度不够,这致使论文整体质量不高、缺乏项目支持,正如计量学结果显示,90.1%的研究发表在一般刊物上、98.4%的研究都没有得到项目的资助。为此,今后师爱研究需拓展研究内容,增强其系统性。

二、国外师爱相关研究进展

关爱是我国教育实践中的一个常见概念,国外没有直接对应的"关爱"概念,间或用"teacher love",普遍使用"teacher caring",一般翻译成"教师关爱"、"教师关怀"或"教师关心",下文一般称之为"教师关爱",但如果原文使用"teacher love",就使用"师爱"一词。关爱被广泛认为是教学的中心(戈德斯坦,莱克,2000)。科尔(Kohl,2012)认为教师有责任关心每一位学生,罗杰斯和韦伯(Rogers & Webb,1991)认为无微不至的关爱、具体的关爱行为和优质的教学有着千丝万缕的联系。从现有文献来看,自 20 世纪 70 年代以来,随着"情感研究的革命"和对教师情感问题的逐渐重视,国外研究者在教师关爱的概念、作用和意义、影响因素等方面积累了一些颇具启发意义的成果。

1. 教师关爱的概念

一般来说,教育者对关爱的研究始于吉利根(1983)和诺丁斯(1984)。但是,因其含义涉及的深度和广度,对于关爱概念的定义却绝非易事(查斯金,劳纳,1995;怀特,2003)。目前为止,对于如何定义或如何将之付诸实践并未达成一致。有一个广为盛行的假设:当我们看到时,就知道什么是关爱(罗杰斯,韦伯,1991),"关爱是不言而喻的,是暗含在行为里的,我们很难去定义它。"

贝恩斯,埃文斯和内史密斯(Baines,Evans & Neysmith,1991)将关爱定义为"精神上、情感上和体力上的投入与付出,包括照顾、回应和支持他人。"但戈德斯坦(1999)和诺丁斯(1984)认为,关爱并不是态度或人格特质,而是一种道德关系。诺丁斯(2002)认为一个真正的关爱关系取决于教师是否能够觉察和满足学生需求,并且这种关爱得到了学生的肯定。诺丁斯(2003)还区分了两种关爱类型:自然关爱与伦理关爱。自然关爱存在于特定的关系中,是一种我们长期为之奋斗的状态,并且这正是我们所渴望的关爱,它为我们提供了成为有道德的人的动机;伦理关爱是一种道德取向,哈格里夫斯(Hargreaves,1994),诺丁斯(1992)和埃尔巴兹(Elbaz,1992)认为此道德取向在理解有关关爱决策时的道德基础方面有重要作用。

关爱不仅包括建立有意义的关系,而且还要有维持关系的能力以及对他人做出反应的灵敏度。一旦将关爱实践在课堂教学之中,关爱就表现为鼓励对话、对学生需求和兴趣敏感以及提供丰富、有意义材料和活动的保障(罗杰斯,韦伯,1991)。因此,关爱以鼓励交流和对学生的需要和才能敏感的形式呈现(吉朗苟,海德,2006)。可以说,保持关系质量尤为重要的举措之一就是关爱,这是一种倾听、共情以及站在别人角度想别人所想的能力(刘易斯等,2012)。马里基纳(Mariskind,2014)提出,虽然关爱在传统上被认为是顾全个人关系,但大量文献表明,关爱是一个很复杂的实践,涉及思想和情感、行动和接受、推理和移情。

与此同时,关爱与教师教学及课堂管理决策有关,存在于并展现在课堂内外教师-学生互动的更广泛的社会背景。奥康纳(O'Connor,2008)认为,关爱主要被定义为因教师激励、帮助以及鼓舞学生的欲望而产生的情感、行动及反思。关爱还可以有很多种理解方式:关爱是承诺,是相互关系,是身体上的关心,情感上的表达(例如给一个拥抱),是教养,是母爱(沃格特,2002),等等。然而,卡茨(Katz,1980)主张关爱与母爱是有所不同的,他对于关爱和母爱区别的分析是探索、建立和阐明关爱与母爱关系的一个有意义的开始。卡茨进一步明确提出七个不同维度上的教师关爱和母亲关爱的区别——即师爱和母爱的区别:职能范围、影响强度、自发性、对象、偏爱、理性和依恋。母爱的职能范围是无边无际的。母亲是永远都要在岗位上的,并且必须时时刻刻关注孩子生活的各个方面。然而,教师的职责更小且集中。母亲和孩子彼此投入感情以至于产生更高层次的人际交往强度。随着孩子个性化的发展,母亲和孩子会发生必不可免的冲突,而教师和孩子就可以避免。卡茨认为母爱是自由、自发的,而师爱必须有明确的意图、详细的计划和他们的决定与行为背后的基本原理。此外,一位母亲只对一个家庭负责,教师往往要负责30个以上家庭的孩子,必须处理一个大范围的、望而生畏的文化差异、期望和家庭观念。相较于母亲的偏心,教师更加公平。在理性方面,卡茨认为母亲需要对自己的孩子"疯狂",而教师要细致用心和逻辑推理。最后一个维度——依恋,卡茨主张母亲和孩子处在一种"相互关爱"的关系中,而教师必须保持"疏离感"。卡茨的研究对本研究思考师爱的内涵和特点无疑具有很大启示,现将其观点列表成2-3。

表 2-3 师爱与母爱的比较(Katz,1980)

	母 爱	师 爱
职能范围	无边无际,永远"在岗"	职能集中,范围有限
影响强度	交往强度更大,亲子冲突难以避免	师生人际冲突并非一定发生
自发性	爱孩子的自由、自发性	爱学生的目的性、计划性、科学性
对 象	面对一个家庭和家庭里的孩子	面对数十个颇具差异的家庭的孩子
偏爱程度	对自己的孩子往往偏心	更加公平地对待不同的孩子
理性程度	对自己孩子的爱有时是"疯狂"的	更细致、用心,更注重逻辑和理性
依 恋	亲子之间依恋程度更深	教师与学生间保持一定距离

一些研究者探讨了教师关爱的构成成分。研究者认为,关爱正如助人成长和实现自我一样,是一个过程,是一种发展方式,具体来说,梅洛夫(Mayeroff,1971)认为关爱需要八个成分:了解被关爱者、耐心、诚实、信任、谦卑、希望、勇气和节奏交替(即评估和更改行为或策略以更好地帮助被关爱者)。梅洛夫是强调了解应该作为关怀首要成分这一观点的少数理论家之一。他认为:"关爱……包括外显和内隐的了解,知其然知其所以然,直接和间接地了解,这些都是以不同的方式来帮助他人成长。"值得一提的是,尽管很多文献中都视尊重为关爱的必要成分,但是有关道德关爱的理论中较少明确提及尊重这一关爱的基本维度。而像诺丁斯更强调关爱中所蕴含的能力,认为教师想要学生更好会促成关爱型教师变得越来越能干(贝克,1994)。

2. 教师关爱的意义

一些研究认为,教师关爱是学生学习的"发动机"和健全人格的"保护伞"。在过去的二十年里,关于师生情感关系对于学生学校适应性的重要性的研究有所增加,师生关系质量与学生的社会功能、行为问题、学习活动参与度以及学业成就之间相关显著。诺丁斯(1992b)认为,关爱是教师决策的基础。充满关爱的课堂被视为是建立信任的氛围,这能够使学生承担风险(麦克德莫特,1977),并能培养他们的自尊心(查恩利,1993)。此外,关爱引发学生乐观进取的心理倾向,这一心理倾向能够促进学生获得学科知识进而促进学业成绩(诺丁斯,2007;班杜拉,1997)。例如,刘易斯等(Lewis et al.,2012b)追踪五年级和六年级84个班级1 456名西班牙学生,研究结果显示,教师的关爱促使学生对学习数学抱以乐观进取的态度,进而对数学成绩产生积极的影响。力拓(Tinto,1987)认为,师生关系是促进学生学业认同与投入的一个至关重要的因素。一项关于师生情感关系与学生学习投入、学业成绩间关系的元分析研究表明,师生间积极和消极的关系与学习投入之间的相关达到中等以上程度,而与成绩的相关关系是弱到中等程度,但是其中的一些弱相关在经过方法学的校正后,仍然达到了统计学上的显著性水平。总体而言,在高年级中发现了更强的相关。并且,师生消极关系对小学阶段的影响要强于中学阶段(罗达等,2011)。

虽然大量的文献集中在关爱对学生的意义探讨上,但是,关爱同样也让教师本身受益。尼尔森等(Nilsson et al.,2015)的研究表明,关爱对教师的幸福感至关重要。关爱与给予和接受有关,通过关注孩子和学生的需要,教师会自我感觉良好。所以在某种意义上,他们给予关爱时会感到幸福。因此,关爱是给予和接受之间的互惠(舒斯特,2006)。互惠规范指导人类行为(奥斯特姆,沃克,梅思纳,2003),但是不是就意味着教师给予关爱就像交易那样是为了得到什么作为回报?当然不是,教师确实得到了回报,比如意义感和归属感,但教师不是为了得到什么才去关爱学生,事实上,教师得到回报是关爱的“精神馈赠”。通过与学生的关爱关系,教师的幸福感产生(罗菲,2012),并影响他们的动力和工作认同(克拉森等,2009),也可以作为留在此职位的一个理由(奥康纳,2008b)。洛蒂(Lortie,1975)发现,关爱是教师职业满意度的一个重要来源之一,是教育事业的“精神奖励”。同样,哈格里夫斯(Hargreaves,1994b)也指出,许多教师选择教师行业,因为有强烈的爱孩子的承诺,并认为爱孩子是整个职业生涯中工作满意度的重要来源。

3. 教师关爱的影响因素

从国外研究来看,影响教师关爱行为或师生间关爱关系的变量主要包括教师个人因素和社会文化因素两个方面。其中,教师个人因素涉及性别、经历和教师信念等方面。

性别是否影响教师关爱,并未达成一致意见。有些学者称伦理关爱更常被女性所扮演(诺丁斯,1986;吉利根,1982),这是因为她们的经验所致,而非遗传下来的性格。培根(T'Bacon,1997)认为关爱角色在男女之间是可互换的,特龙托(Tronto,1987)支持了此观点,特龙托(1989)之后进一步提出了女性倾注实际的关爱而男性负责管理的观点。巴伯(Barber,2002)和沃格特(2002b)实证研究显示,男性和女性在表达关爱时并无显著性差异。这些关于性别与表达关爱之间关系的不同观点,表明性别这一因素值得研究者进一步探讨。另一些研究发现,教师的亲身经历是塑造关爱的其中一个因素。阿格尼(Agne,1999)指出卓有成效的教师要么在进入职业之前就拥有深层关爱能力,并能体验成功继而保持此能力;要么通过分析教学、学习过程及运用细致的观察和经验,从而他们在教学的过程中获得深层关爱的状态。家庭及他们自身的学校经历对教师关爱的动机也产生影响。同样,戈德斯坦和莱克(2003)认为职前教师进入教学中对学生的关爱存在先入为主的观念,这些都来源于他们亲身的关爱关系。也就是说,教师在遇到学生之前,就已经树立了如何爱学生的思想。影响教师关爱动机和行为的另一个个人因素是教师对自身角色的信念,例如在一项小学教师实践的研究中,妮亚斯(Nias,1997)确定了能反映教师关爱工作中的六个隐性信念,简而言之,这些信念包含喜欢孩子、利他主义、自我牺牲与服从、过度的责任心以及义务与身份等方面。

此外,一些研究者对以往的关爱研究提出了质疑,认为传统的关爱理论未能认识到社会文化对教师关爱的作用。这些学者认为,与学生建立真正的关爱关系乃至教师和学生双方对关爱行为的认知,不可否认都是社会义化影响的结果。托索特(Tosolt,2010)调查了从五年级到八年级的 50 名学生对教师关爱行为的看法。研究表明,美国黑人和女学生更倾向于把鼓励学业成就看成是教师真正的关爱(如提供学业表现反馈,督促学生继续努力学习),白人和男学生在评价关爱时更注重温暖的人际行为。因此,她主张关爱在本质上是跨文化的。遗憾的是,从社会文化视角对教师关爱的探讨,目前还未能提供更多的实证研究证据。

总之,以往的研究已经表明,不仅关爱促进了学生学习和认知发展,而且教师也从关爱中受益(维果茨基,1980;戈德斯坦,1999b)。然而,对关爱的承诺也给教师带来了困难,正如有研究者所指出的,有时甚至最坚定的教师在持续表达关爱后也容易"耗尽",这是由于固有的、不平等的师生关爱关系性质所致。在关爱关系的维持中,由于孩子有限的理解能力,导致教师的情绪紧张、愤怒和疏离感(莱维特,1994)。虽然情感是教师工作的中心(曾贝拉丝,2003),但从学生角度来看,成就一个好教师的无形情感及移情素质的难以测量性,因此往往被政策制定者"视为无用"（康斯坦丁，吉布斯，2004）。由于情感在教师工作中的作用很少在政府政策中得到公认，使得专业老师的标准往往淡化或忽视教学角色的情感维度，也正是因为如此，国外在教师关爱的研究方面仍与教师认知等领域相差甚远：首先表现在研究成果的数量不足上，此外，对于教师专业成长与关爱发展之间的关系，尚不明确，关爱与学生发展之间的关系也没有任何测量学追踪证据。

第三章　师爱的基本理论
问题研究

　　爱是人类的永恒主题,它是世界上最简单也是最复杂的社会现象。古往今来,人们对爱的探索从来没有停止过,对于爱的一些基本问题也一直讨论不休,爱的真谛,是哲学、文学、艺术、政治、教育、心理、宗教等几乎所有的人文社会科学领域都会探寻的共域。人类之爱,随着社会生活的日益复杂和社会交往的日趋频繁,在不断地演变、分化,个体之爱,随着个体社会化进程和社会生活领域的拓展,也在不断地迁移、深化,有的渐渐从与生物性需要相联系的自然爱状态发展成为与社会性需要相联系的社会爱形态,有的渐渐从生而固有的人性之爱发展成为在特定情境中的职业之爱。师爱,是一种高尚的社会爱,是教师的职业之爱的典型体现。如何认识人类之爱及其属性? 在人类爱的谱系中,师爱处于何种方位、具有怎样的性质和特点? 师爱之于教育活动的核心——人的发展——具有怎样的价值? 对师爱这些基本理论问题的探究,不仅这些问题本身就是重要的,而且为本研究核心范畴——师爱素质的概念提出和理论建构提供原初性概念基础。

第一节　爱 与 教 育 爱

　　爱是人类情感和社会生活中的一个美好字眼,古希腊的柏拉图把爱看作是培育人类至高理性和精神的动力,文艺复兴时期的达·芬奇认为爱是开启世界的钥匙,近代法国科学家德日进则把爱的法则看作是精神世界的万有引力定律。教育爱是教师所特有的、对教师工作和教育对象所持有的职业之爱,是爱的情感在学校教育特定情境形成发展的结果,师爱是教育爱的典型体现。对师爱和教育爱的探讨,首先要从爱的诠释开始。

一、爱的诠释

1. 爱的属性及其人性根源

人本主义哲学家、新精神分析心理学家弗洛姆（1987）在对爱的研究时曾说道，"爱作为一个人们熟悉的话题和人类历史一样的久远。如今后者已经得到详尽的剖析和研究，可是爱却从未受过充分的重视。虽说爱赋予了诗歌和音乐无尽的灵感，但人们在科学地探讨爱的问题上还是面临重重的困难。此般境况的结果是，我们享受了美妙的诗歌和音乐，但对爱的本质却依然茫然无知。"那么，究竟什么是爱？如何理解爱的属性和本质？

"爱"字的出现比较晚，不见于甲骨文，最早出现在金文中（汤成沅，1995）。观汉字"爱"的象形，上面是"协"，"价"下有"一"，"一"下有"心"，"心"下有"友"，诚信、关心、友情皆在其中，具有生动而丰富的象征寓意。在《说文解字》里，"夂部"说："爱，行皃（同'貌'）"；"心部"说："惠也"。清代学者段玉裁作注说："爱行皃，故从夂"。从中可以知道，"爱"是假借而来，使爱的概念体现出给予、关心的意思。在最新版的《现代汉语词典》里，"爱"字主要作为动词，有四种解释：对人或事物有很深的感情；喜欢；爱惜，爱护；常常发生的某种行为，容易发生某种变化（中国社会科学院语言研究所词典编辑室，2012）。"爱"字在希腊文中有三种不同的写法，分别以"philia"、"eros"、"agap"三个词为代表。一般人们比较熟悉的是 eros，中文一般译为"情色"或"情爱"，是一种出于本能的感性冲动及浪漫情怀，它是人类与生俱有的；philia，是指"友爱"，或者"友情"；agape，代表"博爱"，这是宗教里面所讲的无私的爱。

爱作为哲学范畴，源于古希腊。古希腊哲学家恩培多克勒认为爱与恨是构造世界的原始力量，是使诸多宇宙物质元素结合与分离的基本因素，爱使元素结合，使物生成；恨则使元素分离，使物毁灭。从这一思想源点出发，后来的哲学家中，多数人比较普遍主张爱意味着人与人的结合。苏格拉底认为，爱既不是不朽之物，又不是速朽之物，而是两者之间的中介……爱正像所有的精灵那样，是神圣与凡庸之间的联结物……它是联结神人分野的一座桥梁，因此，在它的身上结合着所有一切素质。柏拉图在公元前 4 世纪所著的专题文集中把爱定义为"爱是人类对整个世界的渴求"（崔德华，2007）。可见，古希腊哲人有关爱的思想，已经从人性的角度触摸到了爱的本质。

在中国古代哲学中，爱通常与为人处世之理、治国安邦之道联系在一起，是一种伦理意义上的爱。孔子思想的核心是"仁"，"仁者爱人"是核心，进而是"入则孝，出则悌"，最后是"克己复礼，天下归仁焉"，可见，他是把爱作为为人之道的标准。孔子不仅希望以"仁爱"原则来处理人与人之间彼此相爱的伦理关系，更提出以"仁爱"原则来治理国家。墨家学说的核心范畴是"兼爱"，"兼爱"是对一切人无所不爱，其实质是爱无差等、是平等的爱，"爱人，待周爱人，而后为爱人；不爱人，不待周不爱人；不周爱，因为不爱人矣。"①因而，兼爱就成为墨子做人治国的伦理原则。

在近现代伦理学中，更强调爱的情感属性和给予的本原意义。如斯宾诺莎（1962）所言："爱不是别的，乃是为一个外在的原因观念所伴随着的快乐。恨不是别的，乃是对一个外在原因的观念所伴随着的痛苦。"黑格尔认为，所谓爱，一般说来，就是意识到我和别一个人的统一，使我不专为自己而孤立起来；相反地，我只有抛弃我独立的存在，并且知道自己是同别人以及别人同自己之间的统一，才获得我的自我意识（黑格尔，范扬等译，1961）。我国伦理学中视爱为一种给予的情感，是个人对他人或某一事物由于爱慕、关心、信仰而产生的一种浑厚真挚的感情。这种感情强烈时可表现为把对象看作是自己生活中最宝贵的不可缺少的一部分，为了达到最完美的境界或为了占有它，愿意贡献出自己的精力和一切，直至生命（简明伦理学辞典编辑组，1985）。

爱是教育学和心理学研究的重要范畴。教育学中，研究者强调爱的情感的积极性质和道德情操意蕴，认为爱是一个人基于对某个对象与自己意向的一致而产生的一种对该对象关心、亲切、愉快、温馨、依恋、激动的肯定情感，是一种主体由于受美好事物的震撼，以致可以将自己的身心置于对方的位置，关心对方并愿为对方奉献的美好情操（陈艳华，2001）。朱智贤（1989）主编的《心理学大辞典》中这样表述爱，它"意味着人际关系中的接近、悦纳、共存的需要及持续和深刻的同情，共鸣的亲密感情等等。它是现实的各种人际关系中具有重要意义的心理活动。爱是后天习得的，人在童年时期得到充分的爱，长大后就会爱别人。"这一界定揭示了爱的关系属性与后天习得性。在情绪心理学中，爱被认为是一种既有原始性，又是在基本情绪社会化中多种情绪结合而成的复合情绪。它包容着社会的、生理的、认知的和多种情绪的复合因素，并涉及个人之间以及个人与社会之间关系的复杂感情。爱可以分为激情爱和陪伴爱。陪伴爱被看作真实

---

① 《墨子·小取》.

的爱或伴侣间的爱,它很少伴有强烈的情绪,是深切的依恋、亲密接近和互相承担义务的复合体验。陪伴爱典型地发生在母亲和婴儿之间(孟昭兰,2005)。由此可以看出爱的复杂性。

通过对"爱"的词源分析,结合中外哲人以及伦理学、心理学等学科中对爱的表述,可以进一步发现人类之爱的一些主要属性:爱是一种关系情感,它发生在人与人、人与社会之间,从而表现为爱他人、爱社会,当然也可以发生在人与自我、人与自然之间,从而表现为爱自己、爱自然;爱是一种给予式的高尚情感,源于人具有亲近、结合的需要,表现为喜欢、接近、渴望、依恋、关心、付出乃至奉献等行为;爱是一种复杂的混合情感,混合着快乐、温馨、满意、欣慰、自足、歉疚等多种情绪体验;爱是一种可生长、可传递的积极情感,一个人可以从爱自己发展到爱他人,从被人爱发展到去爱别人;爱是一种具有社会价值的功能性情感,不仅是个体行为的动力,也在处理人际关系、公共事务中发挥着社会功能。总之,从本质上来说,人类之爱是一种给予式的、复杂的积极情感。

人类之所以具有爱的情感,从本原的角度来说,是根植于人性的。人性虽然是一个非常复杂的、数千年来争论不休的难题,但要而言之,人性就是作为类整体存在的人所具有的属性,"人性"作为人的存在根据,决定了人是人而不是其他的物类(沈亚生等,2010)。从人的生命结构来说,人是三重生命的统一体:一是自然生理性的肉体生命,二是关联而又超越自然生理特性的精神生命,三是关联人的肉体和精神而又赋予某种客观普遍性的社会生命。人就是由这三重生命构成的具体而完整的生命存在。换句话说,人作为主体,生物属性(肉体生命所有)、心理属性(精神生命所有)、社会属性(社会生命所有)综合而成主体性,人性就是由这三重属性所构成,人性是自然属性和社会属性、个性和共性、先天属性和后天属性的统一。

人的生命结构的多重性决定了人性的复杂性、多向性。在复杂的人的属性中,情感属性无疑是重要的甚至是核心的一维。中国儒家哲学认为,人就其为人而言,首先是情感的存在,情感具有内在性、直接性,而且对于人的其他活动具有重要影响,甚至起核心作用(蒙培元,2009)。西方哲学中,怜悯或同情是作为人的本性中的一个要素来看待的。心理学中,作为心理过程的知情意,其实就是人性中的心理属性,可见,作为人,情感必然是其固有的属性。

人类之爱作为一种给予式的、复杂的积极情感,因而就其本原来说,是根植于人作为情感性存在的属性。达尔文从生物进化的角度告诉我们,爱是人的一种本能,是人类进化的原动力,无论从长期还是短期看,人类更强烈的推动力可以是——并且一般是——对别人的态度和爱(高德胜,2009)。美国学者大卫·洛耶(2004)对达尔文道德进化理论研究后指出,我们人类,今天的人类,已经很少什么特殊本能,我们祖先身上的本能在我们这里已经不复存在,但是,这不应该成为我们拒绝继承远古时代就存在的某种对同伴本能的爱和同情的理由,事实上,每个人都意识到,我们的确具有同情心。西方学者甚至视人类之爱为人的本质属性——人性中决定人之为人的根本属性。例如,费尔巴哈对人性中的本质属性进行分析后指出,人的本质就是理性、意志、心;一个完善的人,必定具备思维能力,意志和心力;思维力是认识之光,意志力是品性之能量,心力是爱。理性、爱、意志力,这就是完善性,这就是最高的力,这就是作为人的绝对本质(费尔巴哈,荣霞华等译,1984)。舍勒的现象学哲学基本命题是"人是爱的存在"(舍勒,1999),他认为,爱在人的存在中起着根本性的奠基作用,是一个人认识世界并做出意志行动的前提,"在人是思之在者或意愿之在者之前,他就已经是爱之在者了。人的爱之丰盈、层级、差异和力量限定了他的可能的精神和他与宇宙的可能的交织度的丰盈、作用方式和力量。"以研究情爱闻名于世的伦理学家瓦西列夫(1987)将爱看作是人性的最本质部分,认为它是人的"生物关系和社会关系、生理因素和心理因素的综合体,是物质和意识的多方面的和深刻的辩证法;它把人的自然本质和社会本质结成一体。"而美国当代著名心理学家凯尔特纳(Keltner,2009)同样认为,关爱是人类内在的本性,人类通过对下一代的关爱得以持续地繁衍和发展,在漫长的进化过程中人们变得越来越富有同情心,关爱也逐渐成为我们自身人性最核心的部分。

　　总而观之,人不仅是理性的存在,也是感性的存在,情感是人的固有属性,因而,人类之爱根植于人的属性,或者说,爱就是人的重要属性,生而为人,就有爱的本能、爱的需要、爱的情感、爱的行为,从而,被爱和爱人、自爱和爱他人,就构成人的存在方式,正如马克思所指出的:"我们现在假定人就是人,而人同世界的关系是一种人的关系,那么你就只能用爱来交换爱,只能用信任来交换信任,等等。"①

　　2. 爱的类型

　　人类社会的发展历程,也是人类之爱的发展历程。自古至今,随着社会生活

————————

① 　马克思恩格斯全集第 42 卷[M].北京:人民出版社,1979.

的日益发展,爱的形态也在不断丰富,从而形成爱的谱系。伴随着对爱的属性和本质的认识,人们也在探寻着爱的类型。

早在古希腊时期,柏拉图就在《法律篇》中把爱区分为肉欲的爱、情欲的爱和第三种爱,他所言的第三种爱,是作为一个注重贞洁、勇敢、伟大、智慧的人,一个敬畏与崇拜神的人,他会追求一种在身体和灵魂两方面都始终纯洁的生活。伊斯兰教义学家安萨里将爱分为四类:第一类是自我中心之爱,第二类是对完美东西之爱,第三类是不可思议之爱,第四种是最高境界之爱。在基督教的道德观念中,爱一般分为神之爱和人之爱两个层面。作为教育家的亚米契斯在其著名的儿童小说《爱的教育》一书中,描绘了人世间各种伟大的爱,既有大至国家、社会、民族的大我之爱,又有小至父母、师长、朋友间的小我之爱,全书具体叙写了乡国之爱、亲子之爱、师生之情、朋友之谊和普爱等五种爱的类型。在心理学中,新精神分析心理学家弗洛姆在《爱的艺术》中论述了五种爱,即博爱、母爱、性爱、自爱和神爱。他在《占有还是生存》一书中又将爱分为两大类型,一种是重生存的爱,一种是重占有的爱(弗洛姆,1989)。前者"是一种创造性的活动,这包括注意某人(或某事)、认识他、关心他、承认他以及喜欢他……这就是说,唤起他的生命和增强他的生命力,这就是一个人更新和成长的过程",后者则是对爱的对象的限制、束缚和控制,这种爱"只会扼杀和窒息人以及使人变得麻木,它只会毁灭而不是促进人的生命力"。可见,重占有的爱是自私的"爱",与爱作为一种给予式的积极情感的属性是相违的,因而不是真正的爱。存在主义心理学家罗洛·梅在其成名作《爱与意志》一书中总结指出,西方传统中有四种爱的形式:第一种是性,即肉欲或力比多;第二种是爱欲,这种爱的驱动力令人有繁殖和创造的欲望;第三种是朋友之爱;第四种是同胞爱,这种爱指为他人的福祉设想。西方哲学、宗教和心理学中对爱的类型的看法,对我们认识和把握复杂的人类之爱均有启发,但又未能揭示出爱之形态的全貌。本研究从爱的属性出发,尝试对爱的类型进行新的结构化分析。

第一,人类之爱是一种关系情感,从爱的关系属性出发,可以将爱分为自爱和他爱两大类型。所谓自爱,即爱自己,是以自己为爱的对象的爱。这种爱深受卢梭的重视,他认为(何怀宏,2008),自爱比同情更为根本,"我们的种种欲念的发源,所有一切欲念的本源,唯一同人一起产生而且终生不离的根本欲念,是自爱。""小孩子的第一个情感就是爱他自己,而从这第一个情感产生出来的第二个情感,才是爱那些同他亲近的人。"自爱表现为两个方面:一是爱自己的生命自我从而表现为求生欲,二是爱自己的人格自我从而表现为自尊心(王海明,2009)。所谓他爱,即爱他人他物,是以他人他物为爱的对象的爱。从生物进化的角度看,爱是人的一种本能,是人类进化的原动力,因为他爱的存在,人类才能生存繁衍。他爱是在自爱的基础上发展、分化出来的,并表现为爱人(如母爱、友爱乃至爱陌生的他者)、爱自然、爱国家等等。

第二,人类之爱是一种源于需要的情感,因而可以通过分析人类需要的类型来划分人类情感进而划分人类之爱的类型。需要是人类心理和行为的源泉,自然也就是人类之爱的心理和行为的源泉。根据我国著名情感心理学专家卢家楣(2000)的研究,人类的需要包括生物性需要和社会性需要。生物性需要与生俱来,是人的自然生命的需要,是人的自然属性的需要反映,如衣、食、住、行、性等。社会性需要是人的社会生命的需要,是人的社会属性的需要反映,它又可以进一步分为基本社会性需要和高级社会性需要,前者虽是在社会环境中发生发展起来的,但仍带有一定程度的先天性特点,如要求获得爱抚、温暖、亲近的依恋需要,后者则是后天习得的需要,主要受社会环境和教育的影响,是在基本社会性需要基础上进一步发展的结果,为人类社会所特有,如求德、求美、求知的需要。由此出发,我们可以尝试从需要的维度划分人类之爱的类型(见表3-1)。

表3-1　基于需要类型的爱的类型

人类的需要	人类的情感	人　类　的　爱
生物性需要	生物性情感现象,即情绪	自然爱。这是一种原始性的本能爱,如男女间的性爱
基本社会性需要	基本社会性情感	一般社会爱。这是一种带有一定本能特点的社会爱,如母子间的亲情之爱
高级社会性需要	高级社会性情感,即情操	高级社会爱。这是一种具有道德意义的社会爱,如对祖国、对人民、对学生的爱

这里需要强调指出,自然爱、一般社会爱和高级社会爱的划分是相对的。以性爱为例,虽然性的需要是人的生物性本能,但爱情中的性爱、情爱毕竟具有社会性的伦理道德因素,这与动物的性本能是有本质区别的,之所以称之为"自然爱",乃是强调其无须人做出理性思考的"无意识"特点。再以母爱为例,虽然诺丁斯(转引自肖巍,1999)认为母亲对孩子的关怀通常是自然的、是非伦理的,是不能用道德或不道德加以评价的,虽然蔡元培(转引自张品兴,乔继堂,1992)认

为"父母之爱其子女也,根于天性,其感情之深厚,无足以尚之者",但我们不能忽视母爱所具有的责任、义务等伦理属性,唯此,母爱的伟大、崇高才被人们讴歌,而一切背离母爱的行为才为人们所贬斥。

第三,人类之爱是关系情感,是给予性的积极情感,因而我们从爱的关系对象和爱的给予程度两个维度,尝试构建人类之爱的坐标(见图 3-1)。

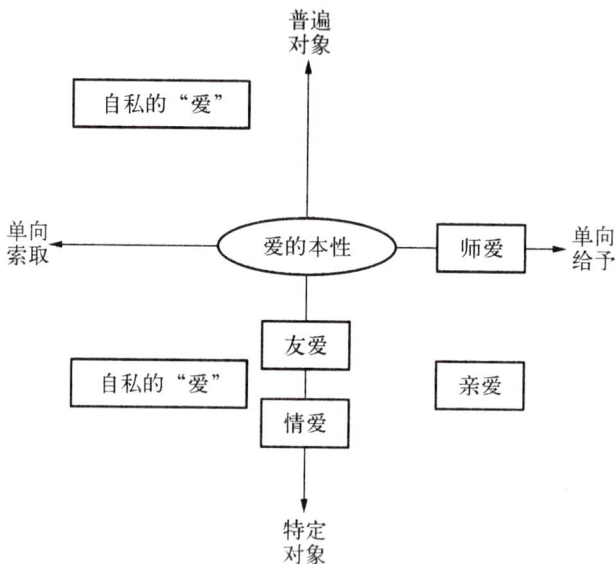

图 3-1　基于对象维和给予维的人类之爱的坐标

在这一爱的坐标中,并未列出全部的爱的类型,现仅就其中几种爱做一简要说明。无论是对特定对象还是对普遍对象的单向索取,显然都不符合爱是一种给予性的积极情感这一本质属性,因而都不是真正意义上的爱。一名教师若以索取为目的而"关心"学生,就不是对学生的爱,就不是师爱。友爱与情爱,是施于特定对象的爱,这种爱既有给予性又有索取性,并因主观目的是给予、客观效果是索取,或者主观目的是索取、客观效果是给予,而体现出不同的爱的性质,无疑,以给予和付出为目的、以志同道合为基础的友爱和情爱,具有更高的爱的价值。亲爱,即亲子之间的爱,它是建立在血缘关系基础上的以给予特定对象为目的的爱,这种爱典型地体现出爱的本质,因而母爱、父爱总是为人们所赞颂。在爱的坐标中,师爱同样是一种典型的给予性积极情感。教师对学生的爱,并不是以索取或获得为目的的、为出发点,而是全然自觉地把自己奉献出来,去充实丰富学生,去激活学生身上的潜在能量,去促进学生的生命成长。师爱的对象,既可以是某个特定的学生,又包括群体的学生,无论是特定对象还是普遍对象,师爱都并非以血缘关系为基础,而是以责任为核心,因而,师爱似母爱,又胜似母爱、超越母爱,师爱最能体现亚米契斯在《爱的教育》里所揭示的爱这一社会情感的理想品质:给予性。

二、教师的教育爱

人是情感性存在,教育是以人为核心的人类实践活动,因而,情感是教育的必然要素,从这个意义上说,教育事业就是感情事业,教育活动就是感情活动。华东师范大学熊川武教授分析了教育感情的职业特性,指出教育感情是教育活动者保持自己身份的基础,教育感情是在教育世界中产生的,教育感情是师生生命不可缺少的内涵及外在显现(转引自舒茨等,赵鑫等译,2010)。他进一步比较了教育感情与普通感情的不同(见表3-2)。

表3-2 教育感情与普通感情的差异

	维 系 纽 带	公众占有性	表达自由度
亲情	血缘		合理的伦理范围内
友情	交往	更具私有性	互惠共赢的基础
恋情	性爱		忠贞不渝的边界
教育感情(业情)	义务与权利	更具公共性	社会规范范围内

教师的教育感情作为一种业情,它所包含的情感内容当然是广泛的,但教师的爱无疑是其中的核心情感。在教育活动中,当教师以"教师"的身份和意识存在时,教师的爱就是以教育爱的形态表现出来。所谓教育爱,即教师对教育活动的爱,对教育活动的要素、过程的爱,是教师所从事的教育工作与其社会性需要之间的关系的反映,是教师经教育实践形成的对教育工作的积极情感。有研究者认为(樊浩,田海平,2001),广义的教育爱是指在充分认识到教育存在的重大意义和价值后整个社会对教育的推崇和重视,包括精神上的支持和物质上的投入,实质是爱教育。狭义的教育爱是指教育活动中的个体对教育本身所怀有的一种深厚、真挚的感情,通过自己的积极努力,使教育的内在价值和外在价值均得以实现,从而提高他人和社会的幸福。本研究所言的教育爱,显然是后一种意义上的,它是教师对教育活动的爱。

师爱素质研究

从本质上来说,教育爱同样是体现给予性的积极情感:教师对教育事业、教育工作的付出、给予所体现的情感,为爱岗情感,表现为敬业行为;教师对教育对象、对学生的付出、给予所体现的情感,为爱生情感,也就是师爱,表现为爱生行为。因此,教师的教育爱就包括爱岗情感和爱生情感两个主要方面,据此,可以构建如图 3-2 所示的"洋葱"模型:教师作为个体的存在,当然有着普通人那样的丰富情感;当教师以"教师"的身份和意识存在于教育情境中时,就产生了教育情感(也即熊川武教授所言的教育感情),它有时是积极的,如工作激情,也可能是消极的,如倦怠之心;教育情感中以给予性为目的的积极情感,就是教师的教育爱,它体现为爱岗和爱生两个主要方面。

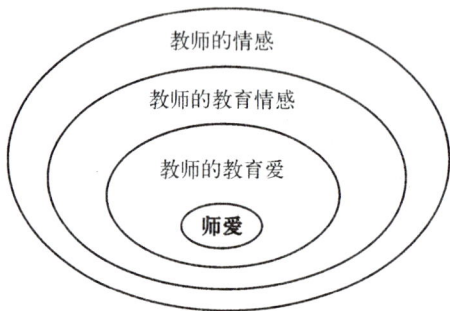

图 3-2 教师的教育爱与师爱的关系

关于教师的教育爱,需要再强调三点。

第一,将教师的教育爱分为爱岗情感和爱生情感两个主要方面,是有历史依据的。在我国历次颁布的《中小学教师职业道德规范》中,既有"敬业爱岗"的要求,又有"关爱学生"的要求。在 2012 年教育部出台的《小学教师职业标准(试行)》《中学教师职业标准(试行)》中,同样是将"热爱小学教育事业"、"热爱中学教育事业"和"关爱小学生"、"关爱中学生"同时作为基本理念来要求的。

第二,从理论上来说,教师的爱岗情感和爱生情感应该是统一的,也必须是统一的,诚如托尔斯泰所言,"如果教师只爱事业,那他会成为一个好教师。如果教师只像父母那样爱学生,那他会比那种通晓书本、但既不爱事业又不爱学生的教师好。如果教师既爱事业又爱学生,那他是一个完美的教师"。斯霞(1999)在总结她 70 多年的教育经验时也曾说:"敬业、爱生,我认为是教师职业道德的核心","爱生和敬业是密切相连的。"而由《今日美国》主办的年度优秀教师和优秀教师集体评选项目"全美教师团队"(All-USA Teacher Team)的评选中(冯大鸣,2004),也综合考察了教师的这两方面情感,以 2003 年度评选为例,最优秀教师的 16 项共同特征中,第一个特征就是"教师发自内心地喜爱教学工作,对工作的社会意义有深刻的认识或体验,能感染学生的学习热情,感召他们的心灵。"实际上,教师对教师岗位的爱和对学生的爱,是难以分离的。

第三，在教师的教育爱中，师爱无疑是核心、是根本、是关键，唯有教师对学生充满爱，才能点燃并持续保持工作的热情，才能真正做到爱岗敬业，正如斯霞(1999)所说："爱生和敬业是密切相连的"，而"不爱学生，就谈不上敬业"。

第二节　师爱的内涵与特点

通过对人类之爱的诠释和对教育爱的分析，已经确定了师爱在爱的谱系中的方位。师爱的内涵似乎不难理解，简而言之，师爱就是教师对学生的爱。但是，这一定性的表述并未揭示出师爱的确定性特征，出于研究的目的，还需要给出师爱的操作性界定，并解析师爱的根源，分析师爱的特点。

一、师爱的内涵与根源

1. 师爱的内涵

关于师爱的内涵，研究者有不同的看法。张良才(1999)认为，师爱是指教师对学生的一种纯真的、自觉的、持久的、普遍的、无私的爱。表面上看，它是教师对学生情感的流露，实质上是教师通过理性培养起来的一种使命感和责任感。龚乐进(2001)认为，师爱是教师对学生的关爱，是教师在教育教学实践中产生的对学生的真诚、自觉、持久的爱，是一种允满科学精神和献身精神的爱，也是人世间一种极具魅力的特殊的爱。蒋乃平(2007)认为，师爱是指教师热爱教育事业情感的自然流露，是对学生的美好未来坚定信念的体现，是对学生获得成功的渴望。通过现象学的研究和反思，朱晓宏(2009)指出，教师的爱就是指教师的心始终向着孩子，心向着孩子生存和成长的固有本性。这些界定中虽然一般都使用"自觉"、"无私"、"真诚"、"期望"等词汇来描述师爱，也肯定了师爱的价值，但似乎又并未给出操作性的界定，仍属于对师爱的定性表述。

吴康宁教授(2011)从"师爱不是什么"这一角度对师爱进行了阐述，他指出：首先，师爱不是"私己的爱"，师爱超越了私己的范畴，它是一种"公爱"，作为公爱的师爱可以说是一种"神圣的爱"，它所凸显的是作为社会代表者的教师的爱的责任；其次，师爱不是"失衡的爱"，师爱摆脱了"失衡"的状态，它是一种"全爱"，即全面、整体的爱，作为全爱的师爱便是一种"科学的爱"，它所凸显的是作为教育专家的教师的爱的能力；师爱不是"偏袒的爱"，师爱抵御着"偏袒"的侵蚀，它是一种"博爱"，即爱每一个学生，作为博爱的师爱是一种"平等的爱"，它所凸显的是作为公民培育者的教师的爱的品质;师爱不是"有偿的爱",师爱鄙夷"有偿"的企图,它是一种"纯爱",即纯净、纯真、纯粹的爱。应该说,这一角度是非常新颖的,可谓道出了师爱的主要特点,但这依然属于定性的表述。

胡向荣(2004)归纳了教育界在师爱的本质内涵上的种种认识,并将之概括为:关爱论、方法论、母爱论、境界论。他逐一剖析了这些认识的正确性和谬误处。首先,关爱论,是把师爱的本质理解为对学生的关心与爱护。这是对的,是必要的,但又是不恰当的,因为它没有抓住师爱的本质。一方面,这种观点以偏概全。爱是多方面的,师爱不仅包括对学生生活的关爱,还应包括对学生思想品德等精神层次上的关照。另一方面,这种观点以表当实。关爱论只看到教师对学生物质生活上关爱的表面现象,没有抓住师爱的指导思想、目标、原则、结果的实质。其次,方法论认为师爱必须注意爱的手法,无艺术手法的爱,无论教育的愿望如何良好,都不可能达到教育动机和效果的和谐统一。这种观点把教师如何热爱学生的问题完全放在教育方法上去衡量。第三,母爱论。母爱是与师爱有区别的。首先,母爱是一种自然爱,即亲子之爱,而师爱是一种理智的爱,即是一种关怀、爱护和严格要求统一的爱。其次,从期待的角度看,母爱的"望子成龙"、"望女成凤"多少带有点个人主义的功利色彩在里面,而师爱对学生的期望则是从国家民族的利益高度出发,是无私的,所以师爱是较母爱层次更高的爱。这种爱达到一种无私奉献的精神境界,即境界论。可见,将师爱等同于母爱也是偏颇的。

那么,究竟如何认识师爱的内涵呢? 本研究认为,对师爱的内涵作出操作性界定,必须从师爱作为爱的本质属性入手。前文提到,爱是一种给予性的积极情感。由此观之,一方面,师爱是一种积极情感,这种情感是给予性的,是通过教师对学生在各个方面的付出、给予所体现出来的;另一方面,师爱唯有在教师以"教师"身份和意识存在时才能表现出来,也唯有在教育活动实践中才能形成、发展。故而,本研究结合文献中对师爱的有关表述,从操作性角度做出这样的界定:所谓师爱,即教师对学生的爱,它是在教育实践中形成发展并体现出来的教师乐于与学生交往、真诚关心爱护学生、主动为学生发展投入的积极情感。这一界定,既体现了师爱作为爱的本质属性——给予式的积极情感,又强调了师爱的职业特性——在教育实践中形成发展并体现,同时,又对"给予性"进行了具体的操作化——乐于与学生交往、真诚关心爱护学生、主动为学生发展投入,这就为师爱的实证研究和实践培养提供了操作化的定义。

2. 师爱的根源

师爱并非生而固有,也非人人皆有,它是教师在教育活动实践中形成起来并丰富发展的。但是,师爱又并非无源之水、无本之木,从源头上说,师爱的源点在于教师的人性爱。

人性,即人之为人的属性,是人生而固有并在后天环境中不断变化、发展的属性。前文已述,爱是人的重要属性,比如亚当·斯密所言的作为人性一个要素的怜悯或同情,比如卢梭所看重的人的自爱之心。生而为人,就有爱的本能、爱的需要、爱的情感、爱的行为,所以,被爱和爱人、自爱和爱他人,就构成人的存在方式,这就是所谓的人性爱,就是人类的爱的本性。师爱正是从人性之爱中发源出来的。以同情心这种爱为例,教师作为个体的人,当然具有同情心的本性,教师在教育实践中对教育对象所持有的同情心,应该是建立在教师作为普通人所具有的同情心的基础之上的,诚如石中英(2010)所言,"事实上,教师作为普通人所具有的同情心的广度和深度在很大程度上影响了教师作为教师所具有的同情品质。不过,教师作为普通个体所具有的同情心也不能自然地转化为教师作为教师所具有的同情心。"

那么,教师的人性爱如何转化、迁移、发展为师爱呢? 师爱是在教育活动实践中形成发展起来的,当教师进入教育活动情境时,作为教师的教师身份和意识得以启动,也就是说,他(她)意识到自己是一名教师,而非其他的个体,他(她)意识到自己作为教师的教书育人、立德树人的使命与责任。这就是教师的人性爱转化为师爱的关键机制(见图 3-3),对此,下面再做两点说明。

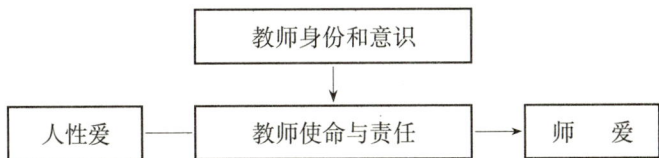

```
                    ┌──────────────────┐
                    │   教师身份和意识   │
                    └──────────────────┘
                              │
┌──────────┐    ┌──────────────────┐    ┌──────────┐
│  人性爱   │───→│   教师使命与责任   │───→│  师  爱   │
└──────────┘    └──────────────────┘    └──────────┘
```

图 3-3　从教师的人性爱到师爱的转化机制

第一,人性爱虽然是师爱的最初源点,但师爱生成、发展的关键是教师的使命和责任。《教育研究》记者(2004)在采访叶澜教授时,她指出,教育需要"大爱心","大爱心"的核心就在于"生命"二字,"要有对每一个生命的尊重和关爱、有一种人类情怀、知识分子的胸怀,它们的背后是一种文化精神,那就是教育研究者要把教育与人类、民族、国家的进步与发展联系起来"。她这里虽然指的是教育研究者的使命和责任,但这何尝不是教师的爱的根源呢?也正因为教师的使命和责任,因而教师对学生的这种情感,不仅仅是出自个人的思想,也是出自社会的需要、教育的需要,是一种包含着深刻社会内容和社会意义的情感(吕雪莲,2008)。固然,人类之爱特别是其中的社会爱,也有责任和义务的因素(张之沧,1998),但这些爱还包含着血缘关系(母爱)、回报诉求(友爱)、占有本能(爱情)等因素,而师爱却是以使命和责任为根基的完全以给予为目的的爱,不建立在使命和责任基础上的"师爱",不是真正的师爱。无疑,师爱是一种道德爱,是高尚的情操。

第二,教师使命与责任,既是社会对教师的要求、规范,也是教师自身的理解和认同。我们知道,每一个个体在生活中都扮演着不同的社会角色,一名教师,在家庭中是父母、是子女,在社会上是公民,在学校里是一名教师,对应于每一个不同的角色都有不同的角色责任。教师唯有在教育情境中,启动其作为教师的角色身份意识,唯有外在的、客观的责任规范成为其内在的、主观的责任意识,才能产生自觉的爱生之情,才能做出自觉的爱生行为。这样的教育情境,当然不限于课堂,甚至不限于校园空间,哪怕一名教师在家里休息时想到了班级里的学生或学生事务,或者在公共场所偶然碰到班级的学生,也就启动了教师的身份意识——"我是一名教师",如果教师已经内化了作为教师的使命与责任,那么这种使命与责任也就同时启动——"我应该做一名教师应该做的事"。此时,他(她)内心涌动的就是师爱,这就是师爱的生成机制。对于使命和责任意识浓烈的在职教师而言,师爱的生成往往是自动化的、无意识的;对于缺乏使命和责任意识的在职教师而言,即便他(她)以一名教师的身份出现在特定的教育情境之中,也难以甚至不会产生爱生之情。因而,一名教师是否真正的爱学生,关键不在于是不是一名教师,而在于是不是真正内化了作为教师的使命与责任。总之,师爱建立在使命与责任的根基之上,而非相反——因为师爱,才有责任。

3. 师爱的相关概念

教育界,人们常常听到或说到师道、师德、师风、师表、师范、师识、师能、师责等概念术语,它们与师爱这一概念是什么关系呢?从语义上看,师表、师范相近,都有值得学习的榜样之意,正所谓"为人师表"、"为世师范",这里的"师"并非是作为教育者的教师,而是指值得仿效、学习的意思。师识、师能、师责,是就教师的素质而言的,如知识和学识方面、能力方面、责任素质方面。这几个概念自然与师爱不同,易于辨别。

　　师道，是我国教育界特有的术语。"师道"一词，据现代教育家萧承慎教授考证，原出自《前汉书·匡衡传》："事下太子太傅萧望之、少府梁丘贺问，衡对《诗》诸大义，其对深美。望之奏衡经学精习，说有师道，可观览。"但这里的师道仅指"师法"，指师承，意思是学习由教师讲授是合乎规律的，而非现在通行的概念。在《后汉书·桓荣传》中有言："皇太子以聪之姿，通明经义……臣师道已尽，皆在太子。"再到唐朝所撰的《晋书·王祥传》称："天子幸太学命祥为三老，祥面南几杖，以师道自居，天天子北面乞言。"这里的"师道"一词，已含有"为师之道"与"尊师之道"的意思了。等到韩愈的《师说》之后，后世所谓的师道，综合其意，可概括为"为师之道"、"尊师之道"和"求师之道"（沈璿，2012），但今天主要是指为师之道，也就是如何成为一名好教师的方向、道理、方法、要求等等。从这个角度说，师爱当然是一种为师之道，诚如教育家福禄贝尔所言："教育之道无它，唯爱与榜样而已。"

　　师德一词并非我国所特有，它是与师爱概念最接近的术语。何谓师德？要而言之，就是教师的职业道德。任何职业都有职业道德的要求，它是从事一定正当职业的人们，在特定的工作和劳动岗位上进行职业活动时，从思想、情感到行动都应该自觉遵守的道德原则和规范（任顺元，1995）。世界各国都有明确的教师职业道德或教师伦理规范的要求，我国自改革开放以来就已经修订并颁布了五次中小学教师职业道德规范。师德与师爱并非同一个概念。师德属于道德范畴，而师爱属于情感范畴；师德强调明确的外在约束性，而师爱更具有内在的自觉性。但师德与师爱又难以截然分开，如顾明远教授（2007）所指出的，"爱学生，这是教师最高的职业道德，这种爱不同于父母对孩子的爱，它是一种对教育事业的爱、对人民的爱、对民族的爱，是无私的爱，不求回报的爱。"林崇德教授（2012）明确将师爱看成是师德的核心，视为"师魂"。实际上，我国五次修订的中小学教师职业道德规范中无不包含师爱的内容——"热爱学生"、"关爱学生"。

　　师风，是我国教育界特有的术语。师风乃是指教师的教学、学术作风，是教师的思想文化素养和人格修养的综合体现，是教师的道德、才学、素养的集中反映（董爱华，2008）。师风乃是教育社会学中的研究范畴，更强调学校教师群体的整体氛围。师风与师德关系密切。一方面，教师群体的师德水平是师风的基础，没有良好的师德作为根基、土壤，就不可能孕育出良好的师风；另一方面，师风影响甚至决定着校风和学风，左右着学校的人文风格和精神风貌，它们共同形成师德培养和涵育的环境。师德与师爱关系密切,相应地,师风与师爱也关系密切。总之,学校教师群体风气和学校组织氛围,是师爱培育、师德成长的最主要的微观生态环境。正因如此,本研究在第七章师爱素质发展机制研究中,将学校关爱氛围作为一个重要的影响因素纳入理论模型,并予以实证检验。

二、师爱的特点

师爱是教师对学生的给予性的积极情感,是在教育实践中形成发展并体现出来的教师乐于与学生交往、真诚关心爱护学生、主动为学生发展投入的积极情感。从这一内在属性和操作性界定出发,可以发现师爱具有如下一些主要特点。

1. 师爱具有崇高的目的性

目的即对结果的期待,或者说是所期待的结果。教师对学生的爱,并非出自个人的恩怨,也非以获取个人的回报为出发点,而是以学生的健康成长、人格健全、生命丰富为唯一旨归,以对学生单向的时间、精力、知识、智慧的给予为唯一目的。这种目的,如研究者所言,师爱的本质是主动给予、奉献,这种本质是由教师劳动性质、任务和目的所决定的,是老师职业良心和教师道德规范的要求(胡向荣,2004)。与其他类型的人类之爱相比,师爱无疑具有目的的崇高性:母爱虽然无私忘我,是一种无条件的爱,是单向的给予之爱,但却基于血缘关系;情爱美丽堪歌,但她发端于异性的吸引和生命的本能,情爱固然可以爱得入骨,但失去了也可能恨得切齿。师爱所具有的崇高的目的性,是根植在教师的使命和责任之上的,它代表了成人社会对下一代的关怀和爱护,体现国家、民族对下一代的深情和期望,因而,这是一种包含着深刻社会内容和社会意义的情感(卢家楣,2000),它是基于教育者的天职而产生的爱,更多理性色彩,不是"天经地义",而是"理所当然"(高德胜,2009)。

2. 师爱具有彻底的无私性

师爱的崇高目的,表现出来的是一种彻底的无私性,诚如苏霍姆林斯基(唐其慈,毕淑之译,1981)所言,教师"要成为孩子的真正教育者,就要把自己的心奉献给他们。"赞科夫(杜殿坤译,1980)也强调,"对学生的爱,首先表现为教师毫无保留地贡献自己的精力、才能和知识,以便在对自己的教学和教育上,在他们的精神成长中取得最好的成果。"我国著名儿童教育专家孙云晓教授(2007)同样认为,教师在教育孩子的过程中,最需要的就是真诚地为孩子付出爱心,要以满腔的爱心和热情来迎接那些淘气的、成绩不好的孩子,尊重孩子的不同特点,对不同的孩子进行不同的引导,用爱心对待孩子,感化孩子的心灵,"使每一个孩子都能向良性方向发展"。母爱自然是无私的,但师爱的无私性更为彻底。首先,教师对学生的爱,具有明显的广泛性,是无差别的公正之爱。师爱不局限于个别的对象,而是面向全体学生;师爱不是偏爱,无论学生的外貌、成绩、家庭背景如何,教师对所有的学生都怀着爱心与深情。其次,教师对学生的爱,是一种稳定的爱,不因自己心情的好坏而改变爱的本色。

3. 师爱具有突出的教育性

爱本身就是一种带有价值指向的精神意向性行为。教师对学生的爱首先也应是一种价值倾向,这种倾向应是指向教育意义的实现……因而可以说,师爱是教师的教育意向行为(李红博,2009)。的确如此,教师对学生的爱,深深地烙上了"教育"的印迹。首先,师爱的目的指向学生的健康成长、人格健全、生命丰富,师爱的目的与教育的目的是完全吻合的。其次,师爱不是宠爱、溺爱,而是始终与教师对学生的严格要求相结合的,正所谓严慈相济、爱而有度、严而有格。第三,教师对学生的爱要有方法。教师对学生的爱,如肖川(2005)所言,"本身又包含着了解、尊重,责任、关怀和给予。缺乏了解,爱就是盲目的,当然也会肤浅的;没有尊重,就没有信任,就没有乐观的期待,爱就会演化为支配和控制;没有责任、关怀和给予,爱就是苍白的、轻薄的,甚至可能是虚情假意的;给予,就包括给予学生需要的额外的帮助。"而这一点,也就构成了本研究提出"师爱素质"概念的一个重要原因。也正是因为师爱的教育性,因而它是一种"生产性"的爱。生产性的爱着眼于学生的发展,是一种发自内心的真诚感情的自然流露,不带有丝毫的虚假与造作成分(岳伟,2002),于是,教师对学生的爱也就会培育学生的爱,师爱不仅仅是"施爱",也同时是"育爱"。

4. 师爱具有相对的内隐性

从师爱的情感属性来说,它是教师的高级社会性情感,也即情操。与人的基本情绪所具有的外显性特点不同,这种社会性情感比较稳定、含蓄,具有内隐性特征。试想,我们怎么能轻易辨别出女性人群中哪位母亲更具母爱呢?我们又怎能轻易从教师群体中寻找到爱生情感更强烈的教师呢? 在这一点上,师爱与母爱一样,已经镶嵌在个体的个性结构之中了。但是,师爱的内隐性是相对的,一方面,在具体的教育活动情境中,师爱这种社会性情感能够以情绪形式表现出来,如看到学生取得了进步而显露出喜悦、欣慰,看到学生生病了而面露担忧、牵挂;另一方面,情感是人的行为动力,师爱这种社会性情感因而就以教师的行为方式体现出来,情动于中而形于外,根据教师的通常行为就能判断教师对学生的爱。由于师爱具有这一特点,就可以通过对教师行为的测量来揭示爱生的情感。

5. 师爱具有客观的回馈性

师爱还具有一个往往被人们所忽视的特点:回馈性。诚然,教师对学生的爱,具有崇高的目的性、彻底的无私性,是不计任何回报的完全单向给予性的爱。但是,爱是一种关系情感,师爱总是在教师和学生之间流动、传递的,因而从客观上来说,师爱不仅是教师在"施爱"、在"育爱",也在得到爱的回报——学生对教师的爱,教师自己的成长与幸福,等等。更进一步说,只有当师爱得到了爱的回馈,才构成完整的"爱的回路"。就这一点,亚米契斯(李思涟译,2004)曾毫不掩饰地在《爱的教育》一书中这样写道,"我会把你们当成我的儿子,真心爱你们,也希望得到你们的爱。"诺丁斯(于天龙译,2011)更是从理论上论证了"关心最重要的意义在于它的关系性"这一命题,她说:"关心伦理强调的是关心的关系性。关心者和被关心者在这个关系中处于同等重要地位,如果出于任何原因被关心者否认他或她在被关心着,那么关心的关系就不存在了。"实际上,师爱不仅能够给学生带来幸福,教师在施爱的过程中,也会感到巨大的满足和快乐,这种满足和快乐,也会成为教师教育工作的最强大的动力源之一,正如一位教师深情地写道,"当我走上讲台时,一种崇高、神圣的感觉,一种光荣、自豪的感觉就会油然而生。我爱讲台,因为讲台给了我一个机会让我去铸造一个又一个稚嫩的、年轻的灵魂,使他们变得充实,变得成熟,变得伟人;而我,在铸造这些灵魂的同时,也变得充实、成熟、崇高、伟大。"

第三节　师爱的价值

师爱当然是有价值的。但是,这个"有价值"到底是什么价值? 师爱价值这一问题,看似不言自明,实则具有丰富的意蕴,从而构成师爱的基本理论问题之一。

一、师爱是教育活动中的基本善

价值是反映主客体之间相互作用、相互关系的一个基本概念。要而言之,价值就是客体的事实属性对主体需要的效用性(王海明,2009)。任何客观存在的事物必然存在各种各样的属性,比如师爱,如前文所分析,教师对学生的给予性的积极情感就是它的根本属性。任何人类实践活动都是主体的活动,比如教育这种实践活动中,不仅学生是主体,教师也是主体。因而,所谓师爱的价值,也就是教师的爱所具有的属性对教育活动中的主体需要——也就是学生和教师的需要——的效用性。

价值有正价值,有负价值。从伦理学角度看,正价值就是善,也就是客体所具有的能满足主体需要的效用性。从词源学角度看,"善"与"义"、"美"同义,都有"好"的意思。《牛津英语辞典》中也认为善(good)就是好:"意指在很大或至少令人满意的程度上存在这样一些特性,这些特性或者本身值得赞美,或者对于某种目的来说有益。"由是观之,善可以分目的善与手段善,如亚里士多德(转引自王海明,2009)所言:"善显然有双重含义,其一是事物自身就是善,其二是事物作为达到自身善的手段而是善。"比如,健康本身就是人们向往的目标,因而它是目的善,同时,健康又是人们获取更大成就、获得更多幸福的手段,因而又是一种手段善。

关于师爱的价值,本研究提出的重要命题是:师爱是教育活动中的基本善。关于这一命题,可以从以下四个方面理解:

首先,师爱是善,具有正价值,也就是师爱具有能满足师生主体需要的效用性,这是师爱具有一系列具体功能、具体作用的价值之源。正是因为师爱是一种道德意义上的善,因而师爱和师德才密不可分,师爱才被纳入我国的中小学教师职业道德规范体系之中。

其次,师爱这种善,既是目的善,又是手段善。说它是目的善,因为它本身就满足了师生爱与被爱的需要,所以舍勒(林克等译,1995)认为,"爱本身就充满价值。"说它是手段善,因为师爱不仅能够育爱,而且能激发学生动机、给予学生支持,所以乔治·比尔科夫(韩慧强等译,2003)说道:"在人类的一些关系中,爱与善意的无与伦比的重要意义,是由它们对于他人与社会产生的非凡的帮助反映出来的。"英国教育家罗素(华东师范大学教育系等,1980)也说:"凡是教师缺乏爱的地方,无论品格还是智慧,都不能充分地或自由地发展。"而心理学家米尔顿·格林布拉特(韩慧强等译,2003)更是道出了师爱的育爱价值:"如果一个孩子被人疼爱,被家人接受,学会了怎样同自己相处,学会了爱自己的家人,那么将来,他也一定会以真诚的、无私的精神去关怀别人。"

第三,师爱是基本的教育善。教育不仅是传递知识、训练技能的过程,也是一种道德实践,英国教育哲学家彼得斯(Petres,1966)认为,教育活动兼顾三大规准才算是合理的,合价值性、合认知性、合自愿性。诺丁斯(1992)积极倡导学校教育的基本目标是实施关爱教育,教师应该具有教学关爱的能力。她认为教育的主要目的是道德的,将道德教育与教育重合起来,强调所有的教育行为、过程都应具有道德性,即关爱性,否则不成其为教育。教育无疑应该是道德的事业,教育活动中的善表现在时间空间、硬件软件、内容方法等方方面面,但所有这些教育的善意善行善举,无不以教师对学生的爱为基础,诚如夏丏尊所比喻的:"教育没有了情和爱,就成了无水的池,任你方形也罢,圆形也罢,总免不了一个空虚。"

第四,师爱所具有的善的正价值,不仅体现在满足学生的发展需要上,因而体现为师爱的教育价值,而且体现在满足教师的发展需要上,因而体现为师爱的职业价值。以往人们更多看到师爱之于学生的教育价值,而相对忽视了师爱之于教师的职业价值。同时关注到师爱对师生双方主体发展的价值,才是对师爱价值的完整的认识和把握。

二、师爱的教育价值

师爱具有突出的教育性,师爱的这一特点与其所具有的教育价值是相一致的,而这种教育价值正与学生的主体需要相一致。人类不但具有爱的需要,而且在需要层级中,爱是基本的需要,这是人本主义心理学家马斯洛(1987)提出的观点,他的研究表明,一个爱的需要在其生命早期得到满足的成年人,在安全、归属以及爱的满足方面,比一般人更加独立、健康和坚强。另一人本主义心理学旗手罗杰斯(转引自单中惠,2007)同样认为,学生的情感需求是影响学习的重要因素,因而教师要与学生建立亲密的师生关系,让学生感受到尊重、接纳和认可。以诺丁斯为代表的女性伦理学更是特别强调关怀的意义,认为关怀和被关怀是人类的基本需要,人们彼此都需要其他人的关怀,需要被理解、被给予、被接受、被尊重和被承认(肖巍,1999)。我们接受关心,生活在关心所营造的一种氛围之中。没有这种关心,我们就无法生存下去,成为一个完整的人。在人生的每一个阶段,我们都需要被他人关心,随时需要被理解,被接受,被认同(诺丁斯,于天龙译,2003)。

在儿童青少年阶段,爱的需要更为强烈,并因其未成熟性而表现为具体的依恋需要和向师性需要。当代著名的教育哲学家范梅南（陈慧黠，曹赛先译，2004）认为，把孩子看作脆弱、不成熟、有依赖性的人引出了几种价值观：首先，把孩子看作脆弱者表明孩子需要保护，特别的关爱和照顾，以及一种有利于向成年人过渡的安全感；其次，把孩子看作尚未完全成熟的人表明孩子必须受教育才能形成他们自身的独立个性；第三，把孩子看作有依赖性的人促使成年人以一种负责的态度去对待孩子的需要。这一论述正道出了师爱的教育价值之所在。

在现实的教育实践中，师爱的教育价值具体体现为一系列功能。卢家楣教授（2000）曾系统分析过情感的功能，并将之概括为动力功能、强化功能、调节功能、信号功能、感染功能、保健功能等具体方面。师爱本质上是教师对学生爱的情感，因而，师爱同样具有这些具体的功能，师爱这种情感不是一般的情感，而是给予性的积极情感，是具有正价值的善，因而，师爱具有的是正向、积极的功能。这方面，国内外已经有很多的理论分析和实证依据。

以师爱的动力功能为例。德国哲学家舍勒在《爱的秩序》中指出，"爱始终是激发认识和意愿的催醒女，是精神和理性之母。"强调的就是爱的动力功能。教师对学生的爱影响着学生的学习动机（刘兴奇，2005），这已为很多研究所证实。我国心理学工作者研究表明，学生选作喜爱的教师与对该教师所教的学科喜爱程度密切相关，说明教师爱对学生学习积极性有直接影响。学生对不满意的教师和对该教师所教学科不喜欢的程度也有一定联系，说明教师对学生缺乏爱的消极情感可能摧毁学生的学习热情。学生由于不满意教师而不喜欢他所教的课的一致性总体分析在 80% 以上（吴昌顺等，1987）。另一项研究采用教师关怀行为问卷、学生学习效能感问卷调查 1430 名中学生，考察教师关怀行为、学生学习效能感和学业成绩之间的关系。结果发现：教师关怀行为、学生学习效能感和学生的学业成绩及其各维度之间存在着显著的正相关；学生学习效能感在教师关怀和学生的学业成绩之间起着部分中介作用（雷浩等，2015）。确实，教师对学生的爱，虽然具有相对的内隐性，但却会自觉或不自觉地通过语言行动、态度等表现出来。而在学生方面，一旦通过种种途径感受到这种热爱和期待，则会自觉或不自觉地通过自己的努力来响应它们，从而向教师所希望和暗示的方向去努力。所以，一旦师生之间建立起这种热爱、期待与响应热爱、期待的关系，就会对学生的学习产生巨大的推动作用。

以师爱的调节功能为例。罗素说道，"凡是缺乏爱的地方，无论品格还是智慧都不能充分地或自由地发展。"强调的就是爱对认识、理智乃至品行的调节作用。在学校的中心工作——教学活动中,师爱的教育价值体现为教学提供最佳的心理背景,使教师乐教、学生乐学,从而促使学生将智能资源集中于特定的认知对象上,促进学生认知活动的进行,提高学生感知、记忆、想象、思维活动的效率,优化学习效果,提高学生的创造力。早在 1979 年,塞若和所罗门(Serow & Solomon, 1979)的研究就曾发现,教师关心学生,课堂内易形成友好和谐的气氛,学生学习愉快,兴趣浓厚。

师爱本身就是一种榜样,具有示范效应,这其实是情感的感染功能在师爱方面的表现,一些研究者直接称之为榜样功能。檀传宝教授(2000)认为,只有教师的仁慈才能培养学生积极的人生态度,教师公正让学生学会公平,教师仁慈让学生学会友善。通过教师的仁慈,学生能够体验到伦理生活的全面技巧,形成积极的人生态度、对人的信任与关怀的品质、对人的友善、慷慨和宽恕。这因为这种榜样功能和感染功能,教师的施爱行为才同时也是育爱的过程,才同时在师生之间、家校之间、学校和社会之间形成爱的辐射、爱的传播、爱的传递。

但是,师爱的教育价值、教育功能,并不因教师具有爱生的情感而一定能得到很好的体现和发挥。一名教师即使具有哪怕是很浓烈的爱生情感,如果这种情感不能为学生所感知到、所体验到,那么它就难以或不能发挥应有的功能。试想,如前文所举例证,如果如上海曾进行的调查结果中所显示的那样,有 58% 的教师说自己"很爱"或"尚爱"学生,可只有 5.61% 的学生明白地感受到这种"爱",又怎能激发学生的学习动机、让学生受到强烈的爱的感染呢? 原来,教师爱学生的情感能否为学生所感知,并发挥其教育功能,除了师爱本身的程度外,还与教师的爱生能力有直接的关系(见图 3-4)。唯有不但爱,而且善于爱,唯有不但具有爱的情感,而且具备爱的能力,才是教师应该具备的爱生的素质。这一点,也正是本研究提出"爱生素质"并加以研究的重要理论依据。实际上,一切发生在人与人之间的社会爱,如母爱、友爱等等,莫不如是。这一点,马克思在《1844 年经济学哲学手稿》中说得非常清楚(转引自吴立昌,1995),"如果你的爱没有引起对方的反应,也就是说,如果你的爱作为爱没有引起对方的爱,如果你作为爱者用自己的生命表现没有使自己成为被爱者,那么你的爱就是无力的,而这种爱就是不幸。"但师爱具有突出的教育性,因而对爱生能力、对师爱素质更应加以重视。

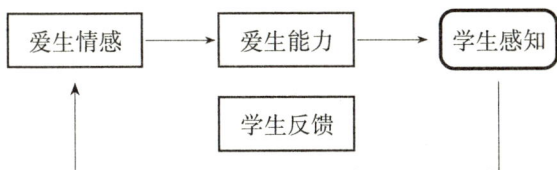

图 3-4　学生感知与学生反馈在师爱价值中的作用

三、师爱的职业价值

师爱价值,是师爱对教育活动中的主体需要的效用性,因而,师爱的价值就不仅体现在学生主体身上,也同时体现在教师主体身上,也就是师爱之于教师的职业价值。而且,这两个方面的价值都是重要的、不可或缺的,诚如杰克森(吴春雷,马林梅译,2012)所言,"所有的一切都可以归结为一点认识:在教育中,爱扮演着至关重要的作用,对于老师和学生均是如此。正是爱的胶水将事物粘在一起,让它们凝聚在一处。"

教师作为个体的人,当然也具有爱的需要,师爱无疑直接满足了教师的这一主体性需要。教师作为教育活动中的人,他(她)还具有成就需要、幸福需要乃至自我实现的需要,而这些需要的满足则主要来自教育对象——学生的健康成长、人格健全、生命丰富,看到学生取得了成就、健康地成长、幸福地生活,教师就会有成就感,幸福油然而生。正是通过师爱之于学生的教育价值,而间接地满足了教师的成就需要、幸福需要乃至自我实现的需要,"当教师以自己高尚的情感换得了青少年那发自内心的纯真的友谊时,教师自己的内心也产生了积极的情绪体验:他感到学生们是理解和接受了自己的心意;他仿佛从中得到一种保证,确知自己是学生所需要的,他是自己团体中受欢迎的人。因而产生愉快、自信、充实等情绪,得到情感上的满足"(瞿葆奎,1991)。

在现实的教育实践中,师爱的职业价值同样体现为一系列功能,并首先突出地体现在动力功能上。黑格尔曾经说道:"我们简直可以断然声明,假如没有热情,世界上一切伟大的事业都不会成功。因此有两个因素就成为我们考察的对象:第一是那个'观念',第二是人类的热情,这两者交织成为世界史的经纬线。"可见热情、热爱等积极情感对于任何事业的动力作用。对教育事业而言,这种积极情感特别是师爱,就更为重要,是绝对不可缺少的动力,诚如第斯多惠(袁一安译,2001)在《德国教师培养指南》中所提到的:"真正的永不消失的教学热情必须建立在对教师职业的热爱上,对教师工作的心驰神往,必须建立在对发展儿童世界事业的热爱的基础上,至于如何教学那是次要的。"第斯多惠虽然主要强调了教师对职业的爱,即爱岗之情,但是前文已经分析过,在教师的爱岗和爱生两类主要的教育爱形态中,教师对学生的爱更为根本。

师爱对教师的职业价值得到了心理学中很多研究的实证支持。教师对学生的关爱越多,教师职业满意度越高,说明教师关爱感可有效提高教师职业满意度。洛蒂(Lortie)发现,与学生具有关爱关系是教师职业满意度的显著预测源,在教育中的关爱是职业中的一种"精神回报"。妮亚斯(Nias)等提出了充分的证据证明,教师发现自己深深地卷入到学生中去的时候会感到很满意、很有好处;与学生相互关爱的教师就会认为"不要以为我只是一个付出的人,我知道会有一天有许多人都深深地爱着我"(孙炳海,申继亮,2008)。哈格里夫斯(2000)也提出了相似的观点,许多教师选择教师职业就是因为对孩子的爱心,与孩子之间形成富有关爱的关系是他们职业生涯中工作满意感的重要源泉,课堂中强烈的"感情程度"对学生和教师都有利。

师爱之于教师的职业价值还不限于此。黄玉顺(2008)在分析母爱时说,两千年来对母爱是这样来理解、表达的:有一个母亲,有一个孩子,然后,这个母亲对这个孩子有了一种感情,我们把这种感情命名为"母爱"。也就是说,似乎先有母亲、孩子,先有主体性存在者,然后才有母爱这样的感情,才有存在本身、生活本身。他认为这是典型的形而上学思维方式,本末倒置。因而他提出这样的观点:没有母爱,母亲不在。或者说:没有母爱的显现,就没有母亲。这就是说,先有存在、生活、母爱这样的生活情感,然后才有母亲、孩子这样的存在者。母亲这样的存在者是被母爱生成的,而不是相反,因而,如果母爱这样的情感尚未显现,那么这个女人就不配称为"母亲"。没有母爱,她根本就不是个母亲,她根本就不成其为一个母亲,她作为母亲这样一种主体性存在者尚未被给出。依据这种现象学存在哲学的分析,那么,没有师爱,也就不存在教师,没有师爱的显现,就没有教师,这样的个体也就不能称之为教师。因而,师爱就成为教师的存在依据。明乎此,也就懂得了社会上对一些冷酷无情、师爱淡薄、师德败坏的"教师"的质疑:"这样的人,也配做教师?"明乎此,也就懂得了"教师,不仅是经师,同时也是人师、仁师"的意蕴。

最后再说明两点。① 师爱之于教师职业价值的现实体现和功能发挥,固然需要教师富有爱生的情感,却也离不开教师的反馈性体验,特别是来自学生的反馈(见图 3-4)。基于这一认识,本研究在第七章师爱素质发展机制研究中,将反馈性体验纳入理论模型中,并予以实证检验;② 师爱职业价值的功能实现,同样离不开教师所具有的爱生能力,这是由教师工作的职业特性所决定的。教师职业属于高情绪劳动工作。社会学家霍克希尔德(Hochschild)于 1983 年提出了情绪劳动的概念,她指出,情绪劳动是个体对内外在情绪进行伪装与管理,以符合组织的表达规则,进而使组织达到营利的目的。她将职业区分为高情绪劳动与低情绪劳动两类,其中有六种职业属于高情绪劳动,教师就属于高情绪劳动者,包括大学院校的教师、中小学教师以及幼教老师等(李红菊,2014)。教师唯有不但富有爱生之情,而且具备爱生之能——特别是表达师爱的能力,才能适应教师这一高情绪劳动的要求,才能获得学生的积极反馈,才能长久的保持教育热情和工作激情。

第四章　师爱素质概念的提出

　　概念不仅是理论命题的基本元素,也是科学研究的思维单元。概念是随着人的实践和认识的发展而产生发展的,它总是处于运动、变化和发展的过程中。随着社会的发展,一些原有的概念往往通过逐步递加和累进而生成新的概念。其中,将两个(或多个)概念组合成一个新概念的过程被称为概念组合(conceptual combination),生成的新概念被称为组合概念(combined concept)(墨菲,1990)。新概念的提出,不但本身就是科学研究的重要成果,而且往往会带来理论的新突破、新进展,预示着人类对客观规律在认识上进入了新阶段,因而科学研究活动总是力图发展原有概念、提出新的概念。"师爱素质"是本研究的核心概念,也是教育心理学学科中的一个新概念,它是由"师爱"和"素质"两个概念经有机组合而形成的。师爱素质概念提出的依据何在? 它与教师素质、教师情感素质之间具有怎样的概念关系? 如何认识师爱素质这一概念的内涵与特点? 师爱素质概念的提出,对教育心理学理论研究和教育教学实践具有怎样的价值和意义? 这些都是本研究需要着力探讨的重要理论问题。

第一节　教师工作与教师素质

　　师爱,简而言之,就是教师对学生的爱,因而,师爱素质,简单来说,就是教师对学生的爱的素质。本研究已对师爱的内涵、特点、价值等基本理论问题进行了详细阐述,以此为基础,本章首先将在教师工作特征分析的基础上,对教师专业素质、教师情感素质这两个上位概念进行具体讨论,从而完成师爱素质的概念演绎过程。

一、教师工作特征

1. 教师工作的专业属性

作为日常生活中的个体,教师工作对教师来说首先是一个职业,他(她)通过劳动付出获得相应的报酬。但是，当我们从社会发展角度和教师工作要求角度来看，教师工作又不仅仅只是一份一般意义上的职业，而属于专业性的职业范畴。什么是专业？社会学家卡尔·桑德斯(1933)认为，专业是指一群人在从事一种需要专门技术的职业，是一种需要特殊智力来培养和完成的职业，其目的在于提供专门性的服务。无疑，教师工作需要专门技术，需要特殊智力，提供的是专门性的服务，因而教师工作就是一种专业工作。

教师是一个历史悠久的职业，自从人类产生了将经验传递给下一代的需要，教师职业便出现了。但在早期，教师职业不被视为一个专业。较早被公认为是一个专业的职业有医生和律师，他们都需要经过严密的专业训练，慢慢地就被社会公认为是典型的专业。而教师什么时候成为一个专业，则很难有一致的说法。一般认为，18世纪下半叶教师教育机构在欧洲的诞生，可以视为教师职业专业化的开端。进入到20世纪之后，随着科学技术和工业文明的发展，社会分工日益复杂化、现代化、技术化和专门化，许多职业的专业水准日益提高，许多原先不是专业的职业开始进入到专业的行列，胡森(Husen，转引自洪明，2002)主编的《国际教育百科全书》中指出："20世纪社会变化的一个显著特征就是许多职业升越到专业的行列。"在整个社会发展的背景之下，教师职业的专业性也在逐渐提高，教师职业开始成为专业性工作。

1966年，联合国教科文组织和国际劳工组织在法国巴黎召开了"教师地位之政府间特别会议"，会议通过了《关于教师地位的建议》，该建议明确地肯定了教师职业的专业性(转引自洪明，2002)，并对教师职业的专业性作了具体的说明："教师工作应被视为一种专门职业。它要求具备经过严格而持续不断的研究才能获得并维持专业知识与专门技能的公共业务；它要求对所辖学生的教育与福利拥有个人的及共同的责任感。"1975年，联合国教科文组织在日内瓦召开国际教育大会第35届会议，在《教师作用的变化及其对专业准备和在职培训的影响》会议文件中，对教师职业的专业性和专业准备予以着力强调。

国内外在对教师工作的专业属性进行分析时，通常从三个视角进行。

(1)工作特征分析视角，它是指工作本身以及与工作有关的各种属性或因素，它包含工作本身的性质、工作所需的技能、工作所处的环境、工作所得工资福利、工作安全性、工作反馈、工作自主性、工作挑战性、工作中的人际关系、工作中学习与发展的机会，以及工作所获得的内部报酬(如满足、成就、荣誉、自我实现)等等(西肖尔，泰伯，1975)。研究者们曾提出了若干颇具影响力的模型，如哈克曼和奥尔德姆(Hackman & Oldham,1975)提出的工作特征模型中,认为核心工作特征包括五项内容:技能多样性、工作完整性、工作重要性、工作自主性和工作反馈性,该理论是最为经典的工作特征理论之一。我国廖昌荫(2007)对中小学教师工作特征进行因素分析后,指出它是由技能多样性、任务重要性、工作控制和反馈构成的四维度结构。

(2)工作要求视角,工作要求这一概念最早源自凯拉西科(Karasek,1979)提出的工作要求-控制模型。该模型认为,工作要求是指工作中能够反映工作者的任务数量和困难程度的因素,即压力源,如工作负荷、角色冲突以及问题解决要求等。齐亚静、伍新春等(2016)指出,教师不仅承受着与其他职业相同属性的工作要求,如工作负荷、情绪要求等,而且还承受着教师职业特殊的工作要求,如学生不良行为、升学考试压力和角色压力等。这充分说明中小学教师的工作压力不仅来源多,而且压力强度较大。他们的因素分析揭示出中小学教师工作要求工作负荷、情绪要求、学生不良行为、升学考试压力、角色压力和职业道德要求等六个维度(伍新春,2014)。

(3)工作胜任力角度,旨在回答什么样的人适合从事教师工作的问题。奥瑟(Arthur,1994)等人探究了中小学教师胜任力问题,认为胜任特征可以分为以下三类:知道为什么(know why),该类特征与个体的职业动机、价值观和信念、对所在组织的认同、依附于组织的个人价值紧密相关;知道怎么做(know how),该类胜任特征包括技能、能力、规范、内容知识等工具性特征;知道为谁服务(know whom),该类胜任特征指个体的工作人际网,即与主管、同事、下属及行业内人士建立的关系网。这三类胜任特征构成了一个描述教师工作要求的基本框架。戴尼克等(Dineke et al.,2004)的教师胜任力模型提出了五个维度:作为教师的人;内容知识专家;学习进程控制者;组织者;终身学习者。作为教师的人是该研究的新内容,关注优秀教师的人格特征。

实际上,上述三种研究视角具有内在的逻辑关联,只是侧重点不同而已,工作特征和工作要求视角侧重于从教师工作本身属性出发,体现教师角色的客观性要求,可以总称为教师工作特征,对这种特征的分析,也就是教师工作分析,具体分析方法正如第一章中所述,包括角色职责分析、学生评价和教师自省三条路径。而这种客观性要求反映在教师主体性要求方面也就是教师工作的胜任力,实际上就是教师工作所需要的教师素质。

2. 教师专业工作的真善美特性

本研究认为,对教师工作特征的认识,需要运用马克思主义实践理论,从分析教师工作实践——教育教学工作入手。教师的教育教学活动和人类其他领域的实践一样,包括认知活动、审美活动和评价活动。在教育教学实践的认知活动中,认知客体乃是知识、技能、态度等观念性形态,而认知主体乃是教师和学生;在教育教学实践的审美活动中,审美客体乃是知识等观念性形态、教育过程、教育情境体现出美的因素,而师生双方构成了情感主体;在教育教学活动的评价活动中,评价客体乃是一切价值事实,评价主体也就是教师和学生,师生双方均以价值主体身份存在。

认知活动是主体对客体世界的能动反应,是人的心理系统对主体信息的接受、加工和储存的对象性活动。这时主客体之间的关系是一种以认知与被认知、反映与被反映为主导的功能性关系。人对客体的认知所获得的是反映性的、描述性的事实认识,目的是追求对客观事物的本来面貌的清晰认识,它要回答的是客体"是什么"、"是怎样"、"是如何"的问题,认知活动本质上是一个"求真"的过程,凡得出符合客观规律的认识,便是正确的认知;反之,则是错误的。马克思指出,人的实践按照"任何物种的尺度"进行,指的就是"求真"的尺度。在认知活动中,主体已不是一般哲学意义上的抽象主体了,而是成为具体的认知主体。具体地说来,认知主体要实现"求真"的目的,需要具备的品质有:感知觉方面的目的性、敏锐性、精确性、灵活性、恒常性;记忆方面的敏捷性、持久性、准确性、灵活性;想象方面的主动性、丰富性、生动性、新颖性;思维方面的敏捷性、灵活性、广阔性、深刻性、独立性、批判性;注意方面的广阔性、稳定性、主动性和灵活性等。在认知活动中,认知因素成为矛盾的主要方面,但并非唯一方面,认知是主客体信息交流的主要通道,但并非唯一通道。实际上,在认知活动中,情感、意志并没有消失,而是由于人为着"求真"的目的,在自我意识的调节下,处于暂时的抑制状态,退居到次要地位。没有情感的动力、组织和调节功能,认知活动不可能顺利进行;没有意志的努力,当认知活动遇到困难时,同样不可能坚持下去。认知之所以是一种主观能动的活动,恰恰是由于情感和意志的功能特性和耦合作用。

审美活动是主体对客体的能动反映,是作为主体的人对客体之美的特点、属性和本质进行感知和欣赏的极其复杂的对象性活动,这时主客体之间的关系是建立在欣赏美和呈现美基础之上的体验性关系。审美虽然也是对客体的一种反映,但它不同于理性的逻辑的认知活动,它是一种轻松的、感性的、超功利性的活动,其目的是探求何为美何为丑,并在对美的对象的感知、观照与欣赏中体验愉快的情感,它要回答的是客体"是否美"、"为什么美"和主体"如何欣赏美"、"怎样体验愉悦情感"的问题。审美活动本质上是审美判断和审美体验的过程,是一个"求美"的过程。马克思指出,人的实践"按照美的规律"进行,指的就是"求美"的尺度。在审美活动中,尽管需要感知、注意、想象、思维等多种心理因素,但情感是其核心成分,情感上的愉悦(生理快感的升华与超越)既是动力又是结果,是审美的价值所在,这时,情感因素上升到矛盾的主要方面,规定和代表着整个心理结构的特点。从本质上说,审美需要是一种情感,无论是对"快乐"情绪的追求,还是对精神享受的追求,都是一种情感追求,审美过程是一种情感活动过程,审美状态是一种情感活动状态。在以情感为主导的审美活动中,认知和意志因素也是不可或缺的。首先,情感与认知相互制约。世界上没有无缘无故的爱,也没有无缘无故的恨。认知是审美活动的出发点和归宿处,正是通过认知因素中的感知、理解等环节,客体中的"有意味的形式"才能进入主体的心理结构,也才能将审美愉悦与纯粹的生理快感相区别。其次,情感与意志也是相互制约的,情感激励意志,意志调控情感,没有意志活动的强大推动力,主体很难进入情景交融的审美境界。进入审美活动的主体与其说是审美主体,毋宁说是情感主体。在审美活动中,主体不再是抽象的符号,而是具体的个人,不仅是知识理性的存在,更是情感的存在,审美主体本质上乃是情感主体。情感主体的品质我们可以从以下两方面界定:一是就情感内容而言,即具有积极的情绪、丰富的情感和高尚的情操;二是就情感能力而言,即具有感知、预见、调控、评估、表达情感的能力。

评价活动也是主体对客体的能动反映,是对客体价值或客体与主体的价值关系的分析评定,是关于客体对主体有无价值、价值大小的判断,是主体根据一定的价值标准或评价标准对客体价值做出评价的对象性活动,这时主客体之间的关系是评价与被评价的价值性关系。人类实践活动的本质在于合目的性与合规律性的统一,不合规律的活动,人类不可为之;不合目的的活动,人类不愿为之。这种既合目的又合规律的活动,目的都在于发现价值、创造价值、实现价值和享用价值,而评价就是人类实现价值和创造价值的根本途径,它要回答的是客体"是好是坏"、"有无价值"、"是正价值、负价值还是零价值"的问题,评价活动本质上是建立在"善"基础上的价值判断过程,是一个"求善"的过程。马克思指出,人的实践按照"内在固有的尺度"进行,指的就是价值尺度或"求善"尺度。在价值评价活动中,意志因素成为矛盾的主要方面和解决矛盾的主要动力,它规定着整个心理结构的特点,它在评价活动中的作用突出的表现在:调控认知尤其是"注意",调控评价参照系统;调控"情感",以保证心理活动的各个环节、各种要素都指向评价活动的目的,从而形成正确的价值评价,确保主体作出正确的决策、抉择和行动。评价活动是一个以意志为核心的心理活动,但意志毕竟与评价不能等同,评价离不开认知和情感因素的参与和配合。对客体价值的感知、注意、理解,本身就是完整的评价活动的一部分,而人对客体的价值评价(或好坏评价与善恶评价)又总是带有明显的情感体验性质,他不仅影响评价的主导取向,影响评价的肯定或正负,而且还对这种正负的极性或肯否的程度有所影响。总之,评价活动乃是一个以意志为核心和主导,在认知的参与配合下,伴随着情感体验的复杂心理要素相干和耦合的心理过程。在评价活动中,主体成为评价主体,意志是其最为突出的表现,也是主体的主观能动性最为突出的表现。评价主体的这种意志特性表现在自觉性、果断性、坚韧性和自制性四个方面,这些品质贯穿了整个评价活动的始终,是做出正确的价值判断的根本保证(中央党校马克思主义哲学教研室,1990)。

综而观之,教师从事的本职工作——教育教学实践活动,兼具求真、求美、求善的品质属性,教育教学过程同时就是求真、求美、求善的过程,教育教学目的就是为了探寻真知、陶冶情性、修养善行,正因如此,教师往往被认为是真理的化身、纯美的代言、道德的楷模。宋祖英那曲《长大后我就成了你》,一时间传唱街头巷尾、大江南北,毋宁说歌颂的是教师,不如说折射的是教师工作所具有的真善美特征——"小时候,我以为你很美丽,领着一群小鸟飞来飞去。小时候,我以为你很神气,说上一句话也惊天动地。长大后我就成了你,才知道那间教室,放飞的是希望、守巢的总是你。长大后我就成了你,才知道那块黑板,写下的是真理、擦去的是功利。小时候我以为你很神秘,让所有的难题成了乐趣。小时候我以为你很有力,你总喜欢把我们高高举起。长大后我就成了你,才知道那支粉笔,画出的是彩虹、落下的是泪滴。长大后我就成了你,才知道那个讲台举起的是别人、奉献的是自己。"而且,与一般人类实践活动不同,教师的教育教学实践活动的对象是学生,是具有未成熟性、进行性生长中的人,因而,教师在教育教学实践中就不能仅仅是一般性的主体,而应该是主导性主体。这一点也正体现出教师职业的崇高和艰辛:"人本身就是宇宙间已知的物质的最高级形态。对这个最高级的物质形态进行加工、雕琢,当然是一种最高级的劳动。人对于人自身的认识又还远远不足。在这种情况下,从事人的教育,更是一种艰苦的、带探索性的、后果往往难以完全确定的劳动。"(李镇西,2014)。也由于教育教学实践的双方均是作为主体的人,因而教师工作具有高度的复杂性,诚如徐冬青(2009)所分析的,教师既要面对学生总体又要兼顾学生个体,教师既要从事常态工作又要应对多种非常态事件,教师既要处理"硬问题"更要面对诸多"软问题",既要关注学生的学习又要顾及学生的其他问题,教师既要担负传授知识的职责又要承担价值构建的任务。

总之,教师工作是专业性工作,教师的专业工作就是教育教学活动,这一实践活动所具有的真善美属性、主导性要求和复杂性特征,无不对从事这项工作的人——教师,提出了特定的专业素质要求。

二、教师素质要求

"素质"是多个学科普遍使用的一个概念。在《现代汉语词典》中的解释为:"素",即本色;"素质",即事物本来的成分或性质。[①] 在传统心理学和医学中,关于素质的解释都强调它的生物学方面,将素质视作先天的、遗传决定的东西(梁宝勇,2012)。这些均强调素质的生物性和先天性。1979 年版的《辞海》中关于"素质"的解释为:"素质的本意是指人的先天的生理解剖特点,主要是感觉器官和神经系统方面的特点,是心理发展的生理条件"。这也体现的是"素质"概念最原始、最本质的特征——反映人的生理特征的基本性和稳定性方面的特点。但素质概念的内涵是随着社会生活中的运用而演变、丰富和发展的,仍以《辞海》为例:1989 年版的《辞海》中关于"素质"的词解中便增加了"素质是人或事物在某些方面的本来特点和原有基础"的内涵,而 1999 年版的《辞海》中进一步增加了"人们在实践中增长的修养"的内涵。这就使"素质"概念的本质特征由纯生理的、遗传的、稳定的特点发展为自然性与社会性统一、遗传性与习得性统一、稳定性与发展性统一的特点(卢家楣,2009)。在《教育大辞典》中,素质概念同样强调多重内涵:素质,即个人先天具有的解剖生理特点;易患某种心理异常疾病的遗传因素;公民或某种专业人才的基本品质(顾明远,1998)。

本研究采纳卢家楣(2009)的界定,认为素质就是个体在遗传和环境共同作用下经实践形成的具有相对稳定性、基础性方面的特点。素质一般具有英格拉姆等(Ingram et al.,2005)提出的 4 个特点:稳定性、可变性、内生性和潜伏性。

---

① 现代汉语词典[M].北京:商务印书馆,2002.

稳定性意味着素质一旦形成便会一直持续下去,具有持续性的特点;可变性意味着素质在一定条件下是可以改变的。素质的特质或类特质性质决定了它具有稳定性的特点,但稳定性不一定意味着持久性,稳定性是相对的。对于个人而言,素质是内生的东西,是存在于个体内部的。素质的潜伏性特点,意味着在平常情况下素质不易识别,只有在受到某种形式的激发时(例如应激反应的激活),才显露出来。个体素质一般可以分为生理素质、心理素质和社会素质。生理素质又称自然素质、身体素质,它是先天的,素质概念最原始的内涵即是指生理素质;心理素质,是以自然素质为基础,在后天环境、教育、实践活动诸因素的影响下逐步发生、发展和形成起来的,心理素质是先天与后天的合金;社会素质,纯粹是在适应与改造社会的过程中形成的,是人们的社会属性的集中体现,社会素质是后天的(燕国材,2000)。

教师专业素质,简称教师素质,或称为教师职业素质。上文已经分析,教师工作不仅仅只是一般意义上的职业,而属于专业性的职业范畴,因而教师素质从本质属性上来说,属于专业素质。关于教师素质的内涵,《教育大辞典》中指出,教师素质是指教师为完成教育教学任务所应具备的心理和行为品质的基本条件(顾明远,1990),这里强调了教师心理和行为品质上的底线要求;辛自强等(2000)认为,所谓教师素质,是指教师在教育教学活动中表现出来的,决定其教育教学效果,对学生身心发展有直接而显著影响的思想和心理品质的总和,他们突出了教师素质在思想和心理品质上的综合表现。由这些代表性的定义可以看出,教师素质具有以下特征:一是顺利完成教育教学活动所需,也就是为教师的专业工作所需要;二是教师素质并非单一素质,而是多种素质的有机综合,其中主要体现为心理素质和社会素质两个方面,因而教师素质主要是在环境作用下经教师工作实践而形成、发展的。

教师为顺利完成其专业工作——教育教学实践活动,需要具备哪些素质呢?国内外在教师素质结构方面已经进行了大量的研究,各国教育部门也纷纷制定了教师素质方面的要求或教师专业标准。兹将代表性的观点整理成表4-1。从表4-1中可以看出,国内外不同机构、不同学者在教师素质结构上并没有达成统一的认识,这一点并非难以理解,因为一方面各家对于教师素质的内涵认识存有差异,另一方面适用的教师群体也不尽相同,如我国学者更多针对普遍的教师群体,而美国全国教师教育鉴定委员会提出的结构则是针对合格师范毕业生的。但尽管如此,我们仍能从中发现一些共识,比如教师职业道德与信念、专业知识与文化素质、专业能力和方法通常是被强调的,比如所有的教师素质具体结构都可以纳入生理素质、心理素质和社会素质的框架之中。

表 4-1　教师素质结构观点列举

提 出 者	观　　　　点
教育大辞典 (顾明远,1990)	良好的个人品德;职业道德;有比较广博的知识,精通所教学科知识;教育理论素养;语言素养;能力;身体健康
教育部师范司(2003)	专业知识;专业能力;专业情意
叶澜(2001)	教育理念;知识结构;能力;认知能力和方法论
辛涛,林崇德(1996)	教师职业理想;教师知识水平;教育观念;教师教学监控能力;教师教学行为与策略
谢安邦(1997)	职业道德和专业精神;文化修养;能力结构;身心素质
于漪(1999)	适应时代的教育理念;宽广深厚的知识背景;熟练的教育教学技能;娴熟的课堂驾驭能力;灵活机动的教育机制;人际关系处理能力;更新知识的创造能力;教育教学研究能力;富有感染的人格魅力;稳定健康的身心素质
芭芭拉·凯利(Barbara Kelley,2001)	内容知识;教育教学技能;了解学生,对学生负责;评价学生和基于评价的教学;课堂管理能力;反省实践能力与方法;合作的观念和能力
澳大利亚国家教学质量工程项目组(科林·马什,吴刚平等译,2005)	运用和发展专业知识和价值观;与学生及他人进行交流、相互作用和合作;规划和管理教学的过程;监控和评价学生的进步和学习结果;为持续的提高进行反思、评估和规划
美国全国教师教育鉴定委员会(2001)	基本素质要求;学科内容知识;教育学内容知识;专业的和教育学的知识和技能;专业意向;对学生的学习进行准确的评价和分析

这里,还需专门介绍教师素质结构的两个观点。一是我国学者谢安邦等的观点。谢安邦等(2007)以教师"教书育人"这一根本的职责或任务为前提,运用"范畴"概念表述教师素质的最基本构成要素,认为同的素质范畴之间则构成一个有机统一的、整体的结构体系(见表 4-2)。他们的观点,从教师工作的任务和活动目标出发,凸显了教师工作的真善美特征,为认识教师素质结构提供了一个新的分析框架;二是教育部于 2012 年颁布的《小学教师专业标准(试行)》和《中学教师专业标准(试行)》,这是国家对中小学合格教师专业素质的基本要求。《专业标准》以师德为先、学生为本、能力为重、终身学习为教师基本理念,从专业

理念与师德、专业知识和专业能力三个维度提出具体的基本要求。

表 4 - 2　教师素质的整体结构

教师任务	教师素质目标	教师素质结构维度	教师素质结构内容
教学生求知	"经师"目标	真(认知结构)	知识 理念
教学生成人	"人师"目标	善(专业精神)	道德 个性
"教"的有效性	"效能"目标	美(能力与技能)	实践能力 临床技能(含艺术)

第二节　教师情感与教师情感素质

　　教师的教育教学实践,不同于一般的专业工作,它是以人为核心的兼具真善美特性的特殊的人类实践活动,因而教师工作既以人为起点、为手段,更以人为旨归、为目的。人是情感性存在,在教育教学实践中,情感不但是客观存在的,而且情感既是手段——优化求真求善求美的效果,又是目的——优化情感之真之善之美。于是,教师不但需要具备一般的素质要求,而且需要具备情感方面的素质。

一、情感与教育中的情感因素

　　情感是心理学中的重要范畴,也是人类心理活动的重要组成部分,通常是指个体对客观事物的态度的体验,是人的需要是否获得满足的反映。在心理学中,情绪和情感两个术语经常放在一起使用,若细究起来,二者其实是有差异的。情绪(emotion)这一概念,来自拉丁文"e"(外)和"movere"(动),意旨从一个地方向外移到另一地方。其词根是"motion",是运动、动作的意思,可见"emotion"的原义是指活动、搅动、骚动或扰动,后来这个词指个体心理状态的激烈波动,突出强调了个体的态度、体验和感受。从 19 世纪来,心理学家对情绪进行了长期而深入的研究,对情绪的实质不断提出不同的看法。情绪在最初的物理学上用来描述一种运动的过程,现在已被严格限定在精神活动范畴中,用以表示那种不同于认识和意志的心理活动过程。情绪并非人类独有,但动物的情绪主要同有机体生理反应有关,是一种本能,而人类的情绪则带有独特的认知色彩和历史文化色彩。情感则为人类所独有。情感这个概念包括同感觉、感受相关的"感",又包括与同情、体验相联系的"情"。情绪更多的和生理需要满足与否相联系,而情感更多的是与个体的社会性需要相关,着重于体现感情的内容方面,具有内隐、稳定的特点。人类的情感现象非常丰富、复杂,并会随着时代的发展、社会的演进、生活的多元化而得到相应的发展。实际上,情绪和情感是同一过程、同一活动的两个方面。情感是对感情性过程的感受和体验,情绪是这一体验和感受状态的过程。情绪强调的是外在表现,情感侧重于相应的主观体验。情绪很容易受到环境影响,但情感相对而言就具有内在性,是一种深沉的内心体验(孟昭兰,1994)。

人类的情感是一种复杂的心理现象,存在着从过程、状态、特质到内容的各个侧面、各个层次、各个成分,每个方面又都包含了大量的情感现象。从心理过程角度看,情感包括主观体验(如强度、效价)、生理反应(如血压、呼吸、心跳等)和表情行为(如面部表情、言语表情、肢体语言)等成分。从心理状态角度看,情感包括微弱而持久的心境、猛烈而短暂的激情、高度紧张的应激、深沉卷入的迷恋等不同状态。而从个性特质的角度看,情感往往会以比较含蓄、相对稳定的方式镶嵌在个性结构之中,成为个体的情感心理特征。个性不仅包括气质和性格,而且也包括能力,这就为从能力视角透视个体的情感素质、进而认识教师师爱素质的能力成分,提供了心理学的依据。由于心理现象的社会属性,因而对人类情感的认识,除了过程、状态和特质等心理学主要视角外,更不能忽视体现情感社会性的内容层面。我国传统心理学中关于情感的分类,主要沿用苏联心理学家的分类体系,即将它分为情绪和情感两大类,情感又分为道德感、理智感和审美感。但"社会关系的改变、生活方式的改变会引起新的情绪状态、一个人的新的情绪性的心境、新的情感"(波果斯洛夫斯基等,1979)。我国情感研究领域专家卢家楣教授(2009),通过理论推演和实证研究,提出了新的情感分类体系,即在道德感、理智感和审美感三大传统情感内容的基础上,增加了生活情感和人际情感两大内容。这里所谓生活情感,是指个体对自己和他人的生命、生活进行评价时产生的一种内心体验,而人际情感是指个体对自己与他人相处、交往活动时产生的一种内心体验。

需要强调的是,情感不仅是心理学的研究范畴,自 20 世纪 70 年代开始,社会科学对情感研究的兴趣正与日俱增,成为多学科研究范畴,甚至引发一场波及众多学科的"情感研究的革命"。在社会学中，更多聚焦情感社会功能及其与社会的互动机制，认为情感过程是个人与社会的交叉点（诺尔曼·丹森，魏中军等译，1989），并非简单的、个体的生理机体现象（王鹏，侯钧生，2005），若不能洞悉时代的情感基调，也就无从把握时代的脉动（成伯清，2013）。近十年来，从社会学视角研究、理解和解释社会情境中的情感受到高度重视（舍韦，卢伊德，2005），并进而推动情感社会学的兴起。情感社会学试图通过对"情感人"的社会学透视来更为准确地洞悉社会，认为社会和谐与社会情感之间存在着密切的内在联系，社会秩序的积极力量是社会情感（郭景萍，2007），需重视情感在社会转型和社会变迁中的作用及引导，应在社会建设的制度设计上充分考虑情感维度，以培育积极的共同情感，有必要更精确地理解情感的动态作用机制，将社会结构的变迁与群体情感的长期变化联系起来。此外，教育学、人类学、政治学乃至历史学、法学等学科对情感问题也给予越来越多地关注，正如行为科学、认知科学、环境科学、城市科学等一样，一门综合性、交叉性地"情感科学"学科，正呈呼之欲出之势。这场"情感研究的革命"首先波及的当然是教育领域。

　　教育活动是传递与创造人类文化、培养符合社会发展需要的人才的特殊活动，这一特殊的人类实践活动，不仅是认知信息传递、接收和加工的过程，也是情感信息交流、感染和体验的过程，是师生双方在认知和情感两方面同时进行交互作用的过程。可以说，情感是教育活动的固有要素。然而，长期以来，教育活动中的情感并未引起应有的关注。正如研究者所指出的，长期以来，在教育学知识的本体论基础上感情被人们遗忘了，只有在研究特定问题（例如课堂管理、学生动机、教师倦怠等）时它才会被提及……应该相信，教学，是观念和感情的教学。师生互动，是感情和思想的互动。若要探索自然和社会世界，就要带着意愿和期望上路（林斯顿，加里森，2003）。奈斯（Nais，1996）描述了西方教育界缺乏教师感情研究的问题，并指出，尽管教师经常热情讨论自身的工作，但并没有研究关注感情在教师生活、职业和课堂行为中扮演的角色及其价值。在20世纪70年代之前，教育著作缺乏对教师感情的探讨。当前，教师的职前和职后教育仍然没有系统考虑教师感情的重要性。这意味着，学术和专业研究并未将教师感情视为值得认真思考的议题。曾贝拉丝（Zembylas，2003）把这种现象归结为三个方面的原因：首先是西方文化中固有的对情感的偏见；其次，尽管有做出努力来加强对教师情感的重视，但是研究者们对研究情感这种难以琢磨，不能客观评定的事物还是抱有怀疑的心态；最后，情感通常都是同女性或是男女平等主义哲学相联系,所以在这种视父权结构主导地位为有价值的研究氛围中,情感的研究被排除在外。

令人欣喜的是,随着人们对教育活动中情感因素的重新认识,上述情况得到了很大的改观。早在 20 世纪 70 年代中后期,伯利纳(Berliner)和泰库诺夫(Tikunoff)就通过大量实证研究发现,教师的情感特征最能区分开"效率较高"和"效率较低"的教师。在区分高低效率教师的 52 种教师特征中,有 38 种是情感方面的,只有 14 种是教师知识或教学技能等方面的。在对 1 000 名教师和两万名学生的 28 项研究的总结中,他们认为,具有高水准情感的教师更能有效地为学生讲授大量认知技能,包括传统成绩测验中的技能(熊川武,江玲,2010)。20 世纪 80 年代初,查尔斯等(Charles et al.,1981)曾以"愉快的一天"为题,了解教师们因什么而感到愉快,结果显示:教师所认为的"愉快的一天",发生在"当教师怀着渴望去学校,感受到热情和使不完的劲之时",体系为"在这一天中,教师感觉到他或她与学生的距离伸手可及,在预定的计划和教学单元里,他使许多学生带着兴趣完成了任务,而教师则圆满地结束了这一天的工作。"而 20 世纪 90 年代末,哈格里夫斯(1998a)在《教学的感情政治学》(Emotional Politics of Teaching)中提出了七项有关情感的重要假设:教学是一项感情实践;教与学关涉到感情理解;教学是感情劳动的一种形式;教师的感情与她们的道德目标及其实现这些目标的能力密切相关;教师的感情来源于,并影响着她们的自我、身份以及与他人的关系;教师的感情经有能力和无能力的经验而塑造;教师的感情随着文化和情景的改变而变化。这些理论与实证研究无不说明教育活动的情感属性。

从教育活动实践来看,也许我们更能发现丰富的情感事实。以教学这一学校教育的中心工作为例,诸如教学要素(相对静态)、教学流程或环节(动态)中都存在大量的情感因素。教学要素是教学论的基本问题之一,也是教学哲学问题。关于教学要素的结构,存在多种观点:有"三要素说",包括教师、学生、教材或人员、信息、物质等要素;"四要素说",包括教师、学生、教学内容、教学手段等要素;"五要素说",包括教师、学生、教材、工具、方法等要素;还有"六要素说",是指教师、学生、教学内容、教学工具、时间、空间等要素,以及"七要素说",是指教师、学生、教学目的、教学内容、教学方法、教学环境、教学反馈等。尽管各家观点有异,但无论是哪一个教学要素,所蕴含的情感因素都是非常丰富的。教材是人的本质力量的对象化,自然蕴含着丰富的情感印迹。教学活动是在一定的教学环境下凭借一定的教学媒体得以开展的。教学环境对师生情感的陶冶（往往以潜移默化的方式）不容忽视，这是因为教学环境作为一种社会环境，也是人的本质力量的对象化、物化，不可避免地会留下人的情感痕迹，如教室文化、校园文明等等。教学媒体中的情感因素主要体现为直观、形象、简洁、现代化等能引发美感的因素，而兼具视觉冲击力、声效震撼力的现代化多媒体手段与教学内容的完美匹配，对教学中的情感因素具有放大效应，易为学生所感知、体验、内化。当教师和学生围绕着教材内容、借助教学媒体在特定的教学环境中展开教学活动时，这些情感因素便被激活，并在师生间发生流动，产生动态的教学情感回路。

教育实践中，师生双方都是有血有肉有情有感的个体，他们身上的情感因素更是显而易见的。以学生情感为例，至少包括以下几个方面。一是学生对学习活动的情感。学生在学习情境中体验到的与学业学习，课堂教学和学业成就直接相关的多种情感，就是学业情感或学习情感，国外一般使用"学业情绪"（academic emotions）这一概念。1998 年，美国教育研究联合会召开了主题为"情绪在学生学习与成就中的作用"的学术年会，随后，德国心理学家佩克伦（Pekrun et al. ,2002）年首次提出了学业情绪的概念。这种情感不但包括乐学感、自信感、成功感等积极方面，也包括厌学感、自卑感、失败感、恐惧感、焦虑感等消极形态。二是对学习内容的情感，主要包括两个方面，即对学科的情感（即学科情感，国内研究较多的是数学学习情感、外语学习情感）和对具体学习内容的情感（情境情感）。三是对教师的情感。学生具有崇拜、模仿、接近、趋向于教师的自然倾向，也就是向师性，学生对教师的情感最初来自这种向师性，包括依恋感、尊重感、关爱感、亲密感、信任感等等。四是对同学的情感，同伴交往是学生在学校空间中最主要的人际交往，学生对同学的情感包括尊重、信任、亲密、依恋、表露、合作、宽容等方面。

教师情感是教育实践中主体情感的又一重要方面。这里所谓的教师情感，是指教师在其专业工作——教育教学实践中所形成、发展并体验的情感。胡亚琳和王蔷（2014）在对教师情感研究的综述文章中指出，国外以"教师情感"为主题或与之相关的研究迄今已走过约 30 年历程，基本可划分为三大阶段：20 世纪80 年代到 90 年代初是教师情感研究的起步阶段，该阶段研究大多遵循心理学的理论基础，将情感视为教师个人的内心体验，采用心理动力学的方法论，通过标准化的量表来分析教师的压力、倦怠等情感片段；第二阶段出现在 20 世纪 90

年代中期至 21 世纪初,该阶段广泛应用社会学的理论与方法,认为教师情感是社会文化的产物,在学校和课堂环境下的社会互动中构建而成,具有社会属性、情境属性和文化属性;目前教师情感研究正处于第三阶段,研究视角的共同点在于不再将情感局限于单一的个体心理现象或社会文化产物取向,尝试超越二者之间的界限,强调教师情感在个人层面、人际层面以及其他元素之间的互动关系。应该说,国外教师情感研究的视角转换与理论变迁,是与情感科学发展的整体进程同步的。国内对教师情感的研究,更着眼于结构视角,试图揭示教育实践中教师情感的主要类型。卢家楣(2000)从教学活动这一特定的情境出发审视教师情感,将其分为五个方面:对教育和教学工作的情感、对所教学科的情感、对学生的情感、主导情绪状态以及情绪表现。张大均(1999)认为,教师情感包括:以师爱为核心的积极情感,体现为教师对教育事业的热爱、教师对学生的热爱、教师对自己所教学科的热爱;教师应有的情操,如教师道德感、理智感、美感;教师的责任感,主要是教师对社会的责任感、对学生的责任感。

本研究认为,教师情感如人类其他情感一样,是一个多层次、多侧面的复杂现象,因而可以从多个视角予以分析。从作为一种心理活动的构成成分角度看,教师情感包括教师的主观体验、生理反应和表情行为三要素;从心理状态角度看,教师情感呈现心境、激情、应激乃至迷恋等不同形态;从性质角度看,教师情感既包括职业幸福感、教学成功感等积极情感,也包括教师生气、情感倦怠等消极情感。但无论教师情感多么丰富、多么复杂,也无论教师是否自觉意识到,在现实的教育教学实践中,教师对学生的情感无疑是最为根本、贯穿始终的。当这种情感是以教师责任与使命为基础并呈现出一种给予式的积极情感形态时,就是师爱——即在教育实践中形成发展并体现出来的教师乐于与学生交往、真诚关心爱护学生、主动为学生发展投入的积极情感。

二、情感素质与教师情感素质

前文提到,个体素质一般可以分为生理素质、心理素质和社会素质。生理素质具有先天性,体现了素质概念的最原始内涵;心理素质,是先天与后天的合金;社会素质,是人们的社会属性的集中体现,纯粹是后天的。情感素质无疑属于心理素质范畴。为了阐述情感素质概念,首先需要对心理素质的概念进行必要说明。

心理素质(mental quality)是一个本土化的概念,主要是在国内心理学界及教育界得到认可并有较多的研究。心理素质作为"自然本性与社会本性的结合"，是个体整体素质中的核心成分，是联系上下两层各素质协同发展的内在基础，集中体现个体素质发展的主观能动作用，处于最为关键的地位（卢家楣，2009）。尽管心理素质具有如此重要的地位，但在它的内涵上，国内心理学界却并未达成一致意见，其中比较代表性的观点有：沈德立和马惠霞（2004）认为，心理素质是在遗传和环境的共同作用下形成的某些内在的、相对稳定的心理品质；张大均（2003）认为，心理素质是以生理条件为基础的，将外在获得的东西内化成稳定的、基本的、衍生性的，并与人的社会适应行为和创造行为密切联系的心理品质；郑希付和邹爱虹（2004）指出，心理素质是以生理条件为基础的，在教育和环境等社会化的作用下，通过实践活动而形成的、相对稳定的，并与人的社会行为、智力因素和个性密切联系的心理品质；樊富珉和王建中（2001）的观点是，心理素质是以先天的禀赋为基础，在后天社会环境的教育和影响下形成并发展起来的稳定的心理品质。尽管各家界定相异，但也可从中发现一些共同点：如都强调心理素质的先天因素基础性、后天环境因素的关键性，都突出了心理素质的相对稳定性，也都指出心理素质是一种心理品质，等等。本研究认为，心理素质属于个体整体素质的一部分，依据素质是"个体在遗传和环境共同作用下经实践形成的具有相对稳定性、基础性方面的特点"这一界定，可以将心理素质定义为：个体在遗传和环境共同作用下经实践形成的相对稳定的、基本的心理特征。

　　心理素质包括哪些具体因素呢？在心理素质的结构上，研究者也存在不完全一致的看法，其中比较有代表性的观点如表 4-3。心理学中，一般将心理活动分为心理过程和个性心理两个子系统，这两个子系统虽是心理现象的两个不同方面，但却是密不可分的有机整体。其中心理过程又包括认知过程、情感过程和意志过程，或者认知过程和非认知过程（也即情意过程），而所谓个性心理，是指带有一定倾向性的相对稳定的心理特征，它不但总是体现在心理过程之中，而且使得知情意等心理活动带有鲜明的个性色彩。个性心理也可以相对分为认知性特征和非认知性特征，前者如认知风格、认知能力等，是体现在认知性过程中的个性心理；后者如情感风格、意志品质等，是体现在非认知性过程中的个性心理。由是观之，所谓心理素质，无非总是体现在包括心理过程和个性心理方面的——总体而言，也就是体现在认识性和非认知性心理方面的——主要是在实践中形成、发展的相对稳定的、基本的心理特征，于是，心理素质也就可以分为认知性素质和非认知性素质两个方面，心理素质是一个由认知素质和非认知素质构成的二维结构。表4-3中所列的心理素质概念及其结构与成分的代表性观点也正体现出这一点。

表4-3　国内学者有关心理素质构成的代表性
观点(整理自王俊山,2011)

提出者	认 知 性 素 质	非 认 知 性 素 质
燕国材	智力素质	非智力素质
张大均	认知品质	个性品质,适应能力
刘华山	积极的自我概念,智慧与创造力	正确的人生态度,敬业与责任感,关爱与合作精神,实践与生存力,耐挫与坚持力
钱含芬	心理能力素质(智力因素)	心理动力素质(人格因素),身心潜能素质
王极盛	智力因素	非智力因素,心理健康与潜能因素
李　虹	知	情,意,行
梁宁建	认知方式,元认知,智力	心理健康水平,人格特征
车文博	心理承受力,心理调节力,心理活动状态	

　　情感素质无疑属于非认知性素质。诚然,长期以来,由于人们对情感价值和功能认识上的偏见,由于情感现象自身的复杂性所带来的研究上的困难,情感一直处于心理学中的"灰姑娘"地位和社会学中的"隐形"境地。但正如上文所述,自20世纪70年代以来,学术界掀起了一场波及众多学科的"情感研究的革命",研究者们在各自的学科领域挖掘情感的价值、揭示情感的机制、剖析情感与社会的互动关系,诸如情绪素质、情感素养、情绪智力、情感能力、情感品质、情感特质、情感风格等与情感素质相关、相近的概念纷纷出现,但对情感素质进行明确界定和系统研究的是卢家楣教授(2009),其对情感素质的定义为"是指个体情性方面的心理素质,是个体在遗传和环境共同作用下经实践形成的相对稳定的、基本的情感心理特征。"卢家楣教授及其团队以青少年为研究对象,运用思辨和实证相结合手段,首次揭示了青少年情感素质结构——2层次(本体性层次和操作性层次)6大类(道德情感、理智情感、审美情感、人际情感、生活情感、情绪智力)29种具体情感素质(见图4-1)。

　　对青少年情感素质结构的认识,卢家楣教授和其团队做出了两个方面的重大创新。

```
                                        ┌─── 道德情感 ───┐
                          ┌── 情感的本体层次 ──┤    理智情感
              青少年情感素质 ──┤              │    审美情感
                          │              │    生活情感
                          │              └─── 人际情感 ───┘
                          └── 对情感的操作层次 ──→  情感智力
```

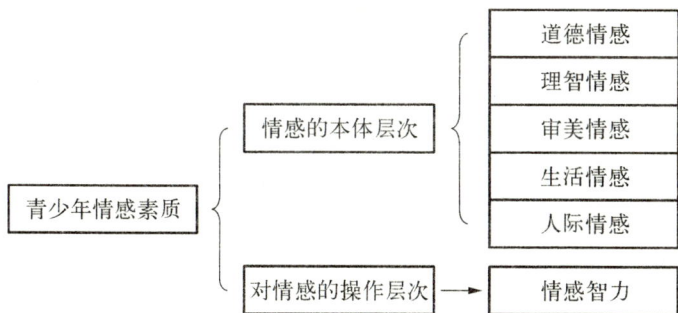

图 4－1　青少年情感素质结构

第一，在情感的本体层面上，也即在情感的表现层次——高级社会性情感方面，他们突破道德情感、理智情感和审美情感这一传统情感分类藩篱，从青少年情感生活实际出发提出了新的情感类型——人际情感和生活情感，其中生活情感是以往学校教育所忽视的，却又是当今学校教育所应强调的情感，它为现代社会所特别倡导的，并与西方兴起的生命教育和积极心理学的基本精神也是相符的，人际情感又是现代社会强调的一种情感，对青少年现时的学习生活、人际交往、未来的事业成就和一生的身心健康都有着十分密切的关系。

第二，创造性地将情感智力纳入青少年情感素质范畴，并视其为情感层面的智力现象，与传统智力以客观事物为操作对象不同，这是一种以情感为操作对象的智力，这就使得青少年情感素质不仅包括主要体现情感本体修养的社会情感内容，而且包括主要体现情感操作修养的情感操作能力。

情感智力纳入情感素质范畴，不仅得到了卢家楣教授及其团队实证研究的支持，而且本身也具有心理学的理论依据。情绪智力（emotional intelligence）这一概念最先由德国人柳纳（Leuner）提出，以色列人巴昂（Bar-On）进行了深入研究，美国人梅耶和沙洛维（Mayer & Salvoey）逐渐构建起系统理论，但真正为社会大众所熟知却源于美国人戈尔曼（Goleman）撰写的《情绪智力》一书的畅销（卢家楣，2005）。自 20 世纪 90 年代开始，情绪智力逐渐成为心理学研究的热点领域，并逐渐形成两种取向的情绪智力理论。一是能力取向的情绪智力理论。以 Mayer 和 Salovey 为代表的能力模型（ability model）取向，本质就是指识别不同情绪的意义及其相互之间的关系，并能在此识别的基础上进行推理和问题解决的能力。早在 1990 年，梅耶和沙洛维对情绪智力的内涵的界定是，这是一种加工情绪信息的能力,包括情绪的感知和表达、情绪的管理、情绪的运用等三个维度。后来,他们进一步提出新的情绪智力概念,认为它是识别情绪的含义及其关系以及在此基础上进行推理和问题解决的能力,并提出"四维度"结构模型,即情绪感知与表达能力、情绪促进思维能力、情绪理解能力、情绪管理能力(沙洛维等,2001)。二是混合取向的情绪智力理论。如戈尔曼(Goleman)在 1995 年给出的界定是,情绪智力是控制情绪冲动、解读他人情感和处理各种关系的能力,包括自我意识、自我管理、自我激励、移情、处理人际关系等五个维度,后来他又提出情绪胜任力概念,认为它是以情绪智力为基础,使人们在工作中取得优异成绩,通过习得而形成的能力,具体包括自我意识、自我调节、自我激励、移情、社交技能等结构成分。巴昂(Bar-on,1997)强调,情绪智力是一系列影响个人成功应对环境需求和压力的能力的非认知能力、胜任力和技能,他编制的《Bar-on 情商量表》包括个人内部成分、人际成分、压力管理成分、适应性成分四个维度 15 种具体因素。综而观之,从情绪智力概念提出的开始,无论是能力取向还是混合取向,研究者在情绪智力是一种能力这一本质属性方面是取得共识的,只不过以戈尔曼和巴昂为代表的混合模型(mixed model)取向,认为情绪智力不仅是一种心理能力,它还包含了一些人格特征。而能力是个体成功完成某种活动所需要具备的心理特征,因而,能力必然属于个体的心理素质——如前所述,心理素质就是个体在遗传和环境共同作用下经实践形成的相对稳定的、基本的心理特征,情绪智力自然就可以也应该纳入心理素质的范畴。

国内除使用情绪智力这一术语外,也通常使用情感智力、情感能力等术语。卢家楣教授(2009)认为,情绪智力或情感智力,又称情感能力,是指以情绪或情感为操作对象所表现出的一种智力,也就是在智力层面上所表现出的情感特色。这是近十年来在我国心理学界、教育界、学术界,乃至社会上广泛流行并日益引起关注的一种心理现象。这种感情现象正日益被人们所重视,被视为是青少年社会化成熟和事业成功的保障。准确把握情感能力的内涵,了解青少年情感能力发展水平和特点,并通过有效的教育手段提高青少年情感能力,对促进青少年社会性发展、提升青少年综合素质具有重要的现实意义。情感能力既是一种智力又是一种情感现象。首先从其名称上不难看出,情感能力属于智力的范畴。但与一般的认知智力有所区别的是,情感能力是以情绪或情感为操作对象的智力,属于多元智力范畴。其次,它还是一种情感现象,是个体表现在智力层面的情感现象,属于情感范畴。可以说,情感能力是心理学上的一个交叉性概念。这样，按照"素质——心理素质——情感素质"这样的概念演绎和推导过程，我们就可以构建出如图4-2所示的概念范畴框架。

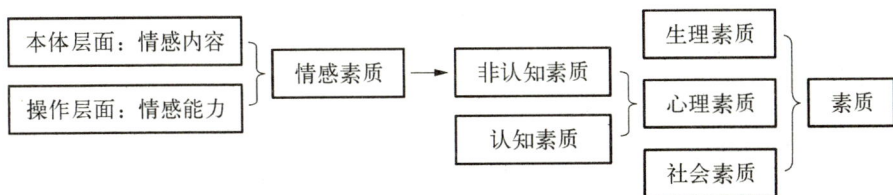

图4-2 素质概念框架及情感素质概念的方位

教师情感素质是否也是一个由本体层面和操作层面构成的二维结构呢？答案是肯定的。人是情感性存在，情感是人的固有属性，任何个体概莫能外。教育是以人为核心的人类实践活动，因而教育无疑是也必须是一项感情的事业。因此，诸如对学生的情感、对学科的情感、对教材的情感等等教师情感，是教师专业工作——教育教学实践活动中客观存在、必然存在的心理现象。这些构成教师情感体验、情感内容的依据和源泉，就是本体层面的教师情感现象。另一方面，在教育教学实践中，教师不仅要觉察、理解、调节、控制自己的情绪情感，而且要觉察、理解、调节、控制学生的情绪情感，这正是教师情感能力的体现。可见，从理论上来说，教师情感素质包括本体层面的情感内容和操作层面的情感能力两个方面。而从实践角度看，由于在应试教育背景下，教学走着一条重知轻情的失衡之路，一方面，学生的情感没有得到充分陶冶，造成了青少年学生厌学恶学、情感淡薄、人性弱化、违法犯罪甚至于戮师弑母虐畜等现象乃至人间惨剧，另一方面，学生的情感能力没有得到有效提升，造成了青少年学生或因遭受挫折而陷于消极情绪之中不能自拔，或因自尊受损而不能自控情绪以致酿成消极后果。人本主义心理学家罗杰斯（Rogers，1983）一针见血地指出："现代学校的悲剧之一，就是认为唯有认知学习是重要的。"因此，致力于学生情感的陶冶和情感能力的提升，培养人格完善、精神丰厚、情智双全、情感适应力强的情感素质高的一代新人不仅是十分必要的，而且是十分迫切的。毫无疑问，要培养学生的情感素质，首先需要教师具备情感素质，不仅富有积极的情感，而且具有良好的情感能力。

虽然没有研究对普遍性教师群体的情感素质这一双维结构进行直接检验，但国内外研究中已经提供了大量证据支持。一项研究经过多年的观察实验，发现优质教学与优秀教师具有以下共同特征：

第一,优质教学取决于理论水平、个人能力、精深的专业知识与对学习者的情感投入等多方面因素的结合。教师需要全身心地投入到他们的工作当中去。换言之,优质教学应当是一项充满激情的事业。

第二,优秀教师是那些关心学生的人,这种关心还体现在日常课堂的互动中,体现在关注他们是否幸福与他们的成绩是否理想。

第三,教师对自身的认同感对他们自身的动机、承诺与效率十分重要。

第四,教师理解自身的情感与他人的情感的能力大小也至关重要,这有助于他们处理教与学的种种问题,优质教学需要情感与自我知识的联系。

第五,成为一个优秀高效的教师需要满怀希望并且具有达观的品质和很强的适应力,能够在不断变化的环境中游刃有余(克里斯托夫,2009)。

在霍普金斯和斯特恩(Hopkins & Stern,1996)针对提高教师素质的比较研究中,来自新西兰、意大利、美国、瑞典和法国的学生们给出了他们眼中优秀教师的共同标准:教师都有使自己所有学生成功的热切愿望,教师具有幽默感、交流的热情、耐心、同情心,能维护孩子们的自尊。从这些研究中不难发现,教师所具有的积极情感和情感能力是优秀教师的普遍性特征。我国著名教育学专家肖川教授(2005)指出,教师的专业素养是高品质教育的一个条件,体现在很多方面,比如教师要有情绪的自我管理能力,不能态度粗暴和恶劣地当面大声训斥学生,尽量避免对学生极端的批评;课堂上,是否能做到与学生之间的自然真诚的交往,是否有发自内心地对学生的热爱、信任与宽容;当学生犯了错误的时候,是不是光有说教而没有理解与宽容;等等。而这些,都不是用"师德"两个字所能涵盖的,而是教师专业素养范畴内的事,而这些对学生道德品质的形成都起着不可或缺的作用。他所列举的这些教师专业素养,不正是教师情感素质的具体表现吗?

从前文对教师素质结构的分析可知,大多数专家学者都认为教师素质中包括教师能力这一结构维度。从国内外有关教师能力的研究来看,尽管更多地集中在教师认知能力方面,但也不乏对教师情感能力的关注。苏联学者 C. 涅德巴耶娃在《教师必须具备哪些能力》一文中,把教师应该具备的能力归纳为 12 种,其中如教师对于儿童的情感(理智而有识别力的爱)、善于控制自己的感情和情绪无疑就属于教师的情感特征(陈永明,2008)。我国教育心理学家申继亮教授(2006)认为,教师的教育能力是教师从事教育教学活动的核心,其中教师人际交往能力体现在与学生的交往中,需要教师要以自身道德情操、健康的情绪情感、文雅的言谈举止,丰富的兴趣爱好去感染学生,要随时把握自己可能产生的情感和心境,学会控制和支配自己的情感需要,并设身处地从学生的角度出发,体察学生的情绪感受,尊重学生。近年来,直接对教师情感素质的情感能力方面进行的研究也在逐渐增多。我国年轻学者杨晓萍(2009)研究后发现,中学教师情绪智力包括情绪知觉、情绪理解、情绪表达和情绪管理等四个维度。香港学者陈(Chan,1998)的调查揭示,教师要在课堂中面对具有各种能力但同时存在行为和情绪问题的学生,要培养学生的情绪智力来满足他们的社会和情感需要,就要求教师情绪智力中的移情能力和社会人际能力较强。国外学者彻尼斯(Cherniss,2002)也认为,有好的课程计划只是第一步,在情绪教育课程的执行上,教师本身的情绪能力水平对学生的情绪教育有很重大的影响。

班主任制度是我国中小学教育的一个鲜明特色,班主任是中小学教师群体中的一个重要而特定的群体。王俊山(2011)在其博士论文中,首次对班主任情感素质进行了系统的理论与实证研究。作者指出,所谓班主任情感素质,是指班主任在任职前后多种因素的影响下,经班主任工作实践形成的,相对稳定的、基本的,与班主任工作特点相应的、积极的情感心理特征。中小学班主任的情感素质具有立体、层次结构,呈现出自然性与社会性相统一、稳定性与可塑性相统一等多方面的特点。根据理论建构和心理测量学分析,最后得到6大维度、19个具体因子构成的班主任情感素质结构,其中在本体这一维度包括了道德感、理智感、审美感、人际情感、生活情感五大类,对于每一大类情感,根据班主任的工作特点,又列出了每一大类中的具体情感,而班主任情感能力是指班主任以情绪或情感为操作对象所表现出的一种智力,这一维度包括情绪疏导能力、情绪理解能力、情绪调控能力。这些重要的研究结论无疑给予本研究以直接的启示。

第三节　师爱素质的内涵与概念价值

列宁指出:"概念并不是不动的,而是永恒运动的、相互转变的、往返流动的,否则它们就不能反映活生生的生活。对概念的分析研究,'运用概念的艺术'始终要求研究概念的运动,它们的联系、它们的相互转化。"上文从"教师工作特征——教师素质要求"和"情感——情感素质"两条路径,并结合教育教学实践中客观存在的教师情感现象的分析,明确了素质、情感素质、教师情感素质等概念的内涵,并对情感素质的二维结构以及教师情感素质的结构进行了阐述。这为师爱素质概念的提出奠定了上位概念基础和理论依据。

一、师爱素质的内涵

概念是理论建构的砖石,而新概念的生成和建构是科学领域知识生产的基本维度,也是进行理论创新的重要方式,这已为教育学、心理学、社会学等众多学科理论发展的实践所证明。概念的建构和生成有多种方式。有研究者归纳了社会科学研究领域概念建构的四个途径:一是抽象事实建构概念,二是借用移植建构,三是比较研究建构,四是发展建构。研究者指出,概念建构和概念化本身就是知识生产,同时也是知识扩大再生产的基础;概念建构既是认识论范畴,也是方法论范畴;概念建构需要借助工具,它是思维活动的产物;生成概念的四种途径最终都可以归于对事实的抽象,抽象是生成概念的基础(邓大才,2011)。其实,概念建构和新概念生成还有一个重要的途径,那就是概念组合。从认知心理学角度看,所谓概念组合,是将两个或两个以上已知概念组合成一个新概念的认知加工过程,通过概念组合过程形成的新概念即为组合概念。随着社会生活发展和科学技术进步,通过概念组合方式生成新的概念显得越来越重要、越来越普遍,上文提到的"情绪智力"、"情感素质"、"教师情感素质"、"班主任情感素质"等概念,便都是经概念组合形成的新概念。

师爱素质是本研究提出的原创性概念,从概念生成的角度看,它无疑属于组合概念。综合第三章对师爱概念的阐释和本章第一、第二节对有关上位概念的分析,可以发现师爱素质概念的这一"组合"过程(见图4-3)。

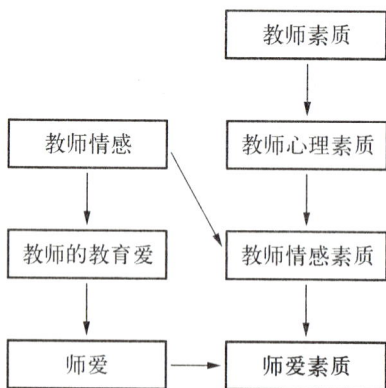

图4-3 师爱素质概念的"组合"过程

从概念的语词构成角度来看,师爱素质由名词"师爱"和名词"素质"构成,属于名-名组合概念。与此相应,从意义生成角度看,师爱素质是由两条路径有机组合形成的新的概念,具有了新的概念意义:一条路径是"教师情感——教师的教育爱——师爱",该路径构成师爱素质的限制性意义,即师爱素质并非一般的教师素质,而是在教师对学生的爱的方面素质;一条路径是"教师素质——教师心理素质——教师情感素质",该路径构成师爱素质的属性意义,即师爱素质的上位概念是教师情感素质。

那么,究竟什么是师爱素质呢? 如何认识师爱素质的概念内? 我们知道,概念内涵是对象本质属性的反映,这种本质属性通常以"定义"的形式予以呈现,而与此本质属性相关联的特性也被称之为"特点",因此,可以从"定义"和"特点"两个方面对师爱素质概念的内涵加以研究。

首先从第一条路径来看。教师情感,是教师在其专业工作——教育教学实践中所形成、发展并体验的情感,教师情感是具有多层次、多侧面的教师心理现象,其中,表现为对教育教学实践活动的给予式的积极情感,就是教师的教育爱,它主要体现为教师的爱岗情感和爱生情感两个方面。爱生情感就是师爱,这是一种教师对学生的给予式的积极情感,从操作性角度来看,也就是在教育实践中形成发展并体现出来的教师乐于与学生交往、真诚关心爱护学生、主动为学生发展投入的积极情感。显然,师爱属于教师情感范畴。再从第二条路径来看。教师素质是教师在遗传和环境共同作用下经教育教学实践形成的具有相对稳定性、基础性方面的特点,包括生理素质、心理素质和社会素质三个层面。其中,教师心理素质是教师在遗传和环境共同作用下经教育教学实践形成的相对稳定的、基本的心理特征,它由认知素质和非认知素质构成,后者的主要体现就是教师情感素质,是指教师在遗传和环境共同作用下经教育教学实践形成的相对稳定的、基本的情感心理特征。教师情感素质,实际上本身就是概念组合的结果,它是由"教师情感"和"教师心理素质"有机构成的名-名组合概念。

总之,师爱素质是教师的情感心理特征,是体现在师爱方面的情感心理特征。要而言之,师爱素质就是教师对学生的爱的素质,具体而言,它是教师在教育实践中形成发展并体现出来的乐于与学生交往、真诚关心爱护学生、积极为学生发展投入的情感心理特征,其对应的英文为"teachers' love quality"。从概念的隶属关系来看,师爱素质的上位概念是教师情感素质,进一步,又属于教师专业素质范畴(见图4-4)。这种素质是与教师工作特征——教育教学实践活动所具有的真善美属性、主导性要求和复杂性特

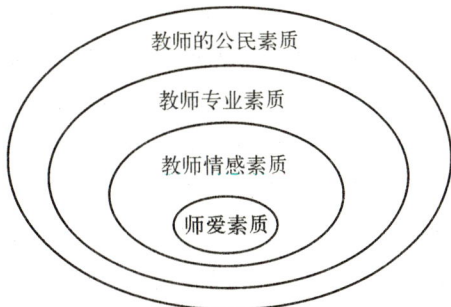

图4-4　师爱素质与教师专业素质的关系

征——相适应、也是为其所要求的专业素质,是教师成功、有效地完成其专业工作,成为合格、优秀的教师所必须具备的素质。

二、师爱素质的特点

1. 师爱素质的社会属性

第一,师爱的社会属性决定了师爱素质无疑具有社会性。首先,师爱具有崇高的目的性和彻底的无私性,教师对学生的爱,不是以获取个人的回报为出发点,而是以学生的健康成长、人格健全、生命丰富为唯一旨归,教师对学生的爱,面向全体学生,具有明显的广泛性,是一种稳定的爱。这种崇高的目的和彻底的无私,使得师爱首先是一种具有深刻社会内容的道德情感,它对学生和教师的发展具有正价值,是教育中的基本善。哲学家张传有教授(2012)在对爱的哲学分析中指出,我们平常所说到的爱大多是一种情感意义上的爱,都有其自然的根基,与人的自然本性、人的生理心理因素有着密切的联系。但是,有时我们也说到另外一些爱,它们很难用人的自然本性、人的生理心理因素做出解释,它们是作为规范(如道德的规范、政治的规范)而出现的;是某种要求,带有一定的强制性,因而是某种政治的或道德的义务。显然,这种爱与作为情感的爱是不一样的,这种爱也就是一种作为义务的爱或实践性的爱。"作为情感的爱"是自然发生的,而"作为义务的爱"则是经过教化后自觉意识到的,"作为义务的爱"是以"作为情感的爱"为根基的,因为"作为义务的爱"也表现为某种情感,即某种受理性支配的情感。教师对学生的爱,显然不仅是"情感的爱",也是体现社会属性的"道德义务的爱"。其次,师爱具有人类之爱的关系属性,爱总是在关系主体之间流动着、传递着,爱的付出和爱的回馈共同构成完整的"爱的回路"。教育既是一种特殊的认识活动,又是一种特殊的实践活动,同时也是一种以信息交流为媒介的人际交往活动。可见,教育是以主体交互作用为基本特征的复杂系统,教育最基本的特征是主体性和交互性(张大均,2005)。因而,存在、发生和回荡在教育实践活动中的师爱更是一种具有社会关系属性的情感。因而,我国学者认为,爱表征的是爱者和被爱者之间的一种关系,爱是一种关系品质,爱将教师与学生放置在一种关系之中,放置在彼此最真实的生命存在之中。爱是一种存在论逼问,它要求教育工作者以良知和敏感在爱的领域探寻教育的明证性和合规律性,引领我们关照内心与生活,处身性地反思我们是否活在完整、真实和高贵之中(高伟,2014)。爱既然是一种分离者之间积极的融合,不为被爱方所认可和接受的爱必然不能实现。只有爱者向被爱者施与爱，并且，被爱者也接受这种爱，才能实现二者之间准确而完美的结合，才是真正的爱(朱小蔓，梅仲荪，1998)。而诺丁斯在探讨关怀的构成要素时也认为，关怀的本质是一种关系，一个完整的关怀结构必须满足："A：W 关怀 X；B：X 承认 W 关怀 X"，也就是说，由一己出发的关怀并不是真正意义上的关怀，只有关怀达到对方，才是真正的关怀。

　　第二，师爱素质的发展体现出社会属性。由于素质本身就是在先天基础上经环境、教育的影响在实践过程中形成发展的，心理素质如此，师爱素质自然也会受到社会环境、社会实践的重大影响。王俊山(2011)在论述班主任情感素质的特点时分析指出，一方面，情感本身是与社会性需要相联系的，社会性需要的满足与否决定了个体情感的存在、种类与程度，因此，班主任的情感素质毫无疑问地表现社会性的特点；另一方面，班主任这一职业是一种高尚的职业，是具有重大社会意义的职业，在人类发展与文化传承中具有重要作用，班主任的情感素质当然具有社会性；同时，班主任的情感素质是在班主任的交往活动中形成的，班主任的交往对象、交往内容、交往方式都对情感素质的形成产生影响，这些都表现社会性的特点。师爱素质发展过程中的这种社会属性，无疑为师爱素质的后天培养提供了理论依据。

　　2. 师爱素质的职业特性

　　第一，师爱的教育性，根本上体现了师爱素质的职业特性。从师爱的目的性看，它指向学生的健康成长、人格健全、生命丰富，这与教育的目的是完全吻合的。正是因为这种目的，因而教师仅仅有爱学生的情感还不够，还需要具有爱学生的方法。任小艾就曾强调，爱学生不是无原则的顺从，一切随意于学生，也不能只是温文尔雅、笑容可掬地迁就、妥协于学生，应该把"爱"冠以"科学"二字，科学地爱学生，不是偏激地爱，也不是溺爱，而是具有严肃公正、严格要求为内容的厚爱。所以，她提出要"以爱动其心，以严导其行"。这种爱表现在"关怀、理解、支持"六个字上，尤其要理解学生的精神世界，理解和接受学生对教的感情，理解和满足学生们的正当要求，关心学生的学习与生活的各个方面。只有这样，才能建立起民主、平等的师生关系(朱永新，2011)。魏书生同样认为，仅仅强调教师要爱学生是不全面的，还应具体研究怎样去爱学生。他说，"想爱还要会爱，如果不会爱，原来想爱，后来也会变得不爱。"他强调教师要走入学生的心灵世界去，尊重和发展学生的人性和个性，师生之间要相互理解、尊重、关怀、帮助、谅解和信任(魏书生，2002)。也正是因为师爱的教育性，因而它是一种"生产性"的爱，这一爱的过程不仅是自觉地"施爱",也是在自觉地"育爱",这就从根本上规约了师爱素质的职业特性。

第二,师爱素质是在现实的教育实践活动之中发展并体现的。熊川武教授曾经指出,只有在各种教育要素相互作用的过程中,师生才有关于教育人事的喜与怒、荣与辱的感受。这意味着,即使形成了深厚感情的教师,一旦脱离真实的教育世界,虽然他们仍有可能对教育怀有深厚感情,但那不再是身临其境的真情实感,无论是内心的体验还是外在的表达都不再那样确切生动鲜活(舒茨等,赵鑫等译,2010)。教育感情如此,师爱和师爱素质同样如此。只有置身于现实的教育情境中,教师自觉意识到作为教师角色所肩负的使命与责任,其人性之爱才能转化、升华为对学生的爱,也唯有在教育实践活动之中,这种爱才能慢慢沉淀为相对稳定的情感心理特征。这一点,苏霍姆林斯基说得非常清楚,他指出,爱孩子的能力是在一个人参加社会生活的过程中,在与他人的相互关系中锻炼出来的。但就其本质讲,经常跟孩子们交往的教育活动本身就在不断加深对人的热爱和信任。师爱素质的这一特点,无疑在师爱素质的培养上给予启示:教师需要置身于教育实践,沉于其中,深度卷入。

3. 师爱素质的可测量性

内隐与外显相统一是师爱素质可测量性的依据。师爱是教师的高级社会情感,具有稳定、含蓄、内隐性特点。但师爱的内隐性是相对的,在具体的教育情境中,教师对学生的爱总是以一定的面部表情、肢体语言、行为选择、行动方式乃至衣着装束等表现出来。师爱素质是教师爱学生方面的素质,自然同样是内隐和外显的统一。由于这种外显性,因而师爱素质不仅可以为学生所真切地感知到——因而可以通过学生视角间接测量,而且可以对教师直接进行测量,以了解师爱素质的状况。上文所述王俊山对中小学班主任情感素质的研究中,主要就是通过教师自陈问卷的方式进行直接测量的,其信度、效度都达到了心理测量学标准。但因为师爱素质具有内隐性的特点,因而运用内隐联想测验、投射测验等方法也是必要的。比如孙炳海等人(2012),用两项研究探讨中小学教师关爱认同的启动与测量问题。研究一分别对教师与学生进行访谈与调查,确定"理解的、关注的、助人的、尊重的、鼓励的、亲和的、严格的、负责的"等8个刺激词作为启动教师关爱认同的特质词,研究二先使用特质刺激法对教师进行关爱认同及宜人性、人际反应指数测验并要求其自我报告实际的助人行为,结果表明中小学教师关爱认同由内化与符号化两个维度组成,并具有良好的结构效度与效标效度;再用IAT测量了教师内隐关爱认同,并发现其与内化存在显著相关。由此得到由内化与符号化两个维度组成的中小学教师关爱认同结构。该研究虽然针对的是教师关爱认同问题,但其所采取的内隐测量方法无疑给予师爱素质的测量以有益启示。

总之,可测量性是师爱素质概念内涵所蕴含的固有特点,综合运用多种方法、从多种角度进行测量,既是必需的,也是可能的。但无论是运用什么方法进行测量,对师爱素质概念的理论界定和分析,都是进行科学测量的出发点。戈茨(2014)曾提出概念的"内涵-维度-指标"三层次理论,他认为,概念的基本层次是理论命题中所使用的那些概念,即通常所谓的概念本质和内涵,第二个层次是概念的构成,即概念的外延、结构或维度,第三是操作化层次,即具体的测量指标和题项,由此可以进行数据的搜集。戈茨的概念层次理论,从研究设计的角度看,实际就是概念化和操作化两方面的问题。概念化是一个抽象过程,主要是对术语进行选择与命名,确定概念的内涵与外延,澄清所选择概念与其他相关概念的区别等;操作化则是将概念从抽象定义转化为可观察、可测量指标的过程(刘丰,2014)。如上文所述,本研究对师爱素质的界定是:它是教师在教育实践中形成发展并体现出来的乐于与学生交往、真诚关心爱护学生、积极为学生发展投入的情感心理特征。这一定义无疑揭示了师爱素质的本质和内涵,但它又是理论内涵的一定超越,是概念化和操作化的某种结合——实际上,该定义中已经初步体现了戈茨所言的概念的第二个层次,从而使得这一内涵界定具有操作性定义的特点,这就为进一步揭示师爱素质的结构、进而对其实施测量,奠定了基础。

4. 师爱素质的可发展性

师爱素质是稳定性和可塑性的统一。一方面,情感特别是高级社会性情感,具有稳定的特点,师爱素质是教师情感而非情绪方面的素质,因而必然具有一定的稳定性;另一方面,师爱素质是教师素质结构的一部分,素质是相对稳定的、不易改变的,因而师爱素质必然具有一定的稳定性。这就使得作为教师情感心理特征的师爱素质自然具有稳定性,它已经镶嵌在教师的个性心理结构之中。但稳定是相对的,无论是情感还是素质,在一定的条件下都是可以发展变化的。随着教师工作实践的不断增加,随着教师工作能力的不断增强,随着教师获得的反馈性体验不断丰富,师爱素质必然会发生变化。在弗洛姆论述爱的理论中,认为爱是可以通过训练、培养自己的行为、专心致志的投入和富有坚韧的耐心,可以掌握的一门艺术(弗洛姆,刘福堂译,1986)。戈尔曼(1995)在讨论学校在情绪教育中的角色时提到,学校是情绪教育的重要场所,教师本身的情绪能力是影响学生情绪发展的重要因素,而情绪智力可以通过教育和训练得到提高。而王俊山(2011)在论述班主任情感素质的可塑性特点时也指出,除了教育实践经历不断丰富等因素外,某些特定教育事件,如师生冲突处理、学校重大活动、班主任集中研修等都会对班主任的情感素质带来一定的影响,从而使班主任的情感素质处在动态的变化之中。这些观点,虽未直接涉及师爱素质问题,但却为师爱素质的可发展性提供了论据。

当然,师爱素质的发展并非是一个自发的过程,恰恰相反,唯有有目的、有计划地自觉培养,师爱素质的提升才是可能的,其中学校和社会的文化氛围、教师培训研修等教师发展支持平台和教师更新渠道以及教师个人的自我修养等综合构成的教师发展生态系统的构建和优化,是师爱素质提升的关键。关于这些问题,本研究将在后面的章节中予以理论阐述和实证检验。

三、师爱素质概念提出的意义

1. 师爱素质概念的理论意义

理论是观察现象、分析问题的工具,概念又是理论的高度浓缩和升华,反映理论的本质。因此,概念之于理论是必不可少、非常重要的。不仅如此,概念建构和新概念的生成过程,往往会带来理论的发展丰富甚至是突破,诚如马克思·韦伯(Max Weber,2011)所言,"社会科学的历史一直是而且仍将是一个通过构造概念和重构概念从而在分析上排列整理现实的持久过程。"他还指出,概念随着问题的产生而产生,也会随着社会生活内容的变化而改变,因此社会科学领域最为重大的进展实质上与文化问题的转换紧密联系,并且以批判概念构造的形式表现出来。本研究通过概念组合方式,原创性地提出师爱素质概念,具有重要的理论价值。

首先,师爱素质概念的提出,拓展了教育心理学学科研究的视域。教育心理学学科诞生百余年来,无论是在内容体系、学科理论还是研究方法方面,都取得了丰硕的成果,成为心理学学科大家庭中的重要一员。但相比较而言,在教育心理学学科中,对教师情感的研究仍是薄弱环节,作为教师最宝贵、最纯洁的职业情感的师爱,更是很少得到应有的理论观照,实属教育心理学研究的弱域。此其一。其二,素质是教育学和心理学都使用的学术概念,虽然教育学中更多关注教师的专业素质、学科素养,教育心理学中则主要关注教师心理素质,但无论怎样,对教师素质研究的热度始终没有减弱过。然而,教师素质中的情感素质,却很少有研究者问津,迄今为止,对教师情感素质的系统研究仅王俊山一人,且是以中小学班主任为研究对象,并未涉及普遍性教师群体。实际上,目前国内外教育学和心理学词典中,即便是"情感素质"的条目也没有,更没有"教师情感素质"条目的任何收录,遑论"师爱素质"。但是,教师情感、师爱又是教育实践中客观存在的,也是必不可少的,诚如研究者所言,感情在教师工作中扮演着核心角色,教学就是一项感情实践。然而,不论是教师专业的学理追问,还是实践反思,关于教师感情的研究均寥寥无几(林成堂,2011)。又正如研究者所强调,教师的专业素养体现在很多方面,比如教师要有情绪的自我管理能力,课堂上,是否能做到与学生之间的自然真诚的交往,是否有发自内心地对学生的热爱、信任与宽容;当学生犯了错误的时候,是不是光有说教而没有理解与宽容……这些都不是用"师德"两个字所能涵盖的,而是教师专业素养范畴内的事(肖川,2005)。因而,从素质视角研究教师情感、并提出教师情感素质概念,进而在教师素质和教师情感素质框架下研究师爱、并提出师爱素质概念,不但是教育实践的客观反映、教育活动发展的必然要求,而且对更科学地细化和丰富教师专业素质,对扭转传统师爱研究的单一师德视角,为更全面、深入地研究师爱发展和培养问题,搭建了理论分析和学术研究的框架和平台,将对拓展教育心理学学科在教师心理研究、特别是教师情感领域的研究,必将发挥积极的作用。

　　第二,师爱素质概念的提出,丰富了教师研究的范式。库恩(1980)认为,任何科学理论都有其基本范式,也就是在科学活动中被公认的范例,在库恩看来,范式集科学理论、方法和研究主体的心理特质三个层面于一体,是一个具有层次结构的、多方面功能的范畴。里茨尔(Ritzer,1975)对范式作了更为具体的描述:"范式是一门科学关于研究题材的基本形象,它的作用是确定研究对象、研究问题及其提问方式,以及获取答案过程中应该遵循的规则。范式是有关一门科学的广泛的共识体系,起到区分不同科学共同体的作用。"实际上,在科学发展过程中,一些概念的诞生不仅预示着理论的丰富、拓展甚至突破,有时候概念本身就成为新的研究范式,因为科学的概念本身就集理论、方法和研究时的思维过程、心理活动于一身。无论是在教育学还是心理学中,诸如教师专业素质、教师生涯发展等教师研究中的核心概念,同样本身就是研究范式。本研究提出的师爱素质概念,是师爱和教师素质两个概念的有机组合,围绕这一交叉性新概念,可以开展一系列研究:对概念的内涵和结构进行规范性、本体性研究,对师爱素质的影响因素及因素间的关系机制进行生成性研究,还可以从教师职业生涯视角对师爱素质的发展变化进行历时性研究,等等。总之,师爱素质概念的提出,为教师素质研究、教师生涯发展研究、教师情感研究提供了新的视角、新的切口,这对丰富教师研究的范式,必将发挥积极的作用。

2. 师爱素质概念的实践意义

师爱素质概念提出的实践意义首先表现为,促进教师从素质的高度认识师爱问题。师爱之于教育活动、之于师生双方的重要意义,古今中外不乏真知灼见、不乏美丽讴歌,这在第二章对中外师爱思想的梳理和阐述中已有充分体现。但,教师对学生的爱,有哪些关键成分? 如何才能有效提升师爱水平? 这并非美丽的讴歌所能回答。长期以来,我国一直将师爱纳入师德范畴,从而对教师提出师爱要求和规范。诚然,师爱和师德密不可分,师爱作为教师道德情感,可谓是教师职业道德核心。但师德与师爱并非同一个概念,师德属于道德范畴,而师爱属于情感范畴,师德强调明确的外在约束性,而师爱则更具有内在的自觉性。对教师师德的规范性要求显然不能代替、也不足以代替师爱的培养和提升。师爱素质概念的提出,将师爱从传统的师德范畴剥离出来,将其明确纳入教师素质的范畴,突出强调作为教师素质构成部分的师爱素质的可发展性、可测量性,从而使教师从素质的高度来认识师爱问题,这对于强化师爱培养的意识、指引师爱培养的方向、提供师爱培养的路径和方法,从而促进师生发展、优化教育效果,无疑具有直接的现实意义。

师爱素质概念提出的实践意义,还表现在教师教育实践方面。教师教育是职前培养和职后培训的一体化教育,旨在培养高素质的教师队伍。教师教育的课程设置直接关系到教师知识的获得、建构和优化,直接关系到教育质量的提高。然而,我国传统教师教育课程设置中存在重学术轻师范、重理论轻实践、职前和职后相脱节、认知和情感不协调等诸多问题,这些问题即使在教师教育改革呼声日高的今天,也未能有太大的改观。师爱素质概念的提出,无疑对丰富教师教育课程中有关情绪情感特别是师爱方面的内容、丰富有关教师专业素质中师爱素质方面的内容,具有现实的价值。

第五章　师爱素质的结构模型

本研究按照"教师情感-教师的教育爱-师爱"和"教师素质-教师心理素质-教师情感素质"两条路径进行概念推导,进而提出了原创性的"师爱素质"概念。对一个经过理论推演提出的概念的认识,既要把握其科学的内涵,又要揭示其内在的结构。而关于内涵,第四章已经予以界定——师爱素质是教师在教育实践中形成发展并体现出来的乐于与学生交往、真诚关心爱护学生、积极为学生发展投入的情感心理特征,这是教师成功、有效地完成其专业工作,成为合格、优秀的教师所必须具备的素质。本章将在其内涵界定的基础上,采用理论和实证相结合的方式建构师爱素质的结构,即首先结合师爱素质的属性理论建构结构模型,然后依据严格的心理学测量学程序和标准编制师爱素质调查问卷,检验其信效度,从实证视角验证师爱素质理论结构模型的合理性。

第一节　师爱素质结构模型建构与验证

从"师爱素质"这一概念的组成来看,它是由"师爱"和"素质"(主要是"情感素质")有机构成的名-名组合概念,因此师爱素质兼具师爱和情感素质双重属性,为此在师爱素质结构的理论探索中,拟从爱与师爱、情感素质两个方面分别探索师爱素质的结构。

一、师爱素质结构的理论探索

1. 爱与师爱的情感说与能力说

古今中外有关爱与师爱的思想和探索,大体呈现出两个取向,即情感说和能力说,以下就分别从这两个方面对爱与师爱的结构进行梳理,以为师爱素质结构的探索提供依据。

第一,爱与师爱的情感说。从"爱"的词源分析,再到中外哲人以及伦理学、心理学等学科中对爱的表述,可以发现情感是爱的固有属性。在词源上,观汉字"爱"的象形,上面是"协","价"下有"一","一"下有"心","心"下有"友",诚信、关心、友情皆在其中,具有生动而丰富的情感意蕴,爱的概念本身就体现出给予、关心的情感。而在最新版的《现代汉语词典》里,"爱"字的前三层意思分别是"对人或事物有很深的感情"、"喜欢"、"爱惜,爱护"(中国社会科学院语言研究所词典编辑室,2012),在伦理学研究中,研究者也多强调爱的情感属性和给予的本原意义,如斯宾诺莎(1962)所言:"爱不是别的,乃是为一个外在的原因观念所伴随着的快乐。恨不是别的,乃是对一个外在原因的观念所伴随着的痛苦。"我国伦理学中同样视爱为一种给予的情感,是个人对他人或某一事物由于爱慕、关心、信仰而产生的一种浑厚真挚的感情(简明伦理学辞典编辑组,1985)。在心理学研究中,研究者也强调爱的情感的积极性质和道德情操意蕴(朱智贤,1989;陈艳华,2001;孟昭兰,2005)。

虽然师爱是教育心理学研究中的弱域,但从现有的研究来看,大多数研究者也都将其视为一种教师对学生的情感(龚乐进,2001;蒋乃平,2007;吕雪莲,2008;朱晓宏,2009),如张良才(1999)认为,师爱是指教师对学生的一种纯真的、自觉的、持久的、普遍的、无私的爱,表面上看,它是教师对学生情感的流露,实质上是教师通过理性培养起来的一种使命感和责任感。可见,这些内涵的界定中凸显了师爱的情感属性。国外有关教师关爱的研究中也凸显了其情感性,如贝恩斯,埃文斯和内史密斯(1991)将关爱定义为"精神上、情感上和体力上的投入与付出,包括照顾、回应和支持他人。"

第二,爱与师爱的能力说。部分国内外研究者还认为爱与师爱还具有能力的特征。弗洛姆就是典型的能力说的代表(刘福堂译,1986),他认为:"爱,就是以自己的生命力去激发对方的生命力,以自己全身心的爱的能力去引发另一个人的爱的能力。"罗杰斯和韦伯(1991)认为教师关爱不仅包括建立有意义的关系,而且还要有维持关系的能力以及对他人做出反应的灵敏度。

综上可知,尽管国内外研究者对于爱与师爱的界定有所不同,但可以从中归纳出爱与师爱的属性,首先它具有情感的属性,是教师对学生的爱,它是在教育实践中形成发展并体现出来的教师乐于与学生交往、真诚关心爱护学生、主动为学生发展投入的积极情感,但它同时还兼具能力的属性,专家型教师的师爱更为"科学",具有更强的维持关系的能力。

2. 从情感素质结构的推导

情感素质是一个本科化的概念，由情感教学专家卢家楣教授所提出，并在青少年学生中得到实证验证（卢家楣，2009）。他认为"青少年情感素质"是个体在遗传和环境共同作用下经实践形成的相对稳定性的、基本的与青少年阶段的发展相应的、积极的情感心理特征，它具有明确的年龄特点和教育的导向特性。在青少年情感素质结构的建构方面，他认为随着社会变迁、时代的演进，青少年情感也会相应发展，而传统情感分类（道德感、理智感和审美感）已不能适应这种变化。为此他在情感心理社会发展观思想指导下，突破传统的情感分类框架，在"三个尊重"和"三个统一"原则基础上，通过思辨和实证相结合的研究，首次揭示青少年情感素质结构——2 层次（本体性层次和操作性层次）6 大类（道德情感、理智情感、审美情感、人际情感、生活情感、情绪智力）29 种具体情感素质，这就运用心理学的科学研究手段证实了情感素质所具有的"情感向度"和"能力向度"。之后，其博士王俊山在青少年情感素质的基础上，将研究对象延伸至中小学教师群体中一个重要而特定的群体——班主任，并将班主任情感素质界定为班主任在任职前后多种因素的影响下，经班主任工作实践形成的，相对稳定的、基本的，与班主任工作特点相应的、积极的情感心理特征。在班主任情感素质结方面，他认为中小学班主任的情感素质具有立体、层次结构，呈现出自然性与社会性相统一、稳定性与可塑性相统一等多方面的特点，并通过理论建构和心理测量学分析，最后得到 6 大维度、19 个具体因子构成的班主任情感素质结构（王俊山，2011），他的研究同样揭示出班主任情感素质所具有的情感和能力双维结构。

总之，这些研究创造性地将情感智力纳入情感素质范畴，并视其为情感层面的智力现象，与传统智力以客观事物为操作对象不同，这是一种以情感为操作对象的智力。由于智力是个体的一般能力，因而情感智力也就是情感的能力维度。可见，情感素质不仅包括主要体现情感本体修养的社会情感内容，而且包括主要体现情感操作修养的情感操作能力，体现了情感和能力的双重属性。

3. 师爱素质结构的初步探索

师爱素质是本研究提出的原创性概念，由"师爱"和"素质"构成，属于名-名组合概念：师爱素质并非一般的教师素质，而是在教师对学生的爱的方面素质；师爱素质的上位概念是教师情感素质。可见，师爱素质兼具"师爱"和"教师情感素质"的属性，而依据上面"师爱"和"情感素质"兼具情感和能力的双重属性，可以推导出师爱素质同样兼具情感和能力双重属性的结论。

首先,在情感属性和本体性层次而言,师爱素质是教师在其专业工作——教育教学实践中所形成、发展并体验的情感,教师情感是具有多层次、多侧面的教师心理现象,其中,表现为对教育教学实践活动的给予式的积极情感,就是教师的教育爱,它主要体现为教师的爱岗情感和爱生情感两个方面。爱生情感就是师爱,这是一种教师对学生的给予式的积极情感,从操作性角度来看,也就是在教育实践中形成发展并体现出来的教师乐于与学生交往、真诚关心爱护学生、主动为学生发展投入的积极情感。为此,基于上面的分析,从情感属性而言,师爱素质包括亲密感、关爱感和投入感。

第二,在能力属性和操作性层面方面,教师师爱素质是指教师在遗传和环境共同作用下经教育教学实践形成的相对稳定的、基本的情感心理特征。结合教师的职业特点和以往的研究,教师需要在日常的教学活动中实施师爱的操作,即如何体现上述的亲密感、关爱感和投入感三种本体性情感。依据情绪的信息加工观点(汪海彬,等,2013)可知,情绪加工主要包括情绪觉察、情绪理解和情绪表达。为此,师爱的操作也应该包括情绪觉察、情绪理解和情绪表达三个方面。

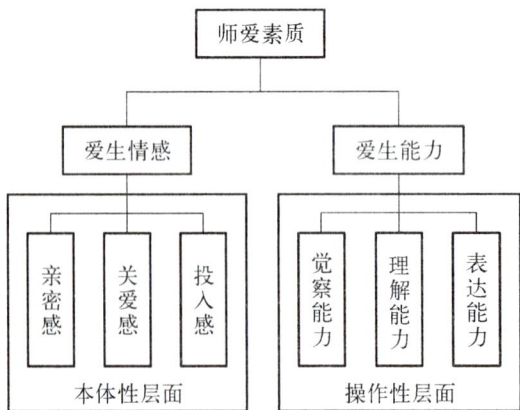

图 5-1 师爱素质结构的理论构想模型

总之,结合上面的论述,我们认为教师师爱素质是教师在教育实践中形成发展并体现出来的乐于与学生交往、真诚关心爱护学生、积极为学生发展投入的情感心理特征,包括本体性层面和操作性两个层面,本体性层面主要包括亲密感、关爱感和投入感,而操作性层面则体现在情绪觉察、情绪理解和情绪表达三个方面(见图 5-1)。

二、师爱素质结构的实证验证

上述理论模型是否能得到实证数据的支持呢? 本研究严格按照心理测量学程序和要求实证验证师爱素质的结构,即在师爱素质理论结构的基础上,结合个人访谈、开放式问卷和同类相关量表的题项形成师爱素质原始问卷,然后邀请专家进行评价，以形成师爱素质初始问卷，之后对问卷进行施测，并通过项目分析和探索性因素分析以形成师爱素质验证问卷，然后再进行验证性因素分析，以实证验证师爱素质结构。

1. 研究方法

(1) 研究对象。根据研究的阶段将研究对象分为三个部分。

第一阶段，为通过访谈、开放式问卷形成原始问卷阶段。利用教师培训班的机会访谈了 10 名中小学教师，男女各半。采用方便取样的方式在教师培训班发放开放式问卷 100 份，其中男性 37 人，女性 63 人；教龄在半年到 10 年间，学科涉及中小学各科。

第二阶段，为初始问卷的探索性因素分析阶段。此阶段在上海市 4 所小学、中学取样，共获得有效问卷 332 份，其中男性 50 人，女性 282 人，具体信息(见表 5 - 1)。

表 5 - 1　初始问卷探索性因素分析被试构成情况

变　量	变量含义	人　数	百分比(%)
性　别	男	50	15.1
	女	282	84.9
学　段	小学	106	31.9
	初中	124	37.3
	高中	102	30.7
教　龄	1 年内	36	10.8
	2—5 年	36	10.8
	6—10 年	38	11.4
	11—20 年	84	25.3
	21 年及以上	138	41.6
学　历	中师中专	2	0.6
	专科	28	8.4
	本科	270	81.3
	研究生	32	9.6
职　称	无职称	30	9.0
	初级职称	68	20.5
	中级职称	168	50.6
	高级职称	66	19.9

（续表）

变　量	变量含义	人　数	百分比（%）
任教科目	语数外	244	73.5
	理化生或科学	26	7.8
	政史地或社会	30	9.0
	音体美	18	5.4
	其他科目	14	4.2
是否班主任	一直担任班主任	122	18.4
	曾经担任班主任	140	21.1
	从未担任班主任	70	10.5
专业类型	师范生毕业	260	78.3
	非师范生毕业	72	21.7

　　第三阶段，为初始问卷的验证性因素分析及信效度检验阶段。此阶段在上海市和安徽省 4 所小学、中学取样，共获得有效问卷 394 份，其中男性 64 人，女性 330 人，其中随机选取 50 人进行两周后的重测（其中男性 21 人，女性 29 人），具体信息（见表 5 - 2）。

表 5 - 2　初始问卷验证性因素分析被试构成情况

变　　量	变　量　含　义	人　　数	百分比（%）
性　　别	男	64	16.2
	女	330	83.8
学　　段	小学	119	30.2
	初中	127	32.2
	高中	148	37.6
教　　龄	1 年内	45	11.4
	2—5 年	43	10.9
	6—10 年	41	10.4
	11—20 年	100	25.4
	21 年及以上	165	41.9
学　　历	中师中专	2	0.5
	专科	32	8.1
	本科	320	81.2
	研究生	40	10.2

（续表）

变　　量	变　量　含　义	人　　数	百分比（%）
职　　称	无职称	36	9.1
	初级职称	80	20.3
	中级职称	194	49.2
	高级职称	84	21.3
任教科目	语数外	281	71.3
	理化生或科学	33	8.4
	政史地或社会	39	9.9
	音体美	23	5.8
	其他科目	18	4.6
是否班主任	一直担任班主任	143	36.3
	曾经担任班主任	169	42.9
	从未担任班主任	82	20.8
专业类型	师范生毕业	309	78.4
	非师范生毕业	85	21.6

（2）研究工具。不同研究阶段运用不同问卷，分别是"师爱素质开放式问卷"、"师爱素质原始问卷"、"师爱素质初始问卷"、"师爱素质验证问卷"。

问卷一：自编的师爱素质开放式调查问卷，由两个开放式问题组成，依次是：基于您的理解，您认为什么是师爱素质？您觉得师爱素质包括哪几个方面？

问卷二：自编的师爱素质原始问卷，共有 55 个题项，其中爱生情感 27 题，爱生能力 28 题，问卷采用"完全不符合"、"基本不符合"、"有点不符合"、"有点符合"、"基本符合"和"完全符合"6 级计分。

问卷三：自编的师爱素质初始问卷，共有 44 个题项，其中爱生情感和爱生能力各 22 题，采用"完全不符合"、"基本不符合"、"有点不符合"、"有点符合"、"基本符合"和"完全符合"6 级计分。

问卷四：自编的师爱素质验证问卷，共有 27 个题项，其中爱生情感 13 题，爱生能力 14 题，采用"完全不符合"、"基本不符合"、"有点不符合"、"有点符合"、"基本符合"和"完全符合"6 级计分。

（3）研究程序。为使师爱素质问卷编制的过程更加科学和严谨，本着理论与实证结合的原则，设计了如下师爱素质问卷编制的具体程序（见图 5-2）。

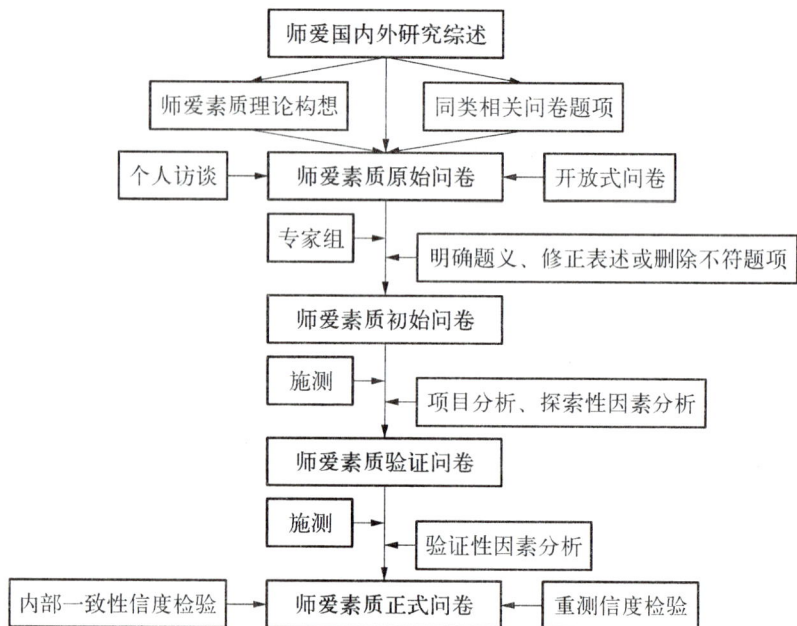

图 5-2　师爱素质问卷编制的程序

第一，在前几章文献研究的基础上，建构师爱素质的理论构想，并参考同类相关问题题目的基础上，结合个人访谈、开放式问卷等形成由 55 个题目构成的师爱素质原始问卷。

第二，邀请专家组（由 2 名副教授和 5 名博士构成）对师爱素质原始问卷进行评价，主要针对条目是否符合教师的实际、语句是否恰当等方面进行评价，合并同义题项，删除不适合中小学教师的题项，修改有歧义的题项，最终得到由 44 个题项构成的师爱素质初始问卷。

第三，采用师爱素质初始问卷对 332 名中小学教师进行调查，然后对收回数据进行项目分析、探索性因素分析，删除不符合心理测量学指标的题项，最终得到由 27 个题项构成的师爱素质验证问卷。

第四，采用师爱素质验证问卷对 395 名中小学教师进行调查，对收回数据进行验证性因素分析，以分析验证问卷的效度，以形成正式问卷；最后，结合两次调查的数据对正式问卷进行信度分析，主要分析内部一致性信度和重测信度。

师爱素质所有调查均由研究者或研究者的同事以及心理学研究生来主持，以保证问卷作答质量及回收率。所有数据均采用 SPSS19.0 和 LISREL8.70 进行分析与处理。

2. 研究结果

（1）师爱素质开放式问卷。师爱素质开放式问卷主要采用两个主观题的形式进行搜集，具体结果与分析描述如下：

问题1：基于您的理解，您认为什么是师爱？在这个问题上，大多数中小学教师认为师爱由师爱和素质两个部分构成：首先，师爱是教师对学生的爱，即体现了教师对学生的指向性的情绪情感；第二，素质可以看作一种能力，因此师爱素质更多是一种比较稳定的教师对学生的爱，即师爱的能力。

问题2：您认为师爱包括哪些方面？被调查中小学教师在这个问题上的回答非常丰富：教师对学生的爱作为一种指向性情绪情感，可以体现在很多方面，如教师在日常生活和学习中能去主动关心、关爱同学；师生之间的关系非常亲密融洽等；教师对学生的爱还表现在教学过程中能倾其所有，课后全身心投入备课等；教师对学生爱的能力则表现在能够在日常生活中主动观察学生，并了解其所需，并且能够理解学生学习中的困难和不良情绪；等等。

（2）师爱素质原始问卷。师爱素质原始问卷题项的来源主要有以下三个方面：一是同类问卷的有关条目。国内外暂时还未发现具有心理测量学的师爱素质问卷，更多是社会性调查，或从学生角度出发，编制了学生对师爱感知问卷，虽然不是直接相关，但这对于我们师爱素质原始问卷的编制也具有一定借鉴意义。为此，我们以胡锋训的班主任师爱现状调查问卷（胡锋训，2015）、崔霞丽编制的《聋生感受的师爱问卷》（崔霞丽，2014）以及高燕等有关大专护生对护理教师师爱感受问卷（高燕，2011）为问卷参考；二是个人访谈收集条目。通过对教师培训班10名中小学教师学员进行深入访谈，了解其对于师爱素质的理解，并了解其在与学生相处过程中的表现；三是开放式问卷调查的结果，前面已经论述。

将以上收集到的内容，进行整理和总结，形成由55个题项组成的师爱素质原始问卷，问卷采用自评式6点量表记分，让被试主观判断自己对题项的赞同程度选择"完全不符合"、"基本不符合"、"有点不符合"、"有点符合"、"基本符合"和"完全符合"，分别记1、2、3、4、5、6分，其中7个题项采用反向计分，得分越高表明师爱素质得分越高。

（3）师爱素质感初始问卷。主要经历了以下步骤：

第一，专家评定。将原始问卷以纸质或电子稿的方式征求专家建议，并对问卷的内容效度进行评价，主要从以下三个方面征求意见：① 题目是否表达了相应维度的内容？② 句子是否体现了中小学教师的工作特点？③ 句子是否符合中小学教师的阅读水平与阅读习惯？5 位专家对题目初稿进行了审核与修改，其中有些专家非常认真，逐字逐句地对题目进行校正，包括细微之处。在梳理、学习了专家的审核意见后，对问卷初稿进行修改，包括增删题目，完善题目的表述，最终形成由 44 个题项构成的师爱素质初始问卷。

第二，项目分析。项目分析最主要是对问卷条目的区分度进行分析，项目区分度是指测验项目对被试的心理特性的区分能力，其反映了测试项目对被试特质水平的鉴别力，是评价和筛选项目的主要指标，如果项目的区分度越高，那么表明问卷的质量越好。对项目进行分析主要有两种方法：第一是项目区分度指数法，第二是求临界比率（critical ratio，简称 CR 值）的方法。前一种方法考察项目分与总分的相关，相关系数越大越好，如果相关显著且相关系数大于 0.2，原则上可保留进行因素分析；一种是看临界比率，即按问卷总分把被试从高到低排序后，取得分高的 27% 作为高分组，取得分低的 27% 作为低分组，然后对每一个题项在高低分组上的差异进行 t 检验，差异显著者可进入因素分析行列。

为了更好评价和筛选题项，我们综合采用上述两种方式对师爱素质问卷的题项进行项目分析。在项目区分度指数法中，把相关系数低于 0.3 的题项删除，结果显示（见表 5-3），相关系数小于 0.3 的题目共 3 题，占比 6.8%，其中爱生情感 1 个题目，爱生能力 2 题；在临界比率（CR）中首先按总分从高到低排序，将得分高的 27% 设为高分组，将得分低的 27% 作为低分组，然后对两组进行独立样本 t 检验，结果显示高低两组的差异达到显著性水平（$p<0.001$），表明师爱素质初始问卷具有良好的临界比率。

表 5-3　师爱素质初始问卷题项的鉴别力分布表

鉴 别 力	D<0.3	0.3≤D<0.4	D≥0.4
项目数(%)	6.8%	46.4%	46.8%

第三，探索性因素分析。两个分问卷的探索性因素均按照如下的过程进行：

首先，第一次运行时除默认选项外，勾选 KMO 和巴特莱球形检验（KMO and Bartllet's test of sphericity）、碎石图（Scree plot）、方差极大旋转（Varimax）、按因素大小载荷值排序（Sorted by size）、小于 0.3 的载荷值不予显示（Suppress absolute values less than）几个选项框。此时因素分析按特征根大于1输出结果。

　　第二,考察 KMO 和巴特莱球形检验结果,看是否适合探索性因素。KMO 作为抽样适当性参数,用于检验题目间的偏相关性,取值在 0 至 1 之间。KMO 的值越接近 1,题目间的偏相关性越强,因子分析的效果越好。一般认为,KMO 在 0.7 以上,效果比较好;而如果 KMO 在 0.5 以下,则不适合做因素分析。球形检验用于检查题间是否存在相关,如果题间彼此完全独立,则无法应用因素分析。一般认为,球形检验的卡方值显著的,就可以进行因素分析。然后考察碎石图、所抽取的因子个数、因子旋转后的结果,决定下次运行时抽取几个因子。

　　第三,把因子抽取个数改为勾选指定,并填入相应数字,进行新的运行。运行后根据如下标准剔除题目:因子负荷值小于 0.3 的;题目在两个及两个以上的因子上有负载,且负载之差的绝对值小于 0.3;因子所包含的题目数只有两个或一个,把这个因子所包括的题目都删掉,并调整因子抽取个数;某一题的题义与该因子其他题的题义明显不符合;共同度特别低的题目。在剔除题目时,如果符合剔除条件的题目不止一个,则先剔除最不符合条件的题目。如此反复运行,直至生成符合测量学要求的因子模型。在第一次得到符合测量学要求的模型后,再作一些尝试,看是否有其他符合要求的模型,并将几个模型加以比较,最后确定选用的模型(王俊山,2011)。

　　关于爱生情感的探索性因素分析。首先,考察 KMO 值是否适合进行因素分析,当 KMO 值大于 0.7 时即可进行因素分析。结果显示,抽样适当性参数(Kaiser-Meyer-Olkin Measure of Sampling Adequacy)为 0.912,球形检验的卡方值为 1 114.627,达到极其显著水平($p < 0.000 1$)。结果显示,爱生情感分问卷非常适合进行因素分析。初次运行时,按特征根大于 1 抽取因子,共抽取 4 个因子,累积解释率为 55.697%。根据因素分析理论和以往删除项目的标准(项目因素负荷小于 0.40,共同度小于 0.20)(汪海彬,等,2013,2015),研究采用上述标准对爱生情感初始分问卷进行项目取舍,然后进行主成分因素分析(principal-components analysis,PCA)和正交极大方差旋转法(Varimax)分析,求出最终的因素负荷矩阵(见表 5 - 4)、各因子特征值和贡献率(见表 5 - 5)和特征图形的陡阶检验(screen test)(见图 5 - 3),最终得到 3 因子模型,由 13 个题项构成,累积解释率为 66.357%。其中,因子 1(包括 5 个题目)考察的是中小学教师对学生关爱的情感,因此命名为关爱感;因子 2(包括 4 个题目)考察的是中小学教师与学生之间关系的亲密,因此命名为亲密感;因子 3(包括 4 个题目)考察的是中小学教师在对学生教学等的投入的情感,因此命名为投入感。

表 5-4　爱生情感分问卷的因素负荷矩阵

项　目	因 子 1	因 子 2	因 子 3
a35	0.774		
a23	0.763		
a29	0.697		
a17	0.619		
a14	0.599		
a16		0.778	
a34		0.766	
a1		0.739	
a13		0.646	
a9			0.886
a42			0.625
a36			0.732
a18			0.494

表 5-5　爱生情感分问卷各因素特征值及贡献率

因　　素	特 征 值	贡 献 率	累积贡献率%
1	6.505	50.041	50.041
2	1.116	8.585	58.625
3	1.005	7.731	66.357

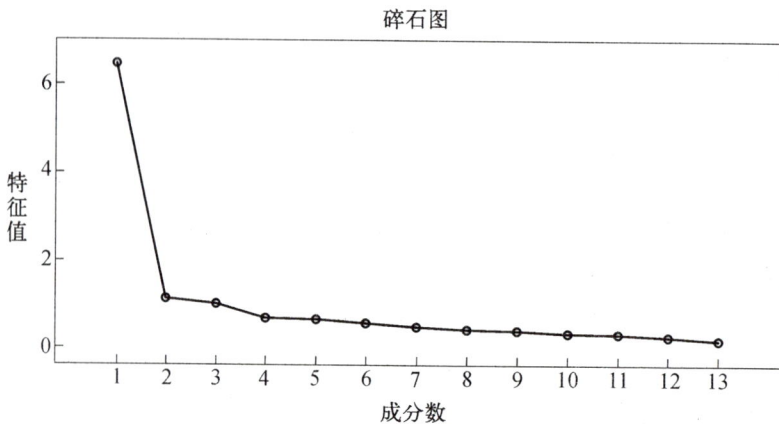

图 5-3　爱生情感分问卷陡阶检验碎石图

　　关于爱生能力的探索性因素分析。结果显示,抽样适当性参数(Kaiser-Meyer-Olkin Measure of Sampling Adequacy)为 0.918,球形检验的卡方值为 1 529.970,达到极其显著水平($p<0.000\,1$)。结果显示,爱生能力分问卷非常适合进行因素分析。初次运行时,按特征根大于 1 抽取因子,共抽取 5 个因子,累积解释率为 57.262%。根据因素分析理论和以往删除项目的标准(汪海彬,等,2013,2015),进行主成分因素分析(principal-components analysis,PCA)和正交极大方差旋转法(Varimax)分析,求出最终的因素负荷矩阵(见表 5-6)、各因子特征值和贡献率(见表 5-7)和特征图形的陡阶检验(screen test)(见图 5-4),最终得到 3 因子模型,由 14 个题项构成,累积解释率为 69.595%。其中,因子 1(包括 5 个题目)考察的是中小学教师对学生敏锐的观察能力,因此命名为觉察能力;因子 2(包括 5 个题目)考察的是中小学教师对学生的理解能力,因此命名理解能力;因子 3(包括 4 个题目)考察的是中小学教师情绪在学生面前的表达,因此命名为表达能力。

表 5-6　爱生能力分问卷的因素负荷矩阵

项　　目	因　子　1	因　子　2	因　子　3
a37	0.868		
a31	0.844		
a43	0.822		
a10	0.805		
a25	0.782		
a20		0.753	
a11		0.749	
a44		0.720	
a32		0.701	
a38		0.603	
a22			0.669
a33			0.535
a39			0.543
a21			0.514

表 5-7　爱生能力分问卷各因素特征值及贡献率

因　　素	特　征　值	贡　献　率	累积贡献率%
1	6.657	54.689	54.689
2	2.111	7.979	62.669
3	1.101	6.936	69.595

碎石图

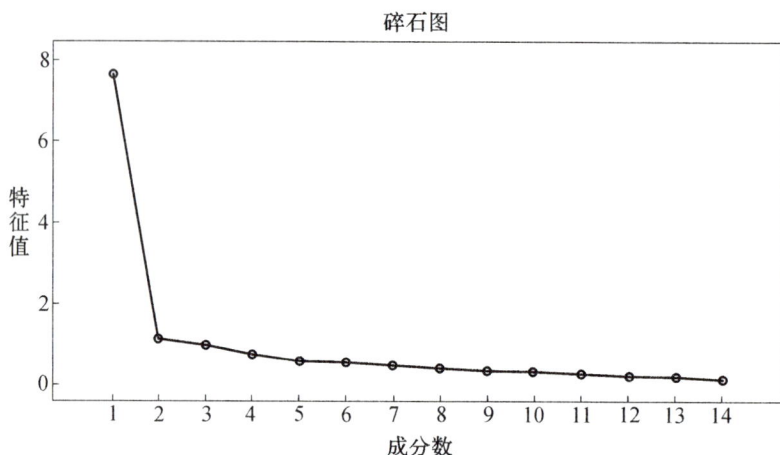

图 5 - 4 爱生能力分问卷陡阶检验碎石图

（4）师爱素质验证问卷。问卷验证性因素分析时候，在分析、评价模型的适配度时，一般考虑以下指标：首先，是 χ^2（chi-square）检验，一般用 χ^2/df 作为替代性检验指数。其理论期望值为 1，χ^2/df 的值愈接近 1，表示样本协方差矩阵 S 和估计协方差矩阵 E 的相似性程度愈高，但是 χ^2 的值对样本容量大小非常敏感。实际研究中，χ^2/df 接近于 2，即可认为模型的拟合度比较好。一般公认的模型与数据的拟合标准为（χ^2/df）<5；第二，拟合指数。常用的有"拟合优度指数"GFI（Goodness of fit index）、"调整拟合优度指数"AGFI（Adjusted goodness of fit index）、"常规拟合指数"NFI（Normed fit index）、"比较拟合指标近似均方根误差"CFI（Comparative fit index）、"差别拟合指数"IFI（Incremental fit index）、"近似误差均方根"RMSEA（Root mean square error of approximation）、"标准化残差均方根"SRMR（Standardized root mean square residual）。这几个拟合指数一般在 $0-1$ 之间，除了 RMSEA、SRMR 是越小越好外。一般认为，RMSEA、SRMR 处于 $0.05-0.08$ 之间被认为是比较好的吻合，$0.08-0.10$ 之间则被认为处于吻合边缘（marginal fit）。其他指数越接近 1 越好，越接近 1 表明理论模型能够很好解释原始数据之间的关系，模型拟合度好。依据经验，GFI 在 0.85 以上，AGFI 在 0.80 以上，即可认为理论模型与数据的拟合程度达到统计学要求。$RMSEA$ 的值小于 0.05 表示模型拟合得很好，在 0.08 以下的拟合结果也可以接受。

为了考察师爱素质验证问卷的结构效度，采用 LISREL8.80 对问卷分别进行了验证性因素分析，在模型检验时，初始模型均为探索性因素分析所形成的结果模型。在分析过程中,如果拟合指数不理想,则根据修正指数对模型进行调整,从而提升模型的拟合效果。

第一,爱生情感的验证性因素分析。经过运行发现,爱生情感分问卷的拟合达到要求,χ^2/df 小于 5,$RMSEA$ 小于 0.10,$NNFI$、CFI、GFI、$AGFI$ 等各项拟合度指标均大于 0.90,显示了较好的拟合效果,说明爱生情感分问卷的三因子模型是可以接受的。具体的拟合指标详见表 5-8。因子的标准化系数、各观测量的误差方差详见所构建的模型图(见图 5-5)。

表 5-8　爱生情感分问卷假设模型的拟合度指标

χ^2	df	χ^2/df	$RMSEA$	$NNFI$	CFI	GFI	$AGFI$
168.99	62	2.73	0.08	0.95	0.96	0.90	0.90

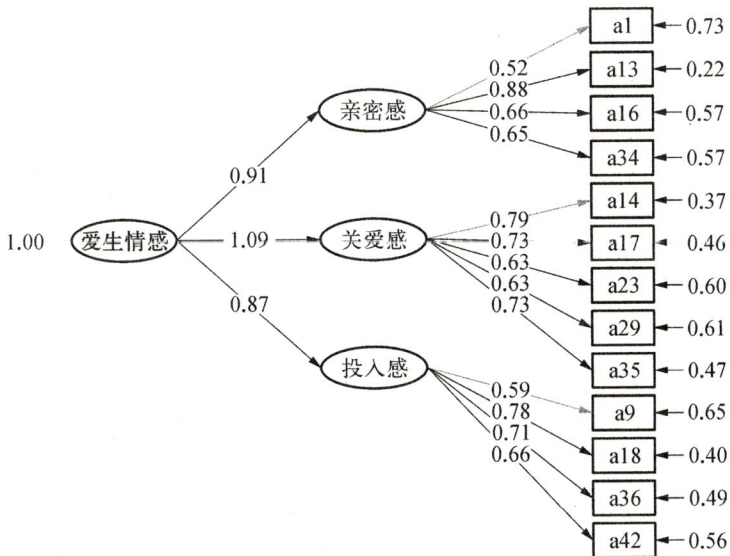

图 5-5　爱生情感验证性因素分析模型图

第二,爱生能力的验证性因素分析。经过运行发现,爱生能力分问卷的拟合达到要求,χ^2/df 小于 5,$RMSEA$ 等于 0.10,$NNFI$、CFI、GFI、$AGFI$ 等各项拟合度指标均大于或等于 0.90,显示了较好的拟合效果,说明爱生能力分问卷的三因子模型是可以接受的。具体的拟合指标详见表 5-9。因子的标准化系数、各观测量的误差方差详见所构建的模型图(见图 5-6)。

表 5 - 9　爱生能力分问卷假设模型的拟合度指标

χ^2	df	χ^2/df	RMSEA	NNFI	CFI	GFI	AGFI
265.59	74	3.58	0.10	0.94	0.95	0.90	0.90

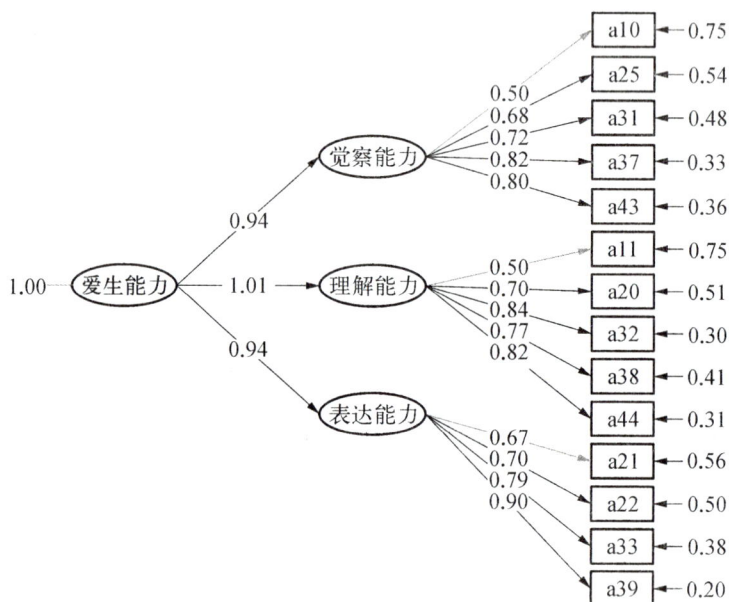

图 5 - 6　爱生能力验证性因素分析模型图

　　第三,师爱素质的验证性因素分析。为了考察中小学教师的爱生情感和爱生能力两个因子之上是否还存在一个高阶因子——中小学教师的师爱素质,运用项目分组法进行了验证性因素分析。依据以往的做法(王俊山,2011),以 6 子因子为计算对象,用总分除以题目数,计算出每一种子因子的平均分,然后以 6 个子因子的平均分作为观测值,以爱生情感和师爱素质为潜变量,以师爱素质作为一个高阶因子运行模型。经过运行发现,师爱素质问卷的拟合基本达到要求(见表 5 - 10 和图 5 - 7),表明本研究编制的师爱素质问卷的结构良好,符合心理测量学的要求。

表 5 - 10　师爱素质分问卷假设模型的拟合度指标

χ^2	df	χ^2/df	RMSEA	NNFI	CFI	GFI	AGFI
31.13	8	3.89	0.13	0.97	0.98	0.94	0.91

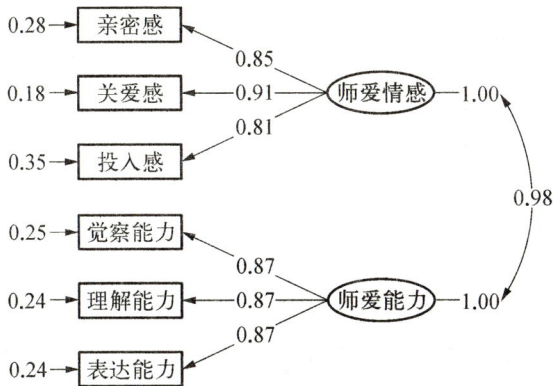

图 5-7 师爱素质验证性因素分析模型图

（5）师爱素质正式问卷。

第一，师爱素质问卷的区分效度。问卷因素分析结束后，一是计算项目与项目之间的相关，从而得到问卷的内部一致性程度（internal consistency），考察了题目是否指向同一事物——情感素质或其各分维度。但整个问卷由 2 个分问卷组成，分别指向师爱素质的不同方面，为了考察 2 个分问卷测量的是否为中小学师爱素质的不同侧面，需要进行区分效度（discriminant validity）的分析。如果每个问卷的维度之间相关中等，但与问卷总分相关较高，则可认为具有较好的区分效度（王俊山，2011）。在爱生情感方面，结果显示（见表 5-11），爱生情感下属三个因子之间的相关系数在 0.656-0.779 之间，属于呈中等程度相关，但三因子与爱生情感分问卷总分的相关均在 0.89 以上，这表明爱生情感分问卷具有良好的区分效度；在爱生能力方面，结果显示（见表 5-12），爱生能力下属三个因子之间的相关系数在 0.736—0.788 之间，属于呈中等程度相关，但三因子与爱生能力分问卷总分的相关均在 0.891 及以上，这表明爱生能力分问卷具有良好的区分效度；在师爱素质方面，结果显示（见表 5-13），师爱素质下属两个因子之间的相关系数为 0.874，而这两个因子与师爱素质问卷总分的相关均在 0.95 以上，这表明师爱素质问卷具有良好的区分效度。

表 5-11 爱生情感下属三个因子与爱生情感分问卷之间的相关（r）

	亲 密 感	关 爱 感	投 入 感
亲 密 感	——		
关 爱 感	0.753	——	
投 入 感	0.656	0.779	——
爱生情感	0.892	0.924	0.899

表 5-12　爱生能力下属三个因子与爱生能力分问卷之间的相关(r)

	觉 察 能 力	理 解 能 力	表 达 能 力
觉察能力	——		
理解能力	0.788	——	
表达能力	0.736	0.749	——
爱生能力	0.923	0.931	0.891

表 5-13　师爱素质下属两个维度与师爱素质总问卷之间的相关(r)

	爱 生 情 感	爱 生 能 力
爱生情感	——	
爱生能力	0.874	——
师爱素质	0.967	0.969

第二,师爱素质问卷的内部一致性信度。由表 5-14 可知,爱生情感和爱生能力分问卷的内部一致性系数为 0.911 和 0.924,师爱素质总问卷的内部一致性系数达 0.956。问卷 6 个下属因子的内部一致性系数在 0.764—0.857 之间,这表明中小学教师师爱素质问卷及两个分问卷均具有良好的内部一致性信度,其作为师爱素质的调查工具是稳定可信的。

表 5-14　师爱素质问卷的内部一致性分析结果

总 问 卷	分 问 卷	题 目 数	内部一致性系数
爱生情感	亲密感	4	0.774
	关爱感	5	0.829
	投入感	4	0.764
	爱生情感分问卷	13	0.911
爱生能力	觉察能力	5	0.823
	理解能力	5	0.830
	表达能力	4	0.857
	爱生能力分问卷	14	0.924
师爱素质		27	0.956

第三,师爱素质问卷的重测信度。信度即测量问卷在不同对象间测量时或在不同时间对同一对象测量时所得结果的相似程度。信度除了用系数或内部一致性来标识外,还常用重测信度即稳定性系数来标识。为了考察中小学教师师爱素质问卷的稳定性系数,研究者对问卷进行了重测,重测的间隔时间为两周,最后根据匹配的有效数据,计算总问卷及各分问卷前后两次测量结果的相关,各分问卷稳定性系数在 0.601—0.753 之间,总问卷达到 0.803,均达到十分显著的相关程度(见表 5 - 15)。

表 5 - 15　师爱素质问卷的重测信度

总　问　卷	分　问　卷	内部一致性系数
爱生情感	亲密感	0.733
	关爱感	0.768
	投入感	0.601
	爱生情感分问卷	0.745
爱生能力	觉察能力	0.762
	理解能力	0.758
	表达能力	0.712
	爱生能力分问卷	0.753
爱生素质		0.803

3. 讨论与结论

(1) 师爱素质问卷的结构与维度。要编制具有心理测量学标准的中小学教师师爱素质问卷,就必须坚持理论与实践相结合的原则,明确问卷的结构。为此,问卷编制过程中采用自上而下和自下而上相结合的方式进行建构。所谓自上而下指的是在系统梳理和分析已有师爱相关文献的基础上,结合教师职业特点,明确界定中小学教师师爱素质的概念的内涵和结构;所谓自下而上指的是以教师职业活动的需要为导向,通过开放式调查、个案、访谈等方法搜集行为样例,为设计师爱素质原始题项提供材料。与此同时,问卷编制过程中还应严格要求问卷编制的科学程序:如邀请专家对问卷进行评定修正,最后形成初始问卷。在初始问卷的基础上进行施测,通过项目分析和探索性因素分析删除不符合要求的题项,然后再施测进行验证性因素分析,以验证问卷的结构效度等。本研究严格依据心理学问卷编制的标准开展:采用自上而下和自下而上相结合的方式构建了师爱素质两大因子(即爱生情感和爱生能力),在参考同类相关问题题目的基础上,结合个人访谈、开放式问卷等形成由 55 个题目构成的师爱素质原始问卷;紧接着邀请专家组对师爱素质原始问卷进行评价,主要针对条目是否符合教师的实际、语句是否恰当等方面进行评价,合并同义题项,删除不适合中小学教师的题项,修改有歧义的题项,最终得到由 44 个题项构成的师爱素质初始问卷;紧接着对 332 名中小学教师进行调查并进行项目分析和探索性因素分析,删除不符合心理测量学指标的题项,得到由 27 个题项构成的师爱素质验证问卷,然后再对 395 名中小学教师进行施测并进行验证性因素分析,最终构建了 2 层次 6 个具体因子的师爱素质结构:师爱素质包括爱生情感和爱生能力两大方面,其中爱生情感又包括亲密感、关爱感和投入感,而爱生能力包括觉察能力、理解能力和表达能力,此模型也得到验证性因素分析的验证。总之,师爱素质结构和维度的确定遵循理论和实证相结合的原则,并严格遵从心理测量学要求和程序,由此得出的师爱素质结构是科学的。

(2) 师爱素质问卷的信度与效度。在信度方面,研究主要考察了总问卷及分问卷的内部一致性信度和重测信度。

首先,在内部一致性信度方面。结果发现,爱生情感和爱生能力分问卷的内部一致性系数为 0.911 和 0.924,师爱素质总问卷的内部一致性系数达 0.956。在 6 个下属因子的内部一致性系数在 0.764—0.857 之间,这表明中小学教师师爱素质问卷及两个分问卷均具有良好的内部一致性信度,其作为师爱素质的调查工具是稳定可信的。

第二,在重测信度方面。重测信度是考察问卷稳定性系数的重要指标,一般相隔 2—4 周左右,一般而言,重测系数在 0.6 左右均是比较好的情况。本研究采用两周后的重测。结果发现,各分问卷稳定性系数在 0.601—0.753 之间,总问卷达到 0.803,均达到十分显著的相关程度,这表明中小学教师师爱素质问卷具有良好的重测信度。

在效度检验方面,研究从内容效度、结构效度与区分效度三个方面进行了考察。

首先,在内容效度方面,问卷编制从最初对中小学教师师爱素质的开放式问卷开始,到之后的专家评定、项目分析、因素分析等各个环节均采用理论与实践相结合、自上而下的理论构建和自下而上的一线群体资料搜集相结合,问卷所要调查的内容与理论构想是相吻合的,测得研究者所要测的教师师爱素质。可见,问卷具有良好的内容效度。

第二，在结构效度方面，我们采用探索性因素分析和验证性因素分析相结合的方式展开，并依据交叉验证(cross-validity)的法则，我们对两次因素分析分别取样。验证性因素分析结果发现，两个分问卷的结构及整个问卷的二阶结构在诸如近似误差方根(RMSEA)、模型的拟合优度指数(GFI)、修正拟合优度指数(AGFI)、相对拟合指数(CFI)等拟合指标上都达到了可以接受的统计学标准。这表明数据与理论模型拟合较好，总问卷和分问卷具有较好的结构效度。

第三，在区分效度上，我们通过计算分问卷与总问卷、下属因子与分问卷的相关来考察问卷内部题目在测量所测内容上的有效性、独立性和针对性。结果发现，分问卷之间、下属因子之间的相关处于中等程度相关，而分问卷与总问卷、下属因子与分问卷之间则呈现高相关，这表明整个问卷具有良好的区分效度。

总之，本部分研究得到的结论是：

师爱素质的 2 层次 6 因子模型得到实证验证。具体而言，师爱素质包括爱生情感和爱生能力两大方面，其中爱生情感又包括亲密感、关爱感和投入感，而爱生能力包括觉察能力、理解能力和表达能力。

自编的《师爱素质调查问卷》由 27 个题目组成，具有较好的信度和效度，该问卷符合心理测量学标准，可以作为调查或评估师爱素质的有效工具。

第二节 本体性师爱素质：爱生情感

从情感属性和本体性层次而言，师爱素质表现为教师在其专业工作——教育教学实践中所形成、发展并体验的情感，也就是师爱素质结构中爱生情感维度，包括亲密感、关爱感和投入感三种情感。以下分别对这三种本体性师爱素质——爱生情感进行具体描述。

一、亲密感

1. 亲密感的概念界定

从词源上而言，亲密感来自拉丁文 intimus，意思为内心的、秘密的、根本的、固有的、基本的、本质的、最具有私人性质的。另外，依据《牛津高阶英汉双解词典》，"亲密"的英文单词为"intimacy"和"intimate"，起源于拉丁文 intimus(内心深处的)和 intimare(使内心被获悉)——在社会科学家看来这些是很晦涩的术语。它们可以是情感、是言语和非言语交流过程、是行为、是空间排序、是个性特质、是性行为和是一种长期关系(Shaver,1988)。国外大多数理论家和研究者都认为,亲密感是人际关系的一个重要方面。

国内外研究者尽管在亲密感的概念界定上意见不完全一致,但在亲密感所具有的情感属性这一点上具有更多的共识。按照阿伦(Aron)等的定义来说,亲密感是自我与他人相互联系,类似于研究者所谓的亲密关系(Aron et al,1992)。研究者强调,亲密关系是感觉内心的自己被相信,被理解,被在乎的过程。从现有亲密关系的文献来看,在亲密关系的定义中通常普遍强调"愿与他人分享自己内心最深处的想法"。贝尔伊德(Berscheid,1989)等人强调从行为层面来定义亲密关系——就是在一起的时间,一起进行的活动和共同互相的影响。但 Aron等人(1992)发现大量的亲密感测量中,其实无非就是两个维度,表现得亲密和感觉到亲密。正如谢尔曼和锡伦(Sherman & Thelen,1996)所指出的,亲密包括亲密情感与身体行为(如眼神交流、微笑、身体亲近、性行为等),即包括情感与行为两个维度,而亲密行为实际上是一种亲密情感的流露,即真正的亲密首先体现在情感维度。并且,亲密感和亲密行为作为潜变量,在协方差潜变量模型中,这两个因素之间存在显著相关。在后来的研究中,汤姆林森和阿伦(Tomlinson & Aron,2013)将亲密感明确定义为一个人在自我概念中囊括另一个人的资源、身份和观念的过程或者"我中有他"。使用多种方法的研究表明,人们加工亲密他人的信息就像加工自己的信息一样,自我心理表征包括了亲密他人的"认知元素"。张文新(2002)认为,亲密感就是彼此能够坦然地显露真实的自我、真实的想法和真实的感觉。他认为亲密感具有以下三个特征:首先,关心对方的身体健康状况;其次,自愿向对方敞开心扉、吐露有关自己的一些隐私和敏感性话题,即意识到自己的感受并与朋友分享这些感受、完全地袒露自己的软弱而不怕被拒绝;再次,有共同的兴趣爱好、共同的活动。卢家楣(2009)则径直从情感视角定义亲密感,认为它是一种能与他人交流内心体验的情感。

纵观亲密感的概念界定,我们可以看出,国内研究者和国外研究者有共通之处,都认为:① 缘由:人际亲密感是在自我表露的过程中发展而来的;② 信息加工:人际亲密感产生以后,在自我概念中囊括亲密他人的信息,也就是说,加工自己的信息就像加工亲密他人的信息一样。基于此,我们认为教师亲密感是教师爱生情感的重要组成部分,指的是教师乐于与学生交往的情感,体现为接纳信任学生、喜欢与学生一起互动、愿意与学生分享交流等方面。

2. 亲密感的相关研究

心理学研究中对亲密感，尤其是为青少年的亲密感提供了大量的理论证据，包括埃里克森的亲密感和沙利文的青少年人际发展理论，一些研究还对师生之间的亲密关系开展了研究。

首先，埃里克森的亲密感研究。新精神分析主义者埃里克森(Erikson)建立了人格发展的八阶段理论，认为青少年期面临的发展任务之一为，发展亲密感、克服孤独感。这一阶段的主要任务是形成亲密的友谊关系，与他人建立恋爱或伴侣关系。认为青少年个体的重要他人有亲密朋友(同性或异性)、爱人或配偶，若未建立亲密关系会使个体感到孤独或孤立。埃里克森认为，个体的生理成熟、对他人的责任、开放性、尊重与承诺决定了亲密状态，同时认为，同一性危机的顺利解决是解决亲密对孤独危机以及体验亲密感的前提条件。继埃里克森之后，一些研究者对这一理论进行了深入的调查分析，并将其予以扩展、修订。其中奥洛夫斯基等(Orlofsky，1973)对亲密感状态与社会适应、心理健康水平的关系进行了研究，发现具有最高亲密感状态的个体具有积极的自我意识、对他人真诚、具有较高的亲密关系满意度，即意味着有良好的社会适应；低亲密感状态的个体表现为假性亲密、猜疑、羞怯、孤立、焦虑。

第二，沙利文(Sullivan)的青少年人际发展理论。精神分析社会文化学派代表人物沙利文(1953)认为，处于不同发展阶段的个体有不同的人际交往需求，儿童期是真正的人际关系的开始，开始形成平等、成熟、互惠互利的关系，开始有了爱的能力，有了理解他人，同情他人的品质，他们在他人眼里发现自己，最害怕孤独无助，即有从同性同伴中获得亲密的需求。沙利文认为，个体在人格发展阶段中主要的重要他人，除 3 岁前为父母、青年后期为复杂的社会群体之外，儿童期到青少年期的 20 年间重要他人为同伴与异性亲密朋友。

第三，在师生亲密关系研究方面，凯利与格尔海姆(Kelley & Göllheim，1988)采用实验法检验教师非言语亲切性对学生学习的影响。该研究以教师与学生的接近度和目光接触为自变量，以学生对学习内容的回忆为因变量。实验结果表明，教师非言语亲切性对学生短时记忆的效果有显著影响。目光接触与身体的接近度可以解释 19％的学生回忆量方面的差异。研究者认为教师亲切性能够提高学生的兴奋与注意水平，因此能提高对讲授内容的再现；另，考姆斯德克(Comstock，1995)等人采用所罗门四组实验，将 259 名大学生随机分为三组,检验亲切性在三种不同水平上对认知、情感、行为学习的影响。实验结果表明,教师亲切性与以记忆水平为指标的认知学习之间呈倒 U 形关系,即在适度的教师亲切性的情况下,学生对于学习内容回忆的效果好于教师亲切性过高或过低的情况。就情感学习而言,教师亲切性与学生听课的动机水平、对授课内容的态度、对教师的态度之间也呈倒 U 形关系。就行为学习而言,适度的教师亲切性的效果优于亲切性过高或过低的情况;而在两种极端的情况中,亲切性过高的情况要好于亲切性过低的情况。据此研究者得出结论:非言语亲切性与学生的认知、情感、行为学习之间是非线性关系。与许多其他研究不同的是,这项研究对非言语亲切性进行操纵,而不是以学生对教师非言语行为的印象为指标;行为学习以真实行为,而不是预期行为为指标;认知学习以实际认知收获,而不是对认知收获的主观判断为指标。

3. 亲密感的作用

青少年学生亲密感的获得对个体的心理发展起着至关重要的作用:与教师建立亲密关系满足青少年个体对归属感和爱的需要,在亲密关系中个体体会到被对方接纳、被关心、照顾、体贴、理解;其次,亲密关系能够满足青少年个体的自我价值感,有利于自我同一性的建构和性别的社会化,青少年对未来充满憧憬和幻想,关心自己是谁、过去怎么样、以后的发展方向如何,期待来自他人的肯定,而来自亲密朋友的肯定和欣赏作为自我认同的重要组成部分有利于促进个体的心理健康;最后,亲密感的缺失可能引起孤独、焦虑、抑郁、学业成绩下降、酗酒、疾病等不良反应,即对生理和心理健康有不良影响。(布尔梅斯特,1990)。

二、关爱感

1. 关爱感的概念界定

关爱是我国教育实践中的一个常见概念,国外普遍使用"teacher caring",一般翻译成"教师关爱"、"教师关怀"或"教师关心"。关爱被广泛认为是教学的中心(戈德斯坦和莱克,2000)。科尔(2012)认为教师有责任关心每一位学生,罗杰斯和韦伯(1991)认为无微不至的关爱、具体的关爱行为和优质的教学有着千丝万缕的联系。一般来说,教育者对关爱的研究始于吉利根(1983)和诺丁斯(1984)。贝恩斯等人(1991)将关爱定义为"精神上、情感上和体力上的投入与付出,包括照顾、回应和支持他人。"但也有学者认为,关爱并不是态度或人格特质,而是一种道德关系(戈德斯坦,1999;诺丁斯,1984)。诺丁斯(2002)认为一个真正的关爱关系取决于教师是否能够觉察和满足学生需求，并且这种关爱得到了学生的肯定。哈格里夫斯（1994），诺丁斯（1992）和埃尔巴兹（1992）认为此道德取向在理解有关关爱决策时的道德基础方面有重要作用。

关爱不仅包括建立有意义的关系，而且还要有维持关系的能力以及对他人做出反应的灵敏度。一旦将关爱实践在课堂教学之中，关爱就表现为鼓励对话、对学生需求和兴趣敏感以及提供丰富、有意义材料和活动的保障（罗杰斯，韦伯，1991）。因此，关爱以鼓励交流和对学生的需要和才能敏感的形式呈现（吉朗苟，海德，2006）。马里基纳（2014）提出，关爱是一个很复杂的实践，涉及思想和情感、行动和接受、推理和移情。一些研究者探讨了教师关爱的构成成分。梅洛夫（1971）认为关爱需要八个成分：了解被关爱者、耐心、诚实、信任、谦卑、希望、勇气和节奏交替。梅洛夫是强调了解应该作为关怀首要成分这一观点的少数理论家之一。他认为："关爱……包括外显和内隐的了解，知其然知其所以然，直接和间接地了解，这些都是以不同的方式来帮助他人成长。"孙炳海和申继亮（2008）提出"教学关爱"的概念，认为它是教师职业美德的主要成分，它既是一种关系，又是一种行动过程。具体地说，教师教学关爱是指教师通过共情、关注、可依性、尊重、肯定等行为，在与学生互动过程中与学生建立并维持信任的、支持的关系。

综上，尽管研究者对于关爱的界定不同，但大体涉及思想和情感、行动和接受、推理和移情等方面。为此，我们将关爱感界定为教师乐于真诚关心爱护学生的情感，体现为关心并期待学生发展、尊重并爱护学生、原谅学生等方面。

2. 关爱感的相关研究

关爱是发展心理学、管理心理学中研究的重要主题。王燕和张雷（2007）运用问卷法研究发现，与西方研究者所使用的单维度关爱结构不同，中国父母的关爱行为具有多维度结构，除了情感关爱之外，物质关爱（包括行为关爱和饮食关爱两种）也作为独立的维度单独存在。数据分析显示，中国父母在情感关爱和饮食关爱上有较高的水平表现，小学生父母在情感、物质层面上的关爱表现水平要高于中学生父母，父母的情感关爱表现水平与其受教育程度之间存在着正向关联。李超平等（2014）对组织中的关爱进行了系统的综述。在组织行为学中，关爱分为个体关爱和组织关爱两个层面。卡诺（Kanov）等人最早提出来个体关爱包括 3 个过程，即注意、感受、回应。随后，阿特金森（Atkins）和帕克（Parker）又对该过程进行了进一步的完善，在共情感受之前增加了评估这一过程，构建了一个更为完整的模型。组织中的关爱有着与个体关爱类似的 3 个过程，但与个体关爱过程不同的是,组织关爱的过程是以一种集体化的方式运作,并且涉及 3 个关键因素:合法化、传播和协作。组织主要以两种方式来促进关爱:第一种是间接地进行,组织创造条件以使自发性的关爱过程更容易发生;第二种是明确地进行,组织通过一些制度和措施来使关爱变得程序化。该研究认为,思考和研究到底什么样的环境可以培养和促进组织关爱是非常重要的,因为组织的日常生活,以及生产力和效率的压力往往会减少组织成员注意到痛苦的可能性,或者缺乏时间和资源去应对痛苦。

教育心理学中,关爱问题也受到研究者的关注(详见第二章)。关爱与教师教学及课堂管理决策有关,存在于并展现在课堂内外教师-学生互动的更广泛的社会背景。关爱可以有很多种理解方式:关爱是承诺,是相互关系,是身体上的关心,情感上的表达(例如给一个拥抱),是教养,是母爱(沃格特,2002),等等。然而,卡茨(1980)主张关爱与母爱是有所不同的,他对于关爱和母爱区别的分析是探索、建立和阐明关爱与母爱关系的一个有意义的开始。卡茨进一步明确提出七个不同维度上的教师关爱和母亲关爱的区别——即师爱和母爱的区别:职能范围、影响强度、自发性、对象、偏爱、理性和依恋。

3. 关爱感的作用

研究者非常重视关爱感的作用和意义,研究者认为教师关爱是学生学习的"发动机"和健全人格的"保护伞"。在过去的二十年里,关于师生情感关系对于学生学校适应性的重要性的研究有所增加,师生关系质量与学生的社会功能、行为问题、学习活动参与度以及学业成就之间相关显著。研究者认为,关爱是教师决策的基础(诺丁斯,1992b),能引发学生乐观进取的心理倾向(诺丁斯,2007;班杜拉,1997),能促进学生学业认同与投入(力拓,1987)。教师关爱学生同样也让教师本身受益,研究表明,关爱对教师的幸福感至关重要(尼尔森等,2015),影响教师的动力和工作认同(克拉森等,2009),减少离职行为的发生(奥康纳,2008b;哈格里夫斯,1994b)。

三、投入感

1. 投入感的概念界定

"投入"(engagement)一词首先出现于工商业界,由美国盖洛普公司率先使用,并开发了盖洛普工作场所调查量表以测量公司员工的工作状态。之后,"投入"这一概念才被学术界所关注。在日常生活中,投入意味着参与、承诺、激情、热情、专注、努力和精力充沛。例如韦氏词典将投入定义为：情感卷入或承诺，而且就像"齿轮的运转一样环环相扣、生生不息"。当前对于工作投入感的概念主要有以下三种取向：首先，以工作角色为参照系的观点。卡恩(Kahn,1990)首先提出个人投入(personal engagement)的概念，并认为个人投入是指将自我与组织内的工作角色相结合，投入自我力量并体验到与工作有关的情感经历的状态；第二，个体特质和状态相结合的观点。克里斯蒂安(Christian et al.,2011)等认为工作投入感应该指个体在应对工作任务时的一系列心理活动，而不是个体对组织或职业的态度；第三，与职业倦怠相关的观点。马斯拉奇等(Maslach et al.,1997)认为，与职业倦怠者相反，具有工作投入感的个体建立了自身与工作的良好联结，认为工作是令人精力充沛和高效的，而不是充满压力和巨大挑战的，愿意投入到工作中是一种对工作感到幸福或知足的积极状态。相应地，投入感以精力充沛、卷入和效能为特征，与职业倦怠的三个维度直接对立(李敏,2015)。

综上界定，我们认为投入感指的是教师乐于为学生发展而积极投入的情感，体现为解决学生困难、为学生投入时间精力、提供实际支持等方面。

2. 投入感的相关研究

在投入感的相关研究方面，研究者主要开展了教师投入感的现状调查及影响因素研究。首先，在现状调查方面，周英(2009)对南昌市教师的研究显示，教师的工作投入感总体水平一般；郭雯(2011)对河北省某县教师的研究显示，教师的工作投入感水平总体状况较好，尤其专注程度最好；张丽芳(2008)对山西省中学教师的研究显示，教师的工作投入感水平略高于中等水平；高可清(2011)认为浙江省普通高校体育教师工作投入感总体处于中等水平，其中活力最高，专注最低；在性别和职业生涯发展阶段上存在显著性差异。第二，在影响因素方面，周英(2009)认为教师的目的价值观和成就动机水平与工作投入感及其各个维度之间存在显著正相关关系，自我成长、尊严与自我实现、社会互动和追求成功的动机这四个维度对工作投入感的预测作用最为显著；汪哈(2004)的研究结果表明外倾性人格特征显著地影响教师的工作投入感、工作特征、组织承诺，外倾性人格特征是工作投入感的有效预测变量；周丽丽(2009)提出，组织氛围与工作投入感呈显著正相关关系，其中组织氛围中的人际氛围维度可以很好地预测教师工作投入感的情况；张丽芳(2009)认为中学教师的工作满意度、内外激励偏好与工作投入感存在显著正相关；郭雯(2010)探讨了教师信念对工作投入感的影响，发现教师信念，包括教师的课程与教学信念、学生管理信念、学生学习信念，对教师工作投入感的各个维度(活力、奉献、专注)都具有重要影响。因此,要提高教师的工作投入感需从教师信念的几个方面进行改革。李敏(2011)从自我决定论出发,认为中学教教师工作投入感与基本心理需求满足和自主支持感知呈正相关关系,且自主支持在基本心理需求满足和工作投入感之间起中介作用;周瑞玲(2012)认为传统价值观中的契约对工作投入感有正向预测作用(转引自李敏,2015)。

3. 投入感的作用

尽管国内外还没有教师投入感作用的直接研究,但工作投入感在对个体状态、绩效和家庭均存在着重要的作用。首先在个体状态方面,工作投入感高的个体工作表现相对更好。例如,工作投入感高的个体能够向顾客提供高品质的服务。他们在工作中较少犯错,较少的出现工伤或事故,在工作中更加富有创新精神等。工作投入感高的个体一般都具有积极的工作态度、健康的体魄、对生活充满幸福感、乐于表现出角色外行为等。与那些看起来工作投入感不高的个体相比,投入感高的个体对组织更加忠诚,缺勤率更低,不会产生离开组织的想法;其次,工作投入感高的个体拥有积极的情感体验,同时也拥有非常好的精神和身心健康状况;另外,他们还表现出积极主动的个性及较强的求知欲望。总之,工作投入感高的个体能够并且愿意为工作付出更多的努力(李敏,2015)。第二,在绩效方面。在一项对36个公司、近8 000个业务部门的研究显示,工作投入感水平与业务部门的绩效正相关,这表明工作投入感高的组织成员确实能够为组织带来竞争优势。巴克(Bakke)等2004年的研究显示,工作投入感高的个体不管是在工作角色中或工作角色之外,其绩效表现都能得到同事较高的评价,这意味着工作投入感高的个体工作表现突出,并愿意为工作付出加倍的努力(转引自李敏,2015)。最后,在家庭方面,研究发现工作投入感高的个体对家庭成员的工作投入感也会产生积极影响。由于工作投入感具有"传染性"特质,工作投入感高的个体不仅在组织中对组织成员的工作投入感产生影响,同理,在家庭中也会对家庭成员,尤其是伴侣的工作投入感产生影响。

第三节　操作性师爱素质: 爱生能力

从能力属性和操作性层次而言,情感素质表现为教师在其专业工作——教育教学实践中对爱生情感的操作,也就是师爱素质结构中爱生能力维度,包括觉察能力、理解能力和表达能力三个方面。以下分别对这三种操作性师爱素质——爱生能力进行具体描述。需要说明的是，由于以往在教师素质中的爱生能力方面并无直接的研究，觉察能力、理解能力、表达能力更多是从情绪智力角度进行探讨的，因而下面着重对情绪觉察、情绪理解和情绪表达方面的文献进行归纳。

一、觉察能力

1. 觉察能力的概念界定

本研究中使用的"觉察能力"概念，国内外并无直接的研究，与此密切相关的是"情绪觉察"概念。林德瑙尔（Lindenauer）最早使用情绪觉察（emotional awareness）这一术语（汪海彬，2013），但首次对情绪觉察进行界定并建构相应理论的则是莱恩和施瓦兹（Lane & Schwartz，1987）。他们把情绪觉察界定为一种认知技能——"识别与描述自己和他人情绪的能力"，是情绪智力的先决条件和重要基础（莱恩，2000）。基于皮亚杰的认知发展模型，他们还提出具有五个水平、与认知发展类似的情绪觉察发展模型，这 5 个水平分别是：① 躯体反应；② 行为倾向；③ 单一情绪；④ 混合情绪；⑤ 复合的混合情绪。高水平的情绪觉察（水平③、④、⑤）能控制低水平的情绪觉察。如果一个人能够觉察单一的情绪状态（如愤怒），那么这个人也能描述他们此刻的躯体反应和行为倾向。该模型最基本的原则是：情绪觉察的差异反映了个体在情绪信息加工时，所采用的情感图式在分化和整合程度上的差异（莱恩，施瓦兹，1987）。自此，许多研究者都使用其理论进行了大量研究。但遗憾的是，没有研究者对情绪觉察的概念作进一步探讨。情绪觉察作为情绪智力的重要组成部分，研究者在情绪智力的概念中，也对情绪觉察及相关维度的概念做了描述，包括情绪知觉能力、情绪觉察与表达的能力、自我觉察、情绪的自我觉察、情绪觉知能力、情绪感知、情绪识别能力等。

综上可知，当前更多是对一般群体或大学生群体的情绪觉察进行了界定，而尚未开展教师群体的研究。本研究中作为爱生能力下属因子的觉察能力，包括但又不限于对学生情绪情感的觉察。我们抓住情绪觉察中的关键词"识别"来界定教师的觉察能力，指的是教师善于敏锐地识别学生特点与状态的能力，体现为善于发现学生优点、把握学生困惑、捕捉学生身心状态及其变化等具体方面。这方面得分越高，则觉察能力就越强，我们可以将其命名为"敏感性觉察能力"。

2. 觉察能力的相关研究

这方面研究也主要体现在情绪觉察方面,研究者主要考察了个体特征(性别、需要、动机、人格、身心疾病等)和情绪刺激两个方面的差异(汪海彬,2013)。

首先,在个体特征方面,研究发现性别是影响情绪觉察的重要人口学变量,无论调查对象是儿童、高中生(有天赋抑或没天赋)、大学生、运动员、夫妻、受过专业音乐训练人士,还是有生理疾病的搬运工,女性情绪觉察能力均显著高于男性,并且这一结果不受动机因素的影响;其次,需要和动机对个体的情绪觉察产生影响。个体的需要及对需要的加工和动机水平都能影响到个体的情绪觉察能力。具体而言,自我关注的需要与情绪觉察中的情绪清晰因子呈负相关,需要加工(如需要激活强度、需要激活一致性及需要加工风格)与情绪觉察及下属因子均有不同程度的相关,而动机水平则与情绪觉察呈显著正相关;此外,还有研究表明社会期许与情绪觉察呈显著负相关,并进入预测情绪觉察的回归方程;再次,人格也会对个体的情绪觉察产生影响。有研究采用问卷法研究了一些人格特质对情绪觉察的影响,结果发现男子气与情绪觉察正相关,而怀疑等不合理信念与情绪觉察负相关,核心自恋、放弃信念、情绪压抑信念等减弱情绪的描述能力,自恋防御、权力信念则减弱情绪的识别和区分能力;最后,还有研究者从临床的视角,通过比较身心疾患和正常人在情绪觉察上的差异,以考察能致使人格异常的身心疾病对情绪觉察的影响,结果表明脊髓损伤病人、焦虑障碍病人、创伤后应激障碍者、边缘性人格、心境障碍和精神分裂症病人的情绪觉察能力均低于同龄正常人。此外,一些身心疾病,诸如脊髓损伤、边缘性人格障碍、焦虑症、PTSD 和心境障碍等都会导致个体情绪觉察能力的欠缺。

第二,研究者们还探讨了情绪刺激对情绪觉察的影响,结果显示诱发被试的消极情绪会影响到个体的情绪觉察,甚至连动物(黑猩猩)也不例外,但也有研究者认为 LEAS 得分较高者可以不受消极情绪的干扰,表现出心境不一致性;此外,还有研究认为个体的躯体和头部姿势影响到情绪觉察(汪海彬,2013)。

3. 觉察能力的作用

在情绪觉察的作用效果方面,研究者主要考察了情绪觉察能力对个体绩效和身心健康等方面产生的影响。

首先,在个体绩效方面。情绪觉察不仅在学生的学习中起着非常重要的作用,有助于提升他们的学业成绩,而且在其他群体(如企业员工、医护人员)的工作中也有着重要作用,甚至有人认为情绪觉察能力是医护人员在治疗过程中必备的技能之一,一些调查也显示有经验的精神治疗师在情绪识别上的准确性显著高于同专业的大学生。

第二,在身心健康方面。研究者认为情绪觉察在维护心理健康中起着重要的作用,高情绪觉察者不仅能通过视觉和听觉,还可以通过嗅觉(嗅出不同情绪状态下汗水的味道)来了解自己和他人的情绪状态,从而有助于建立起良好的人际关系、亲子关系。不仅如此,高情绪觉察还能减轻个体的工作负担体验,提升个体的满意度和幸福感。一些临床研究还表明高情绪觉察对一些生理疾病(如心脏病、牛皮癣)的康复有一定作用;而低情绪觉察的个体由于情绪识别和分辨能力较差,致使其情绪体验多为躯体反应,并导致情绪不稳定,时常产生躯体抱怨和自我怀疑,还容易诱发社会焦虑和抑郁等消极情绪,甚至成为一些身心疾病,如进食障碍和物质依赖(烟、酒精和毒品)的病因之一;此外,情绪觉察在心理治疗中也起着非常重要的作用,了解患者的情绪觉察水平有助于治疗师选择有效的心理治疗方法(汪海彬,2013)。

综上,尽管有关情绪觉察的相关研究和作用已经积累了大量成果,但在教师的觉察能力方面却鲜有理论探讨与实证研究。

二、理解能力

1. 理解能力的概念界定

本研究中,作为爱生能力下属因子的教师理解能力,与国内外研究者有关情绪理解能力概念基本是一致的,都是对内心想法、感受的理解,只是理解的对象不同——本研究中专指教师对学生情绪情感、内心感受的理解。国外方面,卡西迪和帕克(Cassidy & Parke,1992)把情绪理解定义为儿童理解情绪的原因和结果的能力,以及应用这些信息对自我和他人产生合适的情绪反应的能力;伊泽德(Izard et al.,1995)把情绪理解定义为是对情绪加工过程有意识的了解,或对情绪如何起作用的认识;卡彭特(Carpenter et al.,1996)认为情绪理解的发展是一个由只考虑即时的、外部的情绪特征(如环境事件和外部行为)到对更复杂的、跨时间的因素(如评价、信念等)综合考虑的过程;德纳姆(Denham,1998)认为儿童学会控制自己的情绪表达和情绪体验的能力也是情绪理解的一种表现;卡姆拉斯(Camras,1985)认为情绪理解就是儿童在早期形成的解释情绪表达和理解情绪与其他心理活动、行为和情境之间关系的能力;汤普森(Thompson,1990)认为,情绪理解是指人们对关于情绪的知识如元情绪知识的理解等。国内方面,姚端维等人(2004)认为,情绪理解是指对所面临的情绪线索和情境信息进行解释的能力;马春红(2010)对情绪理解界定为:个体根据所面临的情绪线索和情境信息,对自己和他人的内在情绪体验进行推测和解释,并做出合适的情绪反应的能力;情绪理解就是个体对自己或他人的内在情绪体验的推测和理解(杨丽珠,胡今生,2003);徐琴美和何洁(2006)认为,情绪理解是情绪智力的组成成分,包括两个部分,分别为对情绪状态和情绪过程的理解。对情绪状态的理解主要包括表情识别、情绪情景识别和混合情绪理解等,对情绪过程的理解主要包括对情绪原因的理解、情绪引发结果的理解、愿望和信念对情绪作用的理解、情绪表达规则理解和情绪调节的理解等。

综上可知,当前有关情绪理解更多将其视为情绪智力的重要成分,并强调对情绪线索的把握。为此,我们以此为突破口,认为教师情绪理解能力指的是指教师善于设身处地地理解学生内心需求和感受的能力,体现为善于进行角色互换、准确判断学生真实心理、倾听学生想法等具体方面。这方面得分越高,则理解能力就越强,我们可以将其命名为"共情性理解能力"。

2. 理解能力的相关研究

在情绪理解能力的相关研究方面,研究者主要考察了其在性别和年龄上的差异。首先在性别上,有部分研究认为,性别对情绪理解没有显著影响(汤普森,1990)。但也有一些研究得出了相反的结论,温特尔和瓦兰斯(Wintre,Vallance,1994)认为儿童对复杂和混合情绪的理解中存在性别差异;布朗和邓恩(Brown & Dunn,1996)指出不同性别儿童的情绪标签和情绪观点采择能力存在显著差异。屈斯特林和费尔德曼(Custrini & Feldman,1989)发现,在社会能力中得分高的女性对面部表情的编码和解码技能较好,但是男性的情感技能与社会能力间不存在相关。布朗和邓恩(1996)发现女性与其兄弟姊妹之间的关系对其情绪理解能力有显著影响。第二,在年龄上,卡罗尔和斯图尔德(Carroll,Steward,1984)的研究发现年长的儿童能更加精确的认知和标签自己和他人的情绪,可以更好地从他人观点理解和解释情绪,年长的儿童可以为自己表现出的情绪提供更加复杂的解释;班尼特和格尔伯特(Bennet,Galpert,1992)指出:与年幼的儿童相比,他们可以更深刻地认识情绪对动机和绩效等其他功能领域的影响,年长的儿童对情绪的各种纬度(如情绪的强度、多样性等)的理解更加准确,他们可以更好地解释情绪的复杂性。

关于理解能力的研究,更多的研究者是从共情视角开展的。纵观共情领域的研究,虽然研究者或从情感角度界定共情,或从认知角度给共情下定义,但一些研究者更愿意认为共情既包括认知成分又包括情感成分,即认为共情包括情感共情(emotional empathy)和认知共情(cognitive empathy)两种成分(崔芳,南云,罗跃嘉,2008)。从认知共情概念角度看,黄翯青,苏彦捷(2012)认为,认知共情要求个体保持自我和他人表征的相对分离,并能够灵活地整合这些表征之间的关系,从而理解他人的情绪和感受;德瑟蒂和拉姆(Decety & Lamm,2006)认为,个体要具备最基本的区分自我和他人的能力,才能产生真正的共情,这种区分自我-他人的能力恰是情绪观点采择双判断模型中提出的对自己与他人之间相似性的判断。从观点采择角度看,艾森伯格(Eisenberg et al.,1987)认为观点采择是个体在对他人所处情境准确认知的基础上,把自身置于他人情境中理解他人的能力;格林斯基,顾和王(Galinsky,Ku & Wang,2005)指出,观点采择是指个体从他人或他人所处情境出发,想象或推测他人观点与态度的心理过程。显然,这里共同强调的都是"他人角度"。由此不难发现,以往研究者更多强调共情应站在他人立场上,正如英语中的熟语"Put oneself in the shoes of another"所描述的那样,汉语中也有"设身处地"、"换位思考"等成语。换句话说,共情这一概念本身强调的就是"他人视角"。这无疑启示我们,教师理解能力的水平,关键就体现在教师是否能站在他人视角———即学生角度来理解学生的需求和情绪情感。

3. 理解能力的作用

在理解能力的作用方面,达林·哈蒙德(Darling-Hammond,2000)认为,如果教师具有"设身处地或从学生的视角看问题"的特点,就会更容易成为学生学习的促进者,对学生具有更高的学业期望。正所谓"视徒知己,反己以教,则得教之情也。所加于人,必可行于己,若此,则师徒同体。"[①]相反,教师若以自我为中心、仅凭主观臆测,想当然地认为学生就是自己所认为的这种情绪感受,结果就容易导致理解错误,而这,往往是教育实践中师生间共情鸿沟、甚至产生师生情绪冲突、因而也是一些教育行为失效的重要原因之一。近年来教育实践中诸如"绿领巾"、"红校服"、"蓝印章"、"三色作业本"、"不听话押金"等等事件,即是明证,这些事件一经发生即招致家长和学生的不满,并迅速成为引发社会广泛热议的教育事件。尽管教育者事后做出道歉或受到相关处理,但事情已经在不同程

---

① 《吕氏春秋·孟夏纪·诬徒》.

度上伤害了学生心理,给师生关系蒙上了阴影,诚如一些教师所感叹的"好心办坏事"、"学生不领情"、"没想到学生是这种感受"、"他们反应这么强烈,真出乎我的意料"等等(陈宁,2013)。事实上,卢梭早在240年前就说过这样的话——儿童是有他特有的看法、想法和感情的,如果想用我们的看法、想法和感情去代替他们的看法、想法和感情,那简直是最愚蠢的事情。卢梭认为,教师角色主要是陪伴者,教师作为陪伴者,应该是年轻的、聪慧的,还要有一颗赤子之心,这些素质都帮助教师更好地胜任婴幼儿的教学工作。

三、表达能力

1. 表达能力的概念界定

19世纪70年代达尔文从进化论的角度来研究人类和动物的情绪表达,强调情绪表达在个体生存适应中的作用。情绪表达(emotional expression)一词最早由科利尔(Collier,1982),20世纪90年代末克罗斯(Cross)等人将情绪表达的研究推到了一个新的高度。在最近三十年的研究中引发了国内外学者不同的界定和讨论。海因德(Hinde,1985)认为可见的情绪表达性行为是个体内在感受的向外表达。克罗斯和约翰(Cross & John,1995,1997)将情绪表达定义为:和情绪体验相联系的典型的行为变化(包括面部的、言语的、体态的),比如微笑、大笑、皱眉、跑到屋外大叫或哭泣。肯尼迪．摩尔和沃斯顿(Kennedy-Moore & Waston,1999)将情绪表达定义为:传达或象征情绪体验的可见的言语和非言语的行为。近几年国内学者开始对情绪表达进行研究,有学者在前人研究基础上,认为情绪表达是个体内在情绪体验的外在行为表现(尚金梅,2007)。

在情绪表达能力上,目前尚存在结构之争:金和埃蒙斯(King & Emmons,1990)提出了情绪表达的三面模型:积极情绪表达、消极情绪表达、亲密性表达;之后克林(Kring)和史密斯(Smith 于)1994年又把情绪表达结构总结为三个因子:抑制情绪、乐于表达情绪、情绪表达不适。克罗斯(1995)提出了情绪表达性的多维模型,认为情绪表达性存在三个维度,即正面表达性(Positive Expressivity),负面表达性(Negative Expressivity)和冲动强度(Impulse Strength)。正面表达性指的是个体在正性情绪的表达上的个体差异,负面表达性指的是在负性情绪的表达上的个体差异,冲动强度指的是个体情绪反应倾向的强度。克罗斯等将情绪表达性划分为三个维度,但也有研究者提出了其他的维度分类。克罗斯和约翰(1998)通过考察六种自陈情绪表达性问卷最终确立了一般情绪表达性的五因素结构，包括表达自信心、正面表达性、负面表达性、冲动强度、掩饰。研究者也把表达自信心和掩饰作为情绪表达的构成因素，表达自信心指的是个体做出适应情境的情绪表达的能力，掩饰指的是个体向别人隐藏自己情绪的意图。国内学者在概括前人研究结构，把情绪表达从表达途径划分主要有面部表情、身段表情（肢体语言）、言语表达；从表达方式属性划分主要有积极表达、消极表达；从表达量上划分主要有正常表达、过度表达、不表达 3 种（邢丹，2011）。

尽管研究者对情绪表达性的结构提出了各种观点，但情绪表达性的核心结构仍是克罗斯提出的三个因素：正面表达、负面表达、冲动强度。同时克罗斯等人认为只包括这三个因素的描述性量表太泛化了，有必要再细分为各个分量表来描述更加具体的情绪（如喜悦、伤心、和愤怒等）。基于前人的研究，我们将教师的表达能力界定为指教师善于根据情境特点向学生表达情感的能力，体现为善于因生因境运用合适的方式表达对学生的爱、有效调控自己情绪、发现自己过错虚心道歉等具体方面。这方面得分越高，则表达能力就越强，我们可以将其命名为"适应性表达能力"。

2. 表达能力的相关研究

在表达能力的相关研究方面，研究者主要考察了其与性别、年龄、人格和家庭功能等的关系。首先，在性别上，结果发现男孩和女孩社会化的程度非常不同（麦科比，杰克林，1974），到了成年期，表达规则更许可女性表达她们的情绪，男性更少地体验和表达这类情绪（孙俊才，卢家楣，2007）。在年龄方面，随着年龄的增加人们越来越不愿意表达自己的情绪，由成年早期的情绪丰富发展为中期和晚期的冷静和理智。研究者们采用自我报告法和行为观察法，来研究情绪表达行为是否和主观体验一样随年龄而减少，但得到的结果是复杂的。在自我报告法研究中，劳顿（Lawton，1992）及其同事发现，比起中年和年轻的被试，年长的被试更倾向于同意"我很少哭"、"无论高兴好事悲伤，我看起来都差不多"这类题项。克罗斯等人（1997）的研究发现，和年轻人的被试相比，年长的被试报告自己的消极情绪体验较少，而情绪控制较多，且更少地表达自己的情绪。但马拉泰斯塔和卡尔诺克（Malatesta ＆ Kalnok，1984）的研究却发现在"说出自己的感觉"和"用行为表现出自己的感觉"这两个情绪抑制题项上，没有发现年龄差异。在人格特质方面，研究发现人格特质大五人格中的"外倾性"和"神经质"这两种变量会影响个体的情绪表达。克罗斯（2000）进一步的研究发现：外倾性和神经质并不能调节情绪体验和情绪表达之间的关系，也就是说，大五人格中的外倾性和神经质通过影响情绪产生过程的前三步而非反应调节这环节来影响最终的情绪表达性行为。在家庭功能方面，马拉泰斯塔发现母亲和婴儿的情绪表达方式存在积极相关（布罗迪，1993），卡西迪（Cassidy，1992）研究认为，家庭情绪表露对幼儿的情绪认知产生重要影响。博尔顿和琼斯（Blurton & Jones，1972）对 3 至 4 岁的幼儿进行自然观察，发现幼儿受伤时，母亲在场比不在场幼儿表达的消极情绪更强烈。国内研究亦显示，倾向于掩饰消极情绪的幼儿表现出更多的亲社会行为，认为表达消极情绪会带来不良结果的幼儿表现出更多的害羞-退缩行为（何洁，2005）。家庭功能对大学生情绪表达性及情感体验具有显著的预测作用，情绪表达性在家庭功能与负性情感间具有部分中介作用（邓丽芳，郑日昌，2009）。

3. 表达能力的作用

在表达能力的作用方面，研究者主要考察了其对人际关系、身心健康的关系。

首先，在人际关系方面，研究者认为情绪表达是连接个体内部体验和外部世界的桥梁。在日常生活中情绪表达指的是人们交流体验和影响人际关系的方式。个体对表达内容、表达方式、表达对象的选择，决定了他人会做出怎样的反应，并将对个体的人际关系产生影响。情绪表达的重要性在社会互动方面得到了很好的证明。提供适当的反应是个体间互动的最低要求，如果对方没什么反应或者有些不相关的反应，人际互动也就中断了。克罗斯（2002）通过研究发现，不管是降低正性情绪还是负性情绪的表达，都会掩盖重要的社会互动信息，同时由于监控自己的面部表情和声音信号而分散了对交流伙伴情绪信息的注意，因而会对社会沟通和社会互动产生消极影响。巴特勒（Butle）及其同事（2003）发现，情绪抑制会降低和终止人际间的信息交流，并且与情绪抑制者交往的人会产生一种独特的生理压力，比如血压升高等。情绪表达对"亲密感"的发展是必需的。扩大并加深相互表露，是亲密关系增加的特征；了解他人的情感并让他人了解自己的感受，是亲密性的中心特征。情绪表达提供了个体的社会意图、对目前关系的感觉等信息（比如，微笑表示有接受的意愿，皱眉意味着可能有冲突），对确立人际距离和双方的相对地位是至关重要的（哈克，凯尔特里耶，2000）。

第二，在心理健康方面，情绪表达与心理健康存在相关。在金（King）和埃蒙斯（Emmons）1990 年一项幸福感的研究中，参与者要完成一系列有关幸福感的量表，并连续 21 天记录自己的情绪，结果发现：高情绪表达者比低情绪表达者体验到更多的快乐、更少的焦虑和内疚。还有研究者用类似的方法，发现善于表达的人很少有抑郁的倾向，高情绪表达者自尊水平高于低情绪表达者。在一项关于大学生情绪向性、表达性与心理健康的关系研究中，研究者发现：情绪表达与人际敏感、敌对、抑郁、焦虑等因子均呈显著负相关，且对人际敏感、敌对有着显著的回归效应。赖斯（Reis）等人则认为，情绪调节和情绪表达与个体人际交往质量有紧密联系，而人际交往质量会进一步影响心理健康，比如人际交往质量差的个体比人际交往质量高的个体有更多的心理问题。由此可以看出，情绪表达影响个体的心理健康可能有两种途径，一是直接对心理产生影响，二是通过人际交往过程间接影响心理健康。随着研究的深入，研究者们对情绪表达的概念构成有了更好地理解，开始对患者进行评定以确定情绪表达的临床适应效果，并设想通过改变个体的表达性行为来达到生理和心理的健康。最后，在身体健康方面，克罗斯通过大量实验和调查研究证明，降低情绪表达行为，甚至会增强情绪的生理反应。

第六章 师爱素质的发展特征

为给师爱素质培养模式理论建构提供实证依据,本部分研究在师爱素质结构模型和具有良好信效度的《师爱素质调查问卷》的基础上,综合运用问卷调查法、个案法,从宏观、微观相结合的视角探索师爱素质的发展特征:首先,在宏观层面,采用问卷调查法实施较大规模调查,以探索当前中小学教师师爱素质的现状和差异特点,尤其从教师成长历程入手,采用"新手-熟手-专家"范式,比较不同发展阶段教师的师爱素质特点,与此同时,还编制《师爱素质学生感知调查问卷》,在信效度检验后实施一定规模的学生调查,考察中小学生感知的教师师爱素质的现状和特点,重点比较教师调查和学生感知之间的差异,以更为全面的了解当前中小学教师师爱素质的发展特征;其次,采用个案法对名师的师爱素质进行研究,以初步探索名师师爱素质的特点和成因,从而为师爱素质的发展培养提供依据。

第一节 中小学教师师爱素质发展水平的调查研究

采用自编的《师爱素质调查问卷》作为工具,选择性别、任教学段、学历、承担科目、教师类型、担任班主任情况、学校区域等变量作为背景变量,在我国东部、中部、西部等省市取样并实施调查,以了解中小学教师师爱素质的基本现状,尤其从教师成长过程的特点出发,比较新手-熟手-专家型教师师爱素质的发展水平,从而为中小学教师师爱素质的提升及其教师专业成长建设提供第一手资料。

一、研究方法

1. 研究对象

采用方便取样的方式对来自上海市、江苏省、安徽省、山西省、广西壮族自治区、云南省、吉林省等省内的 2 000 名中小学教师进行施测,共获得有效问卷1 782

份。其中男性 441 名，女性 1 341 名，被试构成情况具体见表 6-1。需要特别说明
的是，我们不单纯考察教龄和职称，而是借鉴以往研究（凌辉，等，2016；连榕，2004，
2015）引入"新手-熟手-专家型教师"这一研究范式，将教龄和职称这两个人口学变
量转换成教师类型这一变量，具体做法是：依据教龄和职称两个方面来操作定义
新手、熟手和专家型教师：把职称为高级、教龄在 15 年以上的教师界定为专家
型教师；把职称为初级或无职称、教龄在 0—5 年之间的教师界定为新手型教师；
而处于二者之间的即为熟手型教师（连榕，2004），结果发现新手型教师 697 名，
占比 39.1%，熟手型教师 874 名，占比 49.0%，专家型教师 211 名，占比 11.8%。

表 6-1　被试构成情况

变　　量	变　量　含　义	人　　数	百分比（%）
性　　别	男	441	24.7
	女	1 341	75.3
学　　段	小学	755	42.4
	初中	642	36.0
	高中	385	21.6
学　　历	中师中专	10	0.6
	专科	143	8.0
	本科	1 448	81.3
	研究生	181	10.2
任教科目	语数外	829	46.5
	理化生或科学	469	26.3
	政史地或社会	161	9.0
	音体美	203	11.4
	其他科目	120	6.7
是否班主任	一直担任班主任	651	36.5
	曾经担任班主任	685	38.4
	从未担任班主任	446	25.0
学校区域	城市市区	978	54.9
	郊区或县镇	332	18.6
	农村	472	26.5
教师类型	新手型教师	697	39.1
	熟手型教师	874	49.0
	专家型教师	211	11.8

2. 研究工具

采用自编的《师爱素质问卷》，共 27 个题目，包括师爱情感和师爱能力两大维度和 6 个下属因子（分别是亲密感、关爱感、投入感、觉察能力、理解能力和表达能力）。每个问题设定"完全不符合、基本不符合、有点不符合、有点符合、基本符合和完全符合"6 级选项，依次给予"1、2、3、4、5、6"的记分。问卷得分越高，表示被调查者的师爱素质越高。经检验，问卷具有良好的信度和效度，问卷的验证性因素分析各项拟合指标均在 0.9 及以上，总问卷和两个分问卷的内部一致性系数均在 0.9 以上，总问卷的重测信度系数为 0.803（详见第五章）。在正式调查时，还加入了性别、学段、教龄、学历、职称、所教科目、担任班主任情况和学校所在区域等人口学变量的有关题目。

3. 研究程序

采用纸质问卷和网络问卷相结合的方式实施调查。纸质问卷由研究者通过教育局与被调查学校进行沟通，确定好时间后由研究者本人实施现场调查，完成后当场回收；网络问卷则在"问卷星"平台上施测，并将网络链接（http：//www.sojump.com/jq/7544309.aspx）以 QQ、微信等方式发给被调查对象，以电脑和手机两种方式完成。本研究认为，手机已经成为包括教师在内的成人随身的必备工具，采取这种基于网络的调查方式完全符合实际情况。同时，为保证测试质量，使用问卷星中的作答时间设置，删除少于 300 秒的被试，并逐份检查，共剔除无效问卷 193 份，最终获得 1 782 份有效问卷。最后将纸质数据录入 Excel 并与网络问卷合并，采用 SPSS19.0 对数据进行统计和分析。

二、研究结果

1. 中小学教师师爱素质的总体特点

结果发现（见表 6 - 2），被调查中小学教师师爱情感素质的总平均得分为4.97 分，接近问卷设定的 5（基本符合），表明总体上当前中小学教师的师爱素质良好，但与问卷设定的 6（完全符合）还有很大的差距，表明当前中小学师爱素质还有很大的提升空间。在具体因子上，爱生情感及其下属因子亲密感、关爱感和投入感的得分在 4.88—5.22 之间，爱生能力及其下属因子觉察能力、理解能力和表达能力的得分在 4.77—5.11 之间，其中得分最高的为关爱感（5.22）和表达能力（5.13），而得分最低的为亲密感（4.88）和理解能力（4.77）。

表 6-2　中小学教师师爱素质得分状况

	最 小 值	最 大 值	M	SD
亲 密 感	1.00	6.00	4.88	0.91
关 爱 感	1.00	6.00	5.22	0.84
投 入 感	1.00	6.00	4.96	0.89
爱生情感	1.00	6.00	5.02	0.82
觉察能力	1.00	6.00	4.88	0.87
理解能力	1.00	6.00	4.77	0.88
表达能力	1.00	6.00	5.13	0.86
爱生能力	1.00	6.00	4.92	0.82
师爱素质	1.00	6.00	4.97	0.80

2. 中小学教师师爱素质的性别差异

分别以中小学教师师爱情感素质总均分、师爱情感和师爱能力及其下属 6 个具体因子为因变量,以性别为自变量,进行独立样本 t 检验。结果发现(见表 6-3),女性教师在师爱素质、师爱情感及其下属因子亲密感、关爱感和投入感、师爱能力及其下属因子觉察能力、理解能力和表达能力上的均分均高于男性教师,且差异显著($p < 0.05$ 或 $p < 0.01$ 或 $p < 0.001$)。

表 6-3　中小学教师师爱素质的性别差异

	男		女		t	p
	M	SD	M	SD		
亲 密 感	4.75	0.98	4.92	0.88	−3.46	0.001
关 爱 感	5.11	0.91	5.26	0.81	−3.15	0.002
投 入 感	4.80	0.96	5.02	0.86	−4.45	<0.001
爱生情感	4.89	0.89	5.07	0.79	−3.97	<0.001
觉察能力	4.80	0.93	4.90	0.85	−2.14	0.032
理解能力	4.69	0.96	4.79	0.85	−2.18	0.029
表达能力	5.00	0.91	5.17	0.84	−3.45	0.001
爱生能力	4.83	0.88	4.95	0.80	−2.74	0.006
师爱素质	4.86	0.86	5.01	0.77	−3.43	0.001

3. 中小学教师师爱素质的学段差异

分别以中小学教师师爱情感素质总均分、爱生情感和爱生能力及其下属 6

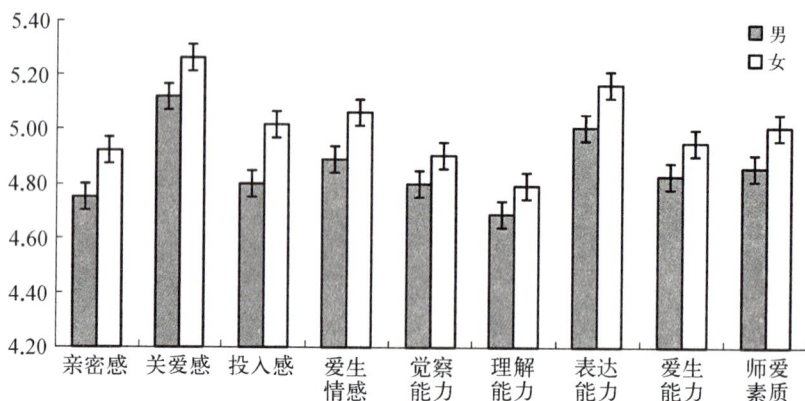

图 6-1　中小学教师师爱素质的性别差异

个具体因子为因变量,以教师所教学段为自变量,进行单因素方差分析。结果发现,不同学段教师在师爱素质、爱生情感及其下属因子亲密感、爱生能力上的差异显著($F=3.81$,$p=0.022<0.05$;$F=3.90$,$p=0.020<0.05$;$F=8.39$,$p<0.001$;$F=3.56$,$p=0.028<0.05$)。事后多重比较进行分析,结果显示(见表 6-4):在爱生情感方面,初中教师亲密感显著小于小学和高中教师($p<0.05$ 或 $p<0.001$),而初中教师又显著小于高中教师($p<0.05$),在爱生情感方面仅表现为初中教师显著小于小学教师($p<0.01$),但小学和初中教师之间的差异

表 6-4　中小学教师师爱素质的学段差异

	小学①		初中②		高中③		F	p	多重比较结果
	M	SD	M	SD	M	SD			
亲密感	4.96	0.93	4.77	0.93	4.90	0.81	8.39	<0.001	②<①***,②<③*
关爱感	5.27	0.86	5.19	0.83	5.20	0.79	1.89	0.151	——
投入感	4.99	0.92	4.91	0.88	4.99	0.84	1.95	0.143	——
爱生情感	5.08	0.86	4.95	0.81	5.03	0.75	3.90	0.020	②<①**
觉察能力	4.95	0.89	4.82	0.87	4.83	0.80	4.69	0.009	②<①**,③<①*
理解能力	4.82	0.92	4.71	0.88	4.77	0.81	2.56	0.078	②<①*
表达能力	5.18	0.89	5.08	0.86	5.10	0.79	2.70	0.067	②<①*
爱生能力	4.98	0.85	4.87	0.82	4.90	0.75	3.56	0.028	②<①**
师爱素质	5.03	0.84	4.91	0.80	4.97	0.73	3.81	0.022	②<①**

注:* $p<0.05$,** $p<0.01$,*** $p<0.001$,下同

不显著($p>0.05$),三个学段在关爱感和投入感上的差异不显著($p>0.05$);在爱生能力方面,小学教师的觉察能力最高,显著高于初中和高中教师($p<0.05$ 或 $p<0.001$),初中教师的理解能力、表达能力和爱生能力均显著低于小学教师($p<0.05$ 或 $p<0.001$),但小学教师和高中教师之间的差异不显著($p>0.05$);在师爱素质方面,仅表现为初中教师显著低于小学教师($p<0.05$ 或 $p<0.01$),而与高中教师之间的差异不显著($p>0.05$)。图6-2、图6-3和图6-4也直观显示了上述结果。

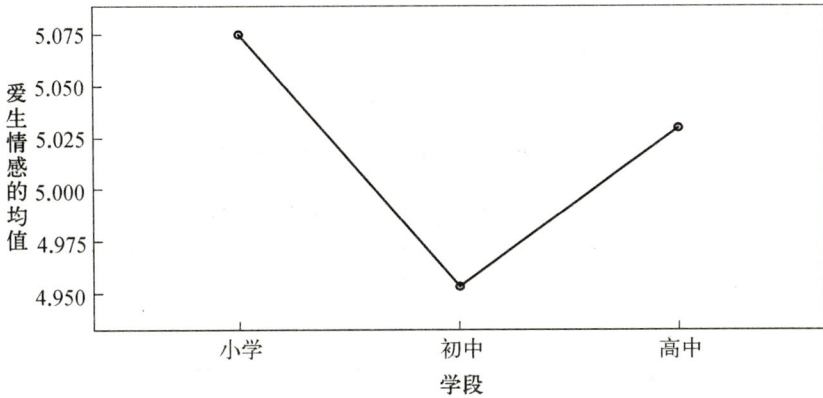

图 6-2　中小学教师爱生情感的学段差异

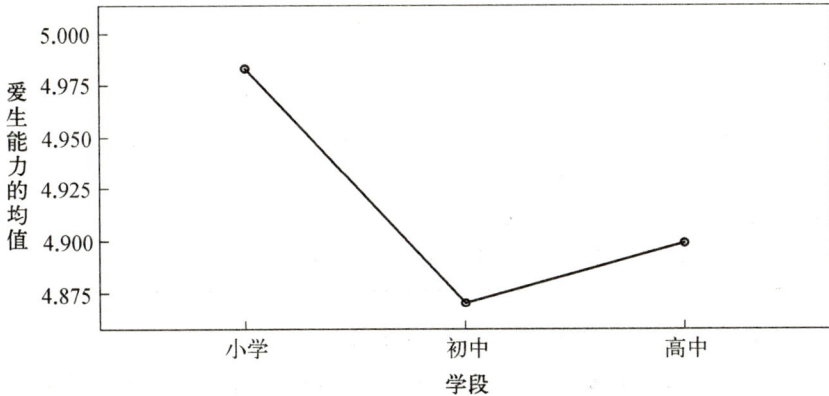

图 6-3　中小学教师爱生能力的学段差异

4. 中小学教师师爱素质的学历差异

因变量同上,以教师的学历为自变量,进行单因素方差分析。结果发现(见表6-5),不同学历教师在师爱素质、爱生情感及其下属三个因子、爱生能力及其下属三个因子上的差异均不显著($p<0.05$)。

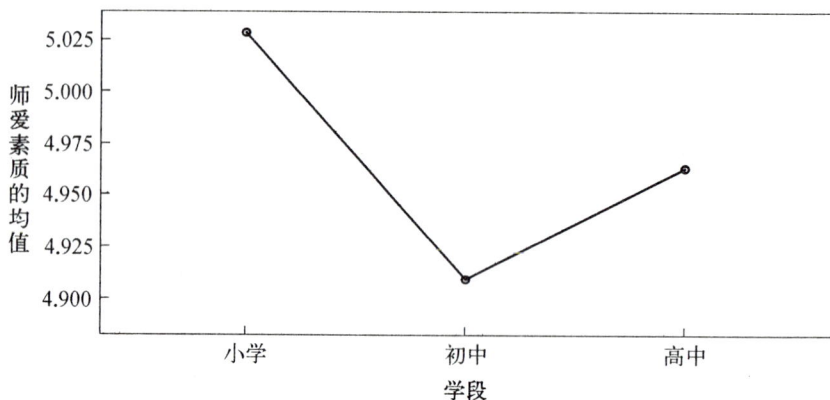

图 6 - 4　中小学教师师爱素质的学段差异

表 6 - 5　中小学教师师爱素质的学历差异

	中师中专		专　科		本　科		研　究　生		F	p
	M	SD	M	SD	M	SD	M	SD		
亲密感	4.83	0.69	4.97	0.91	4.86	0.93	4.98	0.77	1.58	0.192
关爱感	5.32	0.46	5.36	0.77	5.22	0.85	5.16	0.75	1.70	0.165
投入感	5.03	0.77	5.00	0.94	4.95	0.90	5.07	0.75	1.10	0.347
爱生情感	5.06	0.58	5.11	0.82	5.01	0.84	5.07	0.69	0.96	0.411
觉察能力	4.74	0.81	5.04	0.90	4.87	0.87	4.80	0.80	2.13	0.094
理解能力	4.58	0.79	4.83	0.90	4.76	0.89	4.80	0.76	0.53	0.661
表达能力	5.03	0.45	5.22	0.85	5.12	0.87	5.07	0.75	0.85	0.468
爱生能力	4.78	0.57	5.03	0.83	4.92	0.83	4.89	0.72	1.02	0.384
师爱素质	4.92	0.52	5.07	0.81	4.96	0.81	4.98	0.69	0.82	0.482

5. 中小学教师师爱素质的所教科目差异

因变量同上，以教师所教科目为自变量，进行单因素方差分析。结果发现，不同科目教师在师爱素质、投入感、爱生能力及下属因子觉察能力和表达能力上的差异显著（$F=2.71$，$p=0.042<0.05$；$F=3.54$，$p=0.007<0.01$；$F=2.76$，$p=0.026<0.05$；$F=3.38$，$p=0.009<0.01$；$F=2.83$，$p=0.023<0.05$）。为进一步量化考察不同任教科目中小学教师师爱素质的差异，采用事后多重比较进行分析，结果见表 6 - 6。

表 6-6　中小学教师师爱素质的所教科目差异

	语数外①		理化生科学②		政史地社会③		音体美④		其他⑤		F	p	多重比较结果
	M	SD	M	SD	M	SD	M	SD	M	SD			
亲密感	4.89	0.90	4.89	0.82	4.84	0.90	4.95	0.93	4.68	1.19	2.00	0.092	⑤<①/②/④*
关爱感	5.25	0.85	5.19	0.75	5.25	0.68	5.23	0.85	5.07	1.15	1.41	0.229	⑤<①*
投入感	5.01	0.89	4.99	0.80	4.95	0.82	4.85	0.95	4.73	1.15	3.54	0.007	⑤<①/②/③*, ④<①*
爱生情感	5.05	0.83	5.02	0.73	5.01	0.73	5.01	0.86	4.83	1.11	1.99	0.093	⑤<①/②/④*
觉察能力	4.94	0.87	4.83	0.79	4.79	0.81	4.93	0.89	4.69	1.14	3.38	0.009	①>②/③/⑤*
理解能力	4.79	0.89	4.74	0.81	4.73	0.77	4.84	0.92	4.62	1.13	1.56	0.182	⑤<①/④*
表达能力	5.17	0.87	5.08	0.77	5.08	0.79	5.19	0.85	4.94	1.13	2.83	0.023	⑤<①/④*
爱生能力	4.97	0.82	4.88	0.73	4.86	0.74	4.99	0.84	4.75	1.09	2.76	0.026	⑤<①/④*
师爱素质	5.01	0.81	4.95	0.70	4.94	0.71	5.00	0.83	4.79	1.09	2.71	0.042	⑤<①/②/④*

在爱生情感方面,其他科目教师在爱生情感及其下属因子上的得分最低,在亲密感上显著低于语数外、理化生科学、和音体美教师($p<0.05$),在关爱感上显著低于语文和英语教师($p<0.05$),在投入感上显著低于语数外、理化生科学、和政史地教师($p<0.05$),在爱生情感上显著低于语数外、理化生科学、音体美教师($p<0.05$);在爱生能力方面,语数外教师在爱生能力及其下属因子上的得分最高,而其他科目的教师则最低,具体表现为在觉察能力方面,语数外教师显著高于理化生科学、政史地和其他科目教师($p<0.05$),其他科目教师在觉察能力、理解能力、表达能力和师爱能力上均显著低于语数外和音体美教师($p<0.05$)。在师爱素质方面,结果发现其他科目教师显著低于语数外、理化生科学和音体美教师($p<0.05$),而其他方面的差异不显著($p>0.05$)。图 6-5、图 6-6和图 6-7也直观显示了上述结果。

6. 中小学教师师爱素质在班主任变量上的差异

因变量同上,以教师是否担任班主任为自变量,进行单因素方差分析。结果发现,担任班主任与否在除亲密感外的其他因子上的差异均显著($p<0.05$ 或 $p<0.01$ 或 $p<0.001$)。为进一步量化考察是否担任班主任教师师爱素质的差

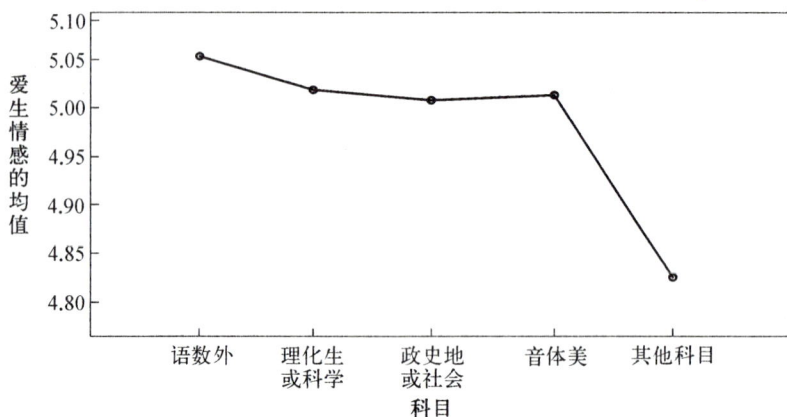

图 6‑5　中小学教师爱生情感的所教科目差异

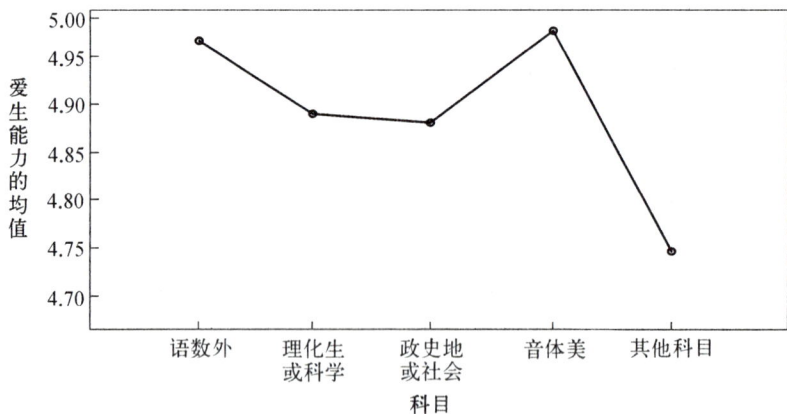

图 6‑6　中小学教师爱生能力的所教科目差异

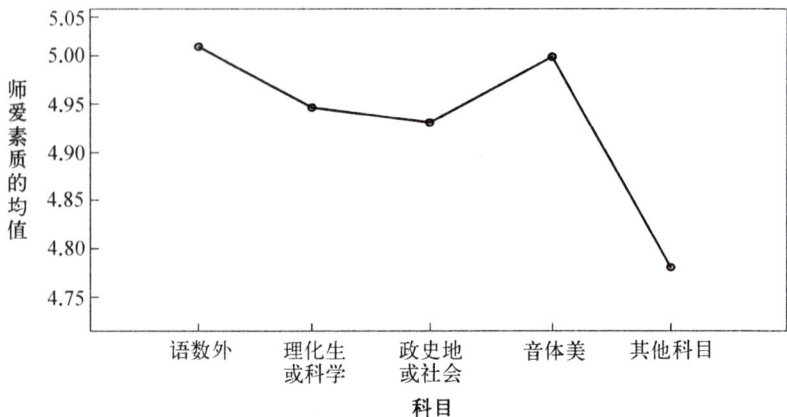

图 6‑7　中小学教师师爱素质的所教科目差异

异，采用事后多重比较进行分析，结果显示（见表 6-7）：除了亲密感外，一直担任班主任的教师在其他因子上的得分均显著高于曾经担任班主任和从未担任班主任教师（$p<0.05$ 或 $p<0.01$ 或 $p<0.001$），并呈现下降的趋势，除了曾经担任班主任教师在觉察能力上显著高于从未担任班主任教师外（$p<0.05$），两者在其他因子上的差异均不显著（$p>0.05$）。图 6-8、图 6-9 和图 6-10 也直观显示了上述结果。

表 6-7　中小学教师师爱素质在班主任变量上的差异

	一直担任①		曾经担任②		从未担任③		F	p	多重比较结果
	M	SD	M	SD	M	SD			
亲密感	4.94	0.86	4.84	0.92	4.86	0.96	2.11	0.121	——
关爱感	5.32	0.74	5.20	0.87	5.11	0.90	8.10	<0.001	①>②*，①>③***
投入感	5.10	0.81	4.89	0.92	4.86	0.94	13.15	<0.001	①>②***，①>③***
爱生情感	5.12	0.75	4.98	0.84	4.94	0.88	7.55	0.001	①>②*，①>③***
觉察能力	5.00	0.78	4.85	0.89	4.72	0.93	14.44	<0.001	①>②/③***，②>③*
理解能力	4.84	0.83	4.75	0.89	4.69	0.93	4.49	0.011	①>②*，①>③***
表达能力	5.22	0.77	5.10	0.88	5.02	0.92	8.01	<0.001	①>②**，①>③***
爱生能力	5.02	0.74	4.90	0.84	4.81	0.88	9.53	<0.001	①>②**，①>③***
师爱素质	5.07	0.73	4.94	0.82	4.88	0.86	8.78	<0.001	①>②**，①>③***

7. 中小学教师师爱素质的学校区域差异

因变量同上，以教师所在学校的区域为自变量，进行单因素方差分析。结果发现，担任学校区域在师爱素质、爱生情感及其下属因子亲密感、投入感、爱生能力的下属因子理解能力上的差异均显著（$F=3.24$，$p=0.039<0.05$；$F=3.33$，$p=0.036<0.05$；$F=6.05$，$p=0.002<0.01$；$F=3.61$，$p=0.027<0.05$；$F=3.37$，$p=0.035<0.05$）。为进一步量化考察不同学校区域教师师爱素质的

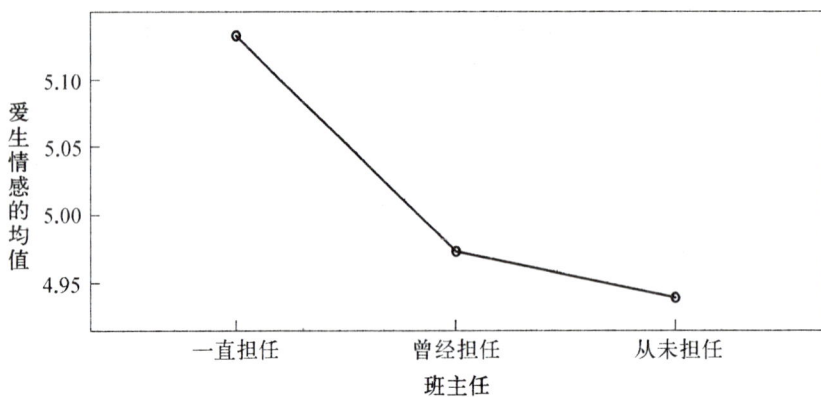

图 6 - 8　中小学教师爱生情感在班主任变量上的差异

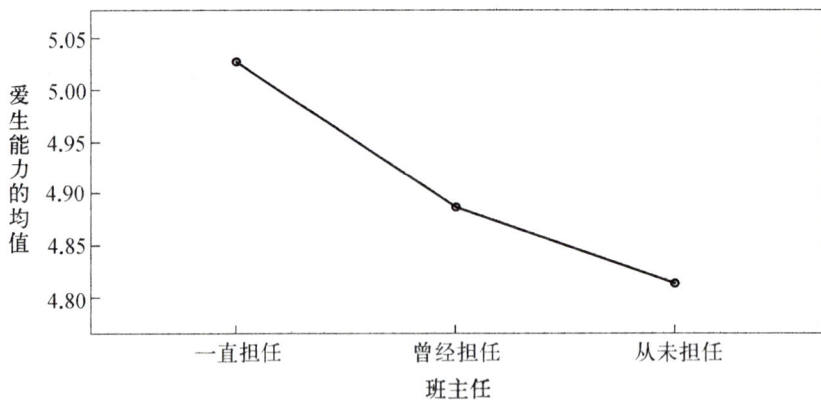

图 6 - 9　中小学教师爱生能力在班主任变量上的差异

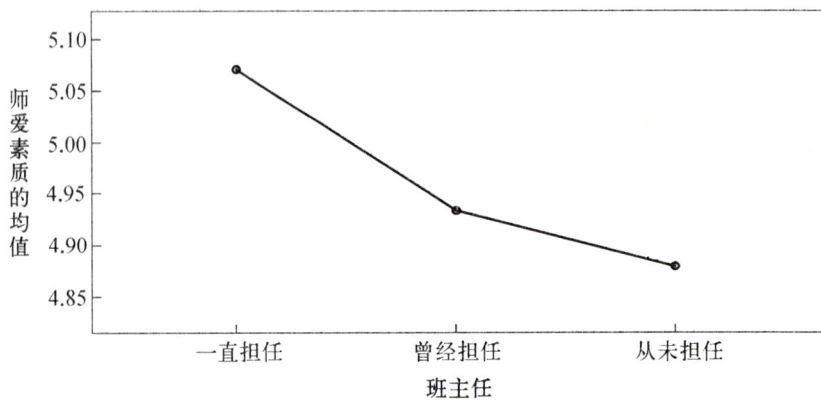

图 6 - 10　中小学教师师爱素质在班主任变量上的差异

差异,采用事后多重比较进行分析,结果显示(见表6-8):在师爱素质总分、爱生情感及其下属因子亲密感、投入感、爱生能力及其下属因子理解能力和表达能力上均表现为市区教师显著高于郊区或县城教师($p<0.05$ 或 $p<0.01$),市区教师仅在投入感上显著高于农村教师,而其他方面的差异均不显著($p>0.05$)。图6-11、图6-12和图6-13也直观显示了上述结果。

表6-8　中小学教师师爱素质的学校区域差异

	市区①		郊区或县城②		农村③		F	p	多重比较结果
	M	SD	M	SD	M	SD			
亲密感	4.94	0.87	4.74	0.94	4.85	0.96	6.05	0.002	①>②**
关爱感	5.23	0.82	5.15	0.84	5.26	0.86	1.87	0.154	——
投入感	5.01	0.87	4.89	0.88	4.91	0.94	3.61	0.027	①>②*,①>③**
爱生情感	5.06	0.80	4.93	0.82	5.01	0.86	3.33	0.036	①>②*
觉察能力	4.90	0.85	4.79	0.86	4.89	0.92	1.83	0.160	——
理解能力	4.80	0.85	4.65	0.90	4.78	0.93	3.37	0.035	①>②*,③>②*
表达能力	5.16	0.84	5.03	0.86	5.11	0.89	2.95	0.052	①>②*
爱生能力	4.95	0.80	4.83	0.81	4.93	0.86	2.94	0.053	①>②*
师爱素质	5.01	0.78	4.88	0.80	4.97	0.84	3.24	0.039	①>②*

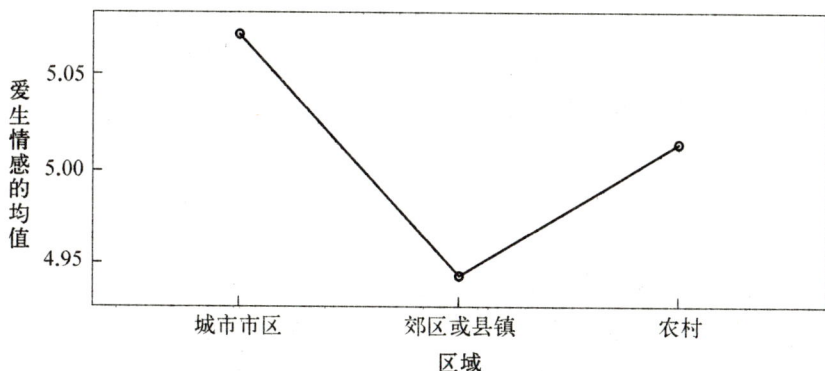

图6-11　中小学教师爱生情感的学校区域差异

8. 新手-熟手-专家型教师师爱素质的差异

因变量同上,以教师所在学校区域为自变量,进行单因素方差分析。结果发现,新手、熟手、专家型教师在师爱素质、爱生情感及其下属因子、爱生能力及其

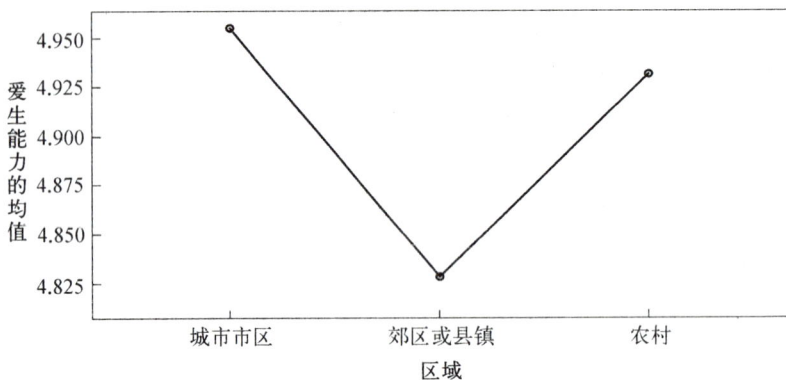

图 6‑12　中小学教师爱生能力的学校区域差异

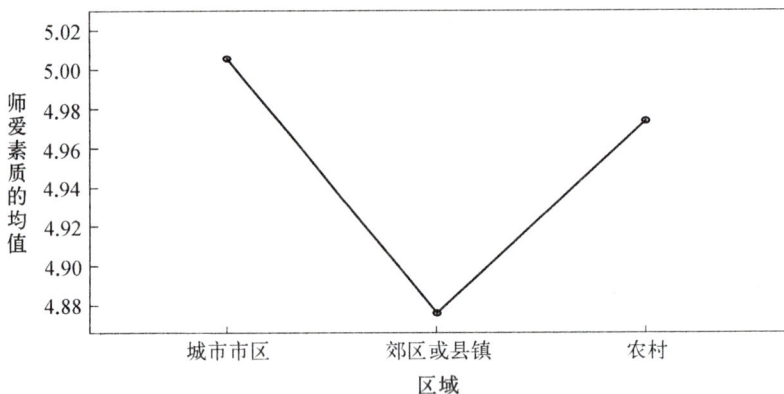

图 6‑13　中小学教师师爱素质的学校区域差异

下属因子上的差异均显著（$F=4.97$，$p=0.007<0.01$；$F=4.16$，$p=0.015<0.05$；$F=5.54$，$p=0.004<0.01$；$F=3.67$，$p=0.026<0.05$；$F=6.97$，$p=0.001<0.01$；$F=6.74$，$p=0.001<0.01$；$F=10.08$，$p<0.001$；$F=6.26$，$p=0.002<0.01$；$F=4.06$，$p=0.017<0.05$）。为进一步比较新手‑熟手‑专家型教师在师爱素质的差异，采用事后多重比较进行分析，结果显示（见表 6‑9）：专家教师在师爱素质总分、爱生能力及其下属因子上的得分均显著高于新手和熟手教师（$p<0.05$ 或 $p<0.01$），而新手和熟手教师之间的差异不显著（$P>0.05$）；爱生情感上表现为仅专家教师显著高于熟手教师（$p<0.01$）、亲密感上表现为熟手教师显著低于新手和专家教师（$P<0.05$ 或 $P<0.01$）、关爱感上表现为专家教师显著高于新手教师、投入感上表现为专家教师显著高于新手和熟手教师，其他方面上的差异不显著（$p>0.05$）。图 6‑14、图 6‑15 和图 6‑16 直观显示了上述结果。

表 6 - 9　新手-熟手-专家型教师师爱素质的差异

	新手型①		熟手型②		专家型③		F	p	多重比较结果
	M	SD	M	SD	M	SD			
亲密感	4.94	0.87	4.81	0.93	4.97	0.95	5.54	0.004	②<①/③**
关爱感	5.18	0.84	5.23	0.83	5.35	0.85	3.67	0.026	③>①*
投入感	4.98	0.86	4.90	0.90	5.15	0.93	6.97	0.001	③>①/②**
爱生情感	5.03	0.81	4.98	0.82	5.16	0.86	4.16	0.016	③>②***
觉察能力	4.79	0.85	4.89	0.86	5.09	0.92	10.08	<0.001	①<②/③**, ②<③**
理解能力	4.76	0.85	4.73	0.89	4.96	0.93	6.26	0.002	③>①/②**
表达能力	5.09	0.84	5.12	0.86	5.28	0.89	4.06	0.017	③>①/②**
爱生能力	4.88	0.80	4.91	0.81	5.11	0.88	6.74	0.001	③>①/②**
师爱素质	4.96	0.78	4.95	0.80	5.13	0.85	4.97	0.007	③>①/②**

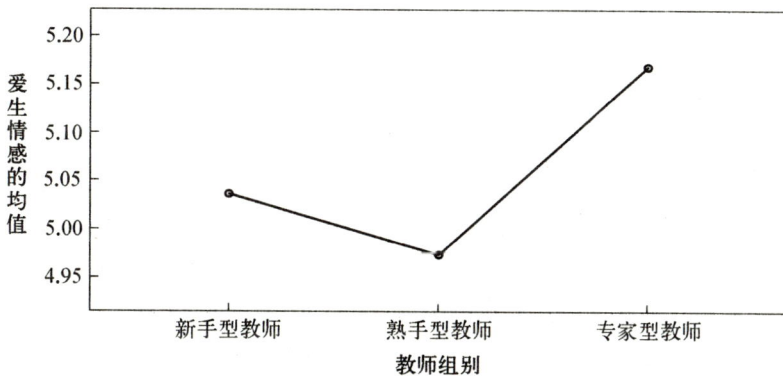

图 6 - 14　新手-熟手-专家型教师爱生情感的差异

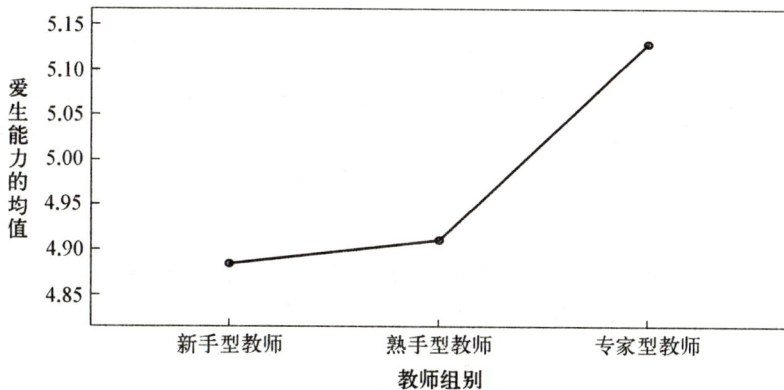

图 6 - 15　新手-熟手-专家型教师爱生能力的差异

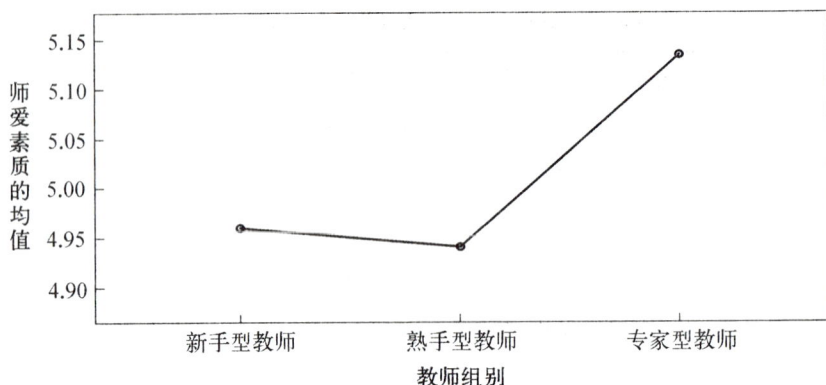

图 6‑16　新手‑熟手‑专家型教师师爱素质的差异

三、讨论与结论

采用自编的中小学教师师爱素质问卷对来自上海市等省市的 1 782 名中小学教师实施调查,得出如下结果:

1. 中小学教师师爱素质较好,但各因子发展不均衡,关爱感最高,理解能力最低

调查发现,中小学教师师爱素质的总平均得分为 4.97 分,介于问卷设定的 4 分(有点符合)与 5 分(基本符合),接近问卷设定的 5 分(基本符合),表明总体上当前中小学教师的师爱素质良好,这是令人可喜的,这一结果与以往有关师爱现状调查结果比较相似,如胡锋训等对班主任师爱进行调查发现,74.9%的教师能从良心出发干好教师和班主任的本职工作(胡锋训,2015)。这可能与中国传统文化对教师的要求和党和政府一直重视教师的师资队伍建设有关。首先,中国古代教育家大都终生致力于教育事业,为培养人才"鞠躬尽瘁,死而后已"。他们的献身精神体现着对教师职业和学生的挚爱深情,并化作一种强大的人格力量,感化教育着学生和世人(张良才,1999),这些优良的师德师范一直被传承与发展,并根植于教师这一职业中,这对于教师有着潜移默化的作用。第二,党和政府高度重视教师素质建设,《国家中长期教育改革和发展规划纲要(2010—2020 年)》中明确指出"教育大计,教师为本,努力造就一支高素质专业化教师队伍";教育部下发"关于印发《幼儿园教师专业标准(试行)》《小学教师专业标准(试行)》和《中学教师专业标准(试行)》的通知"中也对教师标准进行了要求,与此同时,尤其需要提及的是习近平总书记在第三十个教师节讲话中强调好老师

的四个标准,即有理想信念、道德情操、扎实学识、仁爱之心,其中第四个便是仁爱之心,这恰是师爱素质的直接体现。

然而,当前中小学教师师爱素质的总平均得分与问卷设定的 6 分(完全符合)还有 1.03 份的差距,这表明当前中小学教师师爱素质还有很大的提升空间。此外,从师爱素质下属因子来看,各因子发展极不均衡:师爱能力及其下属因子觉察能力、理解能力和表达能力的得分在 4.77—5.11 之间,其中最高的爱生情感为关爱感(5.22),这也是师爱素质中得分最高的,最高的爱生能力为表达能力(5.13);而最低的爱生情感为亲密感(4.88)、得分最低的爱生能力为理解能力(4.77),这也是师爱素质中得分最低的,最高的关爱感和最低的理解能力之间相差 0.45 分。为此,今后需要加强教师理解学生能力的培养,这也恰是一些师生冲突的直接原因和学生所呼吁的,正如一项调查发现 30.88% 的学生认为老师对于学生的了解程度很差,61.75% 的学生认为老师对于学生的了解程度一般(高燕,2011)。

2. 女性教师的师爱素质优于男性教师

结果发现,女性在师爱素质、爱生情感及其下属因子亲密感、关爱感和投入感,以及爱生能力及其下属因子觉察能力、理解能力和表达能力上的均分均显著高于男性。这一结果与以往有关女性情绪情感敏感性优于男性的结果一致(汪海彬,等,2015),这一结果还与"女性班主任情感素质优于男性班主任"的结果一致(王俊山,2011),并且这一结果还与情绪觉察、情绪智力、情绪调节等的性别差异一致(汪海彬,2013)。究其原因,可能与男性和女性自身的情感特点有关,女性一般被认为情感比较细腻,善于把握自己和他人情感的细微变化,还掌握更多情绪识别的技巧(恰罗基,陈,巴亚尔,2001),而男性在情感上比较粗糙,容易忽视或不在意自己和他人情绪的细微变化。此外,一些研究还试图从生理上去解释这种差异,如大脑结构中女性灰质(波斯等,2010)和边缘皮层尤其是眶额叶皮层体积比较大(格尔,狄克逊,比尔克,2002),而灰质被认为与言语加工和情绪优势加工有关,眶额皮层则更被认为是情感联结区域(格尔等,2002)。可见,不同性别的心理和生理差异可能是导致女性情绪觉察能力均优于男性的共同原因。

3. 中小学教师师爱素质在学段上呈现"V"型

调查结果发现,中小学师爱素质及其下属因子在学段上呈现"V"型,即小学教师师爱素质得分最高,初中教师师爱素质得分最低,高中教师师爱素质得分处于中间,尽管初中和高职教师之间的差异不显著,但高中教师师爱素质及其下属因子上的得分均高于初中教师。这与王俊山(2011)等人得出小学班主任情感素质得分最高,初中班主任次之,高中班主任最低的结果不完全一致,但一致的是小学教师得分最高。这可能与不同学段的教育对象的特点及工作要求有关,小学生自我意识还未成熟,各方面需要教师的引导,也需要教师更多的关心和关爱,由此小学教师的工作环境和工作要求促使其在师爱素质及其各因子上的得分偏高。而高中生因为面临高考这一学业门槛亟待跨越,其学业压力比较重,为此也需要教师日常生活、教学中给予一定的关心,由此也促使高中教师更多关爱和投入,这就需要教师能在平时的生活和教学中觉察学生、理解学生,而学生平时也会因为学业问题积极向教师主动求教,在这种交往中建立起良好的师生关系,结果也的确发现,虽然初中教师和高中教师在师爱素质、爱生情感和爱生能力上的差异不显著,但高中教师在爱生情感的具体因子亲密感上的得分显著高于初中教师。

4. 中小学教师师爱素质在学历上的差异不显著

学历对一个教师的专业素养具有重要的影响。那么,学历不同的中小学教师师爱素质又如何呢?本研究也涉及了这一问题。调查结果发现,不同学历教师在师爱素质、爱生情感及其下属三个因子、爱生能力及其下属三个因子上的差异均不显著,但总体而言还是专科学历教师的师爱素质得分最高,这一结果与以往研究发现"大专学历的班主任情感素质的得分最高"的结果一致(王俊山,2011)。造成这一结果可能与不同学历群体所处的学段有关,小学教师大多为专科学历,而中学教师大多为本科或研究生学历,与此同时小学教师又以女性居多,从上述师爱素质的性别差异和学段差异发现,女性教师和小学教师的师爱素质最高,这会拉高大专学历段教师的得分。当然,由于差异不显著,同时也缺乏相关同类研究的比较,为此关于师爱素质的学历差异还有待今后的进一步深入研究和比较。

5. 语数外和音体美教师的师爱素质最高

调查结果发现,不同科目教师在师爱素质、投入感、爱生能力及下属因子觉察能力和表达能力上的差异显著,具体表现为语数外、理化生科学、音体美教师的爱生情感上的得分显著高于其他教师,语数外和音体美教师在爱生能力和师爱素质上的得分显著高于其他教师。造成这一结果的原因可能有两个方面,一是与学生接触的频率。语数外、理化生和科学教师与学生接触的时间相比而言更多,在频繁的交往中往往能与学生建立起更为亲密的师生关系,在平时教学中也能主动去关爱学生、觉察学生和理解学生，与此同时，作为主课教师他们在日常的教学中往往需要更大的投入，这导致其师爱素质得分较高；第二，与课程内容和特点有关，音体美教师教授的内容为音乐、美术和体育，这些课程往往比较开放，尤其是体育课，并且音乐和美术教学中教师会结合作品有更多的表达，因此其在表达能力上的得分会偏好，由此，音体美教师的师爱素质得分也比较高。

6. 一直担任班主任教师的师爱素质最高

调查发现，一直担任班主任教师在除亲密感外的其他师爱素质及其下属因子上的得分显著高于曾经担任班主任和从未担任班主任差异均显著，并且表现为下降的趋势，即一直担任班主任师爱素质最高，曾经担任班长师爱素质次之，从未担任班主任师爱素质最低。这一结果得到班主任情感素质研究的佐证，王俊山（2011）研究发现，班主任时间长短是影响其情感素质的一个重要因素。此外，徐捷等（2008）的研究也发现，10年以上组的班主任的表现要比其他组好（徐捷，肖庆延，2008）。在中小学里，班主任教师在长期担任期间会积累丰富的与学生交流的经验，其觉察学生、理解学生和表达的能力会得到很大的提升，当然，在担任班主任一职时，他们需要花费更多的时间和精力去管理学生，并在日常管理中去关爱学生，由此其关爱感和投入感得分也比较高。需要提及的是，班主任与否在亲密感上的差异不显著，这可能由于班主任工作特点，在日常生活、教学中需要一丝不苟、不能轻言玩笑等，这会使得学生与班主任在情感上之间有一定的距离，由此其亲密感得分也不高。

7. 市区教师师爱素质最高，郊区或县镇教师最低

调查发现，不同区域教师在师爱素质、爱生情感及其下属因子亲密感、投入感、爱生能力的下属因子理解能力、表达能力上的差异均显著，具体表现为市区教师的师爱素质总分、爱生情感及其下属因子亲密感、投入感、爱生能力及其下属因子理解能力和表达能力上均显著高于郊区或县城教师，市区教师仅在投入感上显著高于农村教师，而其他方面的差异均不显著。造成这一结果的原因可能与不同区域学校的特点和学生的特点有关。一般认为市区学校各方面设施比较完善，学校的待遇也比较好，教师能够更加满意和主动投入到其教学活动中，由此其师爱素质得分较高，一些研究也的确发现城市教师的幸福感最高（张冲，2011）；另一方面，学生的情绪情感特点也可能会影响到教师对学生的态度，卢家楣（2009）对我国25 485名青少年学生的大规模情感素质测查发现，农村学生的乐学感和自强感高于城镇和城市（卢家楣，等，2009），学生良好的情感素质无疑

会感召到教师,激发农村教师对于学生的爱,由此其师爱素质得分也比较好。

8. 新手-熟手-专家型教师的师爱素质比较

为更好地考察不同发展历程教师师爱素质的发展水平,我们引入"新手-熟手-专家型"的研究范式,依据以往研究(凌辉,等,2016;连榕,2004,2015),依据教龄和职称两个方面来操作定义新手、熟手和专家型教师:把职称为高级、教龄在15年以上的教师界定为专家型教师;把职称为初级或无职称、教龄在0—5年之间的教师界定为新手型教师,而处于二者之间的即为熟手型教师。结果发现,新手-熟手-专家型教师在师爱素质、爱生情感及其下属因子、爱生能力及其下属因子上的差异均显著,具体表现为专家型教师的师爱素质、爱生情感和爱生能力最高,爱生情感上熟手教师最低,爱生能力上呈现上升的趋势,即新手教师最低、熟手教师次之、专家教师最高。在爱生情感上,以往虽无直接相关研究结果,但以往研究发现随教龄的增长,教师的正性情绪体验呈下降趋势,但到10年教龄以后其下降渐趋平稳(张冲,2011),这一结果可以比较好的解释熟手型教师爱生情感最低的原因。新手教师由于刚入职,更多倾向于与学生建立友好关系(凌辉,等,2016),因此容易与学生打成一片,其亲密感和关爱感比较高,而熟手型教师教龄在5—15年间,其日常生活可能更多受到抚育子女等家庭任务的牵绊,没有更多精力关爱学生,由此其爱生情感得分比较低。但在爱生能力上则表现为从新手到熟手再到专家呈现上升的趋势,这一结果与国内外研究结果一致,国内外研究者采用"新手-熟手-专家型教师"研究范式进行了多项研究发现专家型教师知识结构(琼克伊拉,2013)、心理表征(芬德尔,2009)、问题课堂知觉(沃尔夫,2016)和课堂信息加工(张学民,申继亮,林崇德,2010)优于新手教师,这可能是由于随教龄的增长,教师个体的教学经验和教学能力得到提高,其在教学中能敏锐地觉察学生、共情地理解学生并能很好的表达自己,由此其爱生能力水平更高。

总之,本部分研究得到的主要结论是:

中小学教师的师爱素质总体尚可,但仍有一定的提升空间,且各因子发展不均衡。

中小学教师师爱素质在性别、任教学段、所教科目、是否担任班主任、学校区域等人口学变量上存在显著性差异。具体表现为:女性得分高于男性;小学、初中和高中的师爱素质呈"V"型,即小学最高,高中次之、初中最低;语数外和音体美教师的师爱素质最高;一直担任班主任师爱素质最高,曾经担任班长次之,从未担任班主任最低;市区教师师爱素质最高,郊区或县镇教师的师爱素质最低。

新手-熟手-专家型教师的师爱素质比较发现,专家型教师的师爱素质最高;在爱生情感上表现为专家型教师最高、新手次之、熟手最低,在爱生能力上表现为从新手到熟手再到专家呈现上升的趋势。

第二节　中小学学生感知的教师师爱素质调查研究

为了更为全面地探索中小学教师师爱素质的发展特征,我们从学生视角出发,编制中小学学生感知的教师师爱素质调查问卷,然后采用该问卷对中小学学生群体实施一定规模的调查,以考察中小学学生感知教师师爱素质的总体特征以及不同人口学变量中小学生感知师爱素质的差异特点,以此从一个侧面反映当前中小学教师师爱素质状况。同时,这一研究又特别契合师爱的关系属性(见第三章)和师爱素质的社会属性(见第四章)——师爱是教师对学生的爱,师爱素质是教师与学生互动过程中体现出来的素质。

一、研究方法

1. 研究对象

根据研究的不同阶段将研究对象分为三个部分:

第一阶段,为初始问卷的探索性因素分析阶段。此阶段调查对象取样上海市一所小学、一所中学,共获得有效问卷 378 份,其中男生 178 人,女生 200 人。

第二阶段,为初始问卷的验证性因素分析及信效度检验阶段。此阶段调查对象取样安徽省一所小学、一所中学,共获得有效问卷 382 份,其中男生 180 人,女生 202 人,并随机选取 50 人进行两周后的重测(其中男生 23 人,女生 27 人)。

第三阶段,正式调查阶段。采用方便取样的方式对来自上海市、安徽省两个省内的 800 名中小学进行施测,共获得有效问卷 730 份,其中男生 344 名,女生 379 名,其他人口学变量的具体信息见表 6 - 10。需要说明的是,我们不仅考察了性别、学段、是否班干、学校类别和学校区域等背景信息,还添加了学生的两个自评成绩,即学业自评和师生关系自评。

表 6 - 10　被试构成情况

变　量	变　量　含　义	人　数	百分比(%)
性　别	男	344	47.1
	女	379	52.4
学　段	小　学	221	30.3
	初　中	287	39.4
	高　中	221	30.3
是否班干	是	346	47.4
	否	378	52.2
学校类别	公　办	501	68.6
	民　办	229	31.4
学校区域	城市市区	452	61.9
	郊区或县城	201	27.5
	乡镇或农村	70	9.6
成绩自评	优　等	99	13.6
	中等偏上	230	31.6
	中　等	251	34.5
	中等偏下	105	14.4
	较　差	42	5.8
自评师生关系	很好	230	31.8
	较　好	286	39.5
	一　般	184	25.4
	较　差	12	1.7
	很　差	12	1.7

2. 研究工具

根据研究的不同阶段共包括 3 个问卷,分别是学生感知师爱素质原始问卷、学生感知师爱素质初始问卷和学生感知师爱素质正式问卷。

问卷一:自编的学生感知师爱素质原始问卷,共有 35 个题项,其中爱生情感 17 题,爱生能力 18 题,问卷采用"完全不符合"、"基本不符合"、"有点不符合"、"有点符合"、"基本符合"和"完全符合"6 级计分;

问卷二:自编的学生感知师爱素质初始问卷,共有 30 个题项,其中爱生情感 15 题,爱生能力 15 题,问卷采用"完全不符合"、"基本不符合"、"有点不符合"、"有点符合"、"基本符合"和"完全符合"6 级计分;

问卷三:自编的学生感知师爱素质正式问卷,共有 27 个题项,其中爱生情感 13 题,爱生能力 14 题,采用"完全不符合"、"基本不符合"、"有点不符合"、"有点符合"、"基本符合"和"完全符合"6 级计分。

3. 研究程序

由于研究包括学生感知师爱素质问卷的验证和正式调查两个部分,因此研究程序也从上述两个部分展开。

(1) 在中小学学生感知师爱素质的编制过程中,为使问卷编制的过程更加科学和严谨,本着理论与实证结合的原则,从以下四个方面展开:首先,依据第五章中小学教师师爱素质的维度并在其基础上形成由 35 题构成的学生感知师爱素质原始问卷;第二,邀请专家组对学生感知师爱素质原始问卷进行评价,主要针对条目是否符合学校教育的实际、语句是否恰当等方面进行评价,合并同义题项,删除不适合中小学生的题项,修改有歧义的题项,最终得到由 30 个题项构成的学生感知师爱素质初始问卷;第三,采用学生感知师爱素质初始问卷对 378 名中小学生进行调查,然后对收回数据进行项目分析、探索性因素分析,删除不符合心理测量学指标的题项,最终得到由 27 个题项构成的学生感知师爱素质验证问卷;第四,采用学生感知师爱素质验证问卷对 382 名中小学生进行调查,对收回数据进行验证性因素分析,并分析验证问卷的效度,以形成正式问卷;最后,结合两次调查的数据对正式问卷进行信度分析,主要分析内部一致性信度和重测信度。

(2) 正式调查过程中,采用纸质问卷对上海市和安徽省的四所学校的 800 名中小学生进行方便取样调查。问卷由研究者与被调查学校进行沟通,确定好时间后由研究者委托取样班级班主任实施现场调查,完成后当场回收;为保证测试质量,逐份检查问卷,共剔除无效问卷 70 份,最终获得 730 份有效问卷。最后将数据录入 Excel 并采用 SPSS19.0 对数据进行统计和分析。

二、研究结果

1.《师爱素质学生感知调查问卷》的编制

(1) 中小学生感知师爱素质原始问卷。

中小学生感知师爱素质原始问卷主要依据第五章所编制具有良好信效度的

《中小学教师师爱素质问卷》为参考,其中师爱素质的 2 层次 6 因子模型得到实证验证。具体而言,师爱素质包括爱生情感和爱生能力两大方面,其中爱生情感又包括亲密感、关爱感和投入感,而爱生能力包括觉察能力、理解能力和表达能力。为此,我们也据此设定学生感知师爱素质的结构与维度,最终形成由 35 个题项组成的学生感知师爱素质原始问卷,问卷采用自评式 6 点量表记分,让被试主观判断自己对题项的赞同程度选择"完全不符合"、"基本不符合"、"有点不符合"、"有点符合"、"基本符合"和"完全符合",分别记 1、2、3、4、5、6 分,其中 3 个题项采用反向计分,得分越高表明学生感知师爱素质越高。

(2) 中小学感知师爱素质初始问卷。

第一,专家评定。将原始问卷以纸质或电子稿的方式征求专家组建议,并对问卷的内容效度进行评价,其评价主要从以下三个方面征求意见:首先,题目是否表达了相应维度的内容? 第二,句子是否体现了教师的工作特点? 第三,句子是否符合中小学学生的阅读水平与阅读习惯,5 位专家对题目初稿进行了审核与修改,其中有些专家非常认真,逐字逐句地对题目进行校正,包括细微之处。在梳理、学习了专家的审核意见后,对问卷初稿进行修改,包括增删题目,完善题目的表述,最终形成由 30 个题项构成的学生感知师爱素质初始问卷。

第二,项目分析。在项目分析方面,为了更好评价和筛选题项,我们采用项目区分度和临界比率值两种方式对学生感知师爱素质问卷的题项进行项目分析。在项目区分度指数法中,把相关系数低于 0.3 的题项删除,共删除相关系数小于 0.3 的题目共 3 题;在临界比率(CR)中首先按总分从高到低排序,将得分高的 27% 设为高分组,将得分低的 27% 作为低分组,然后对两组进行独立样本 t 检验,结果显示高低两组的差异达到显著性水平($p < 0.001$),表明学生感知师爱素质初始问卷具有良好的临界比率。

第三,探索性因素分析。在对学生感知师爱素质问卷进行探索性因素分析时,分别对爱生情感和爱生能力两个分问卷进行探索:

首先,在学生感知教师爱生情感分问卷方面。先考察 KMO 值是否适合进行因素分析,当 KMO 值大于 0.7 时即可进行因素分析。结果显示,抽样适当性参数(Kaiser-Meyer-Olkin Measure of Sampling Adequacy)为 0.913,球形检验的卡方值为 2 349.927,达到极其显著水平($P < 0.001$)。结果显示,学生感知师爱素质问卷非常适合进行因素分析。初次运行时,按特征根大于 1 抽取因子,共抽取 4 个因子,累积解释率为 53.123%。根据因素分析理论和以往删除项目的

标准(项目因素负荷小于 0.40($a<0.40$);共同度小于 0.20)(汪海彬,等,2013,2015),研究采用上述标准对师爱情感前因变量初始分问卷进行项目取舍,然后进行主成分因素分析(principal-components analysis,PCA)和正交极大方差旋转法(Varimax)分析,求出最终的因素负荷矩阵(见表 6‐11)、各因子特征值和贡献率(见表 6‐12)和特征图形的陡阶检验(screen test)(见图 6‐17),最终得到 3 因子模型,由 13 个题项构成,累积解释率为 65.451%。其中,因子 1(包括 5 个题目)考察的是学生感知中小学教师的关爱情感,因此命名为学生感知教师关爱感;因子 2(包括 4 个题目)考察的是学生感知中小学教师的亲密感,因此命名为学生感知教师亲密感;因子 3(包括 4 个题目)考察的是学生感知中小学教师的投入感,因此命名为学生感知教师投入感。

表 6‐11　学生感知教师爱生情感分问卷的因素负荷矩阵

项　目	因 子 1	因 子 2	因 子 3
c20	0.803		
c15	0.799		
c6	0.702		
c8	0.697		
c13	0.621		
c1		0.787	
c19		0.753	
c7		0.749	
c5		0.635	
c2			0.811
c25			0.743
c9			0.732
c21			0.699

表 6‐12　学生感知教师爱生情感分问卷各因素特征值及贡献率

因　素	特 征 值	贡 献 率	累积贡献率%
1	6.432	48.121	48.121
2	2.134	9.499	57.62
3	1.327	7.8371	65.451

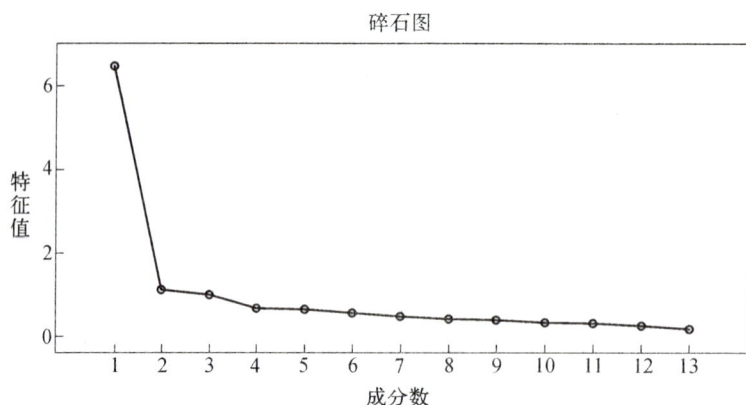

图 6-17　学生感知教师爱生情感分问卷的陡阶检验碎石图

其次,在学生感知教师爱生能力分问卷方面。结果显示,抽样适当性参数(Kaiser-Meyer-Olkin Measure of Sampling Adequacy)为 0.909,球形检验的卡方值为 1 493.817,达到极其显著水平($p < 0.000\ 1$)。结果显示,学生感知教师爱生能力分问卷非常适合进行因素分析。初次运行时,按特征根大于 1 抽取因子,共抽取 4 个因子,累积解释率为 55.162%。根据因素分析理论和以往删除项目的标准(汪海彬,等,2013,2015),进行主成分因素分析(principal-components analysis,PCA)和正交极大方差旋转法(Varimax)分析,求出最终的因素负荷矩阵(见表 6-13)、各因子特征值和贡献率(见表 6-14)和特征图形的陡阶检验(screen test)(见图 6-18),最终得到 3 因子模型,由 14 个题项构成,累积解释率为 67.165%。其中,因子 1(包括 5 个题目)考察的是学生对中小学教师对学生敏锐的观察能力感知,因此命名为学生感知教师觉察能力;因子 2(包括 5 个题目)考察的是学生对中小学教师对学生的理解能力的感知,因此命名为学生感知教师理解能力;因子 3(包括 4 个题目)考察的是学生对中小学教师情绪表达方面的感知,因此命名为学生感知教师表达能力。

表 6-13　学生感知教师爱生能力分问卷的因素负荷矩阵

项　　目	因　子　1	因　子　2	因　子　3
c3	0.857		
c26	0.832		
c14	0.830		
c16	0.811		

（续表）

项　　目	因　子　1	因　子　2	因　子　3
c22	0.754		
c10		0.737	
c4		0.729	
c27		0.721	
c17		0.711	
c23		0.696	
c11			0.713
c24			0.693
c18			0.667
c12			0.619

表 6-14　学生感知教师爱生能力分问卷各因素特征值及贡献率

因　　素	特　征　值	贡　献　率	累积贡献率%
1	7.687	50.431	50.431
2	2.001	9.377	59.808
3	1.023	7.357	67.165

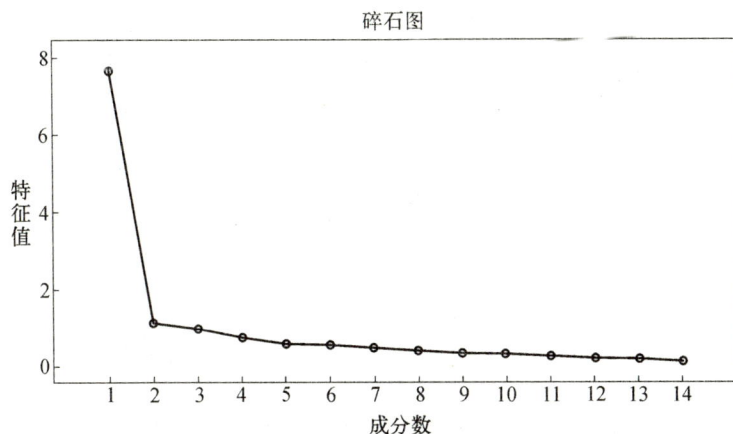

图 6-18　学生感知教师爱生能力分问卷的陡阶检验碎石图

　　第四，验证性因素分析。为了考查学生感知师爱素质验证问卷的结构效度，采用 LISREL8.80 分别对学生感知爱生情感分问卷、学生感知爱生能力分问卷和学生感知师爱素质总问卷进行了验证性因素分析，在模型检验时，初始模型均为探索性因素分析所形成的结果模型。在分析过程中,如果拟合指数不理想,则根据修正指数对模型进行调整,从而提升模型的拟合效果。

首先,在学生感知师爱情感分问卷上,经过运行发现,学生感知爱生情感分问卷的拟合达到要求,χ^2/df 小于 5,$RMSEA$ 小于 0.10,$NNFI$、CFI、GFI、$AGFI$ 等各项拟合度指标均大于 0.90,显示了较好的拟合效果,说明学生感知爱生情感三因子模型是可以接受的。具体的拟合指标详见表 6-15。因子的标准化系数、各观测量的误差方差详见所构建的模型图(图6-19)。

表 6-15 学生感知师爱素质问卷假设模型的拟合度指标

	χ^2	df	χ^2/df	$RMSEA$	$NNFI$	CFI	GFI	$AGFI$
学生感知爱生情感	462.54	162	2.85	0.09	0.97	0.97	0.92	0.90
学生感知爱生能力	716.30	174	4.12	0.09	0.97	0.97	0.92	0.90
学生感知师爱素质	81.78	19	4.30	0.08	0.98	0.99	0.96	0.92

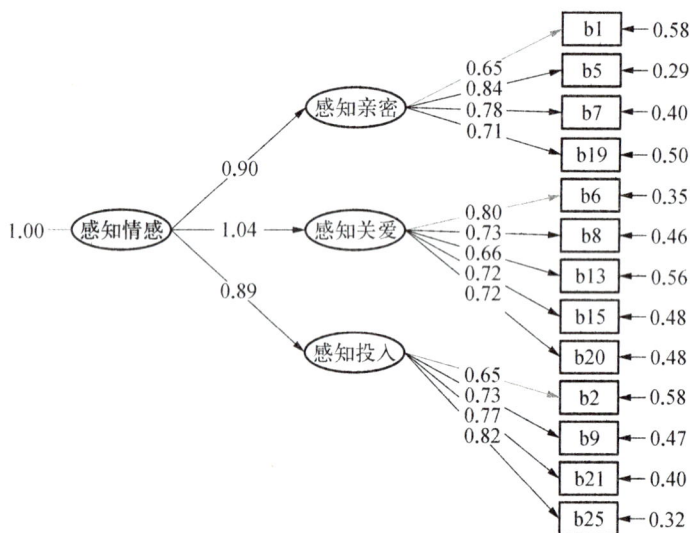

图 6-19 学生感知爱生情感验证性因素分析模型图

其次,在学生感知师爱能力分问卷上,经过运行发现,在学生感知爱生能力分问卷上,学生感知师爱情感分问卷的拟合达到要求,χ^2/df 小于 5,$RMSEA$ 小于 0.10,$NNFI$、CFI、GFI、$AGFI$ 等各项拟合度指标均大于 0.90,显示了较好的拟合效果,说明学生感知爱生能力三因子模型是可以接受的。具体的拟合指标详见表

6-14。因子的标准化系数、各观测量的误差方差详见所构建的模型图(图6-20)。

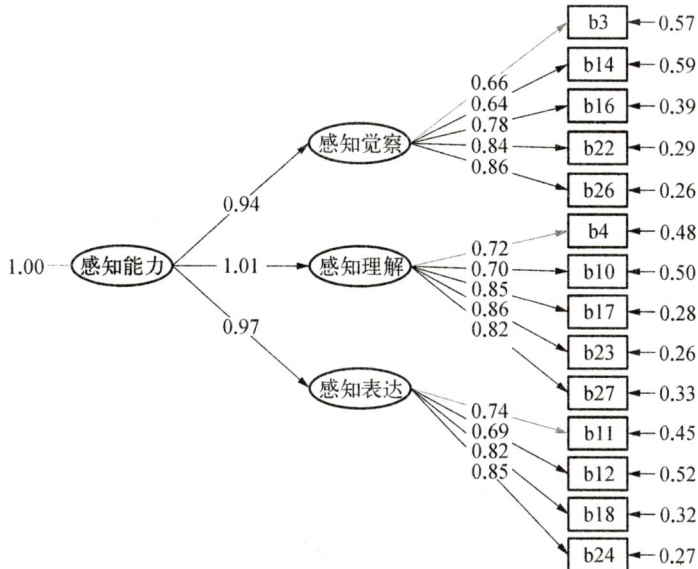

图 6-20　学生感知爱生能力验证性因素分析模型图

　　再次,在学生感知师爱素质总问卷上,经过运行发现,学生感知师爱情感分问卷的拟合达到要求,χ^2/df 小于 5,$RMSEA$ 小于 0.10,$NNFI$、CFI、GFI、$AGFI$ 等各项拟合度指标均大于 0.90,显示了较好的拟合效果,说明学生感知师爱素质模型是可以接受的。具体的拟合指标详见表 6-14。因子的标准化系数、各观测量的误差方差详见所构建的模型图(图6-21)。

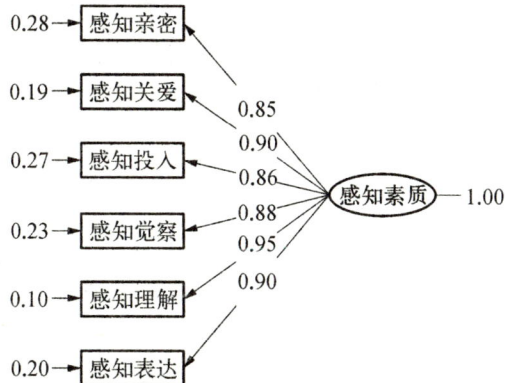

图 6-21　学生感知师爱素质验证性因素分析模型图

（3）中小学生感知师爱素质正式问卷。

为进一步考察中小学生感知师爱素质正式问卷的信效度，拟从区分效度、内部一致性信度和重测信度和三个方面加以考察。

第一，区分效度。在学生感知爱生情感方面，结果显示（见表 6 - 16），学生感知爱生情感下属三个因子之间的相关系数在 0.683 - 0.782 之间，属于呈中等程度相关，但三因子与学生感知爱生情感分问卷总分的相关均在 0.881 以上，这表明学生感知爱生情感分问卷具有良好的区分效度；在学生感知爱生能力方面，结果显示（见表 6 - 17），学生感知爱生能力下属三个因子之间的相关系数在 0.761 - 0.856 之间，属于呈中等程度相关，但三因子与爱生能力分问卷总分的相关均在 0.919 及以上，这表明学生感知爱生能力分问卷具有良好的区分效度；在学生感知师爱素质方面，结果显示（见表 6 - 18），学生感知师爱素质下属两个因子之间的相关系数为 0.923，而这两个因子与学生感知师爱素质问卷总分的相关均在 0.980 以上，这表明学生感知师爱素质问卷具有良好的区分效度。

表 6 - 16 学生感知爱生情感下属三个因子与
感知爱生情感分问卷之间的相关

	亲密感感知	关爱感感知	投入感感知
亲密感感知	——		
关爱感感知	0.775	——	
投入感感知	0.683	0.782	——
爱生情感感知	0.917	0.934	0.881

表 6 - 17 学生感知爱生能力下属三个因子与学生
感知爱生能力分问卷之间的相关

	觉察能力感知	理解能力感知	表达能力感知
觉察能力感知	——		
理解能力感知	0.846	——	
表达能力感知	0.761	0.856	——
爱生能力感知	0.919	0.962	0.933

第二，内部一致性信度。由表 6 - 19 可知，学生感知爱生情感和学生感知爱生能力分问卷的内部一致性系数为 0.917 和 0.930 4，学生感知师爱素质总问卷的内部一致性系数达 0.957。问卷 6 个下属因子的内部一致性系数在 0.767 -

0.855之间,这表明中小学生感知师爱素质问卷及两个分问卷均具有良好的内部一致性信度,其作为学生感知师爱素质的调查工具是稳定可信的。

表6-18　学生感知师爱素质下属三个因子与学生
感知师爱素质分问卷之间的相关

	爱生情感感知	爱生能力感知
爱生情感感知	——	
爱生能力感知	0.923	——
师爱素质感知	0.980	0.981

表6-19　学生感知师爱素质问卷的内部一致性分析结果

总　问　卷	分　问　卷	题目数	内部一致性系数
爱生情感感知	亲密感知	4	0.782
	关爱感知	5	0.838
	投入感知	4	0.767
	爱生情感感知分问卷	13	0.917
爱生能力感知	觉察能力感知	5	0.827
	理解能力感知	5	0.829
	表达能力感知	4	0.855
	爱生能力感知分问卷	14	0.930
师爱素质感知		27	0.957

第三,重测信度。信度即测量问卷在不同对象间测量时或在不同时间对同一对象测量时所得结果的相似程度。信度除了用系数或内部一致性来标识外,还常用重测信度即稳定性系数来标识。为了考察中小学生感知师爱情感素问卷的稳定性系数,对问卷进行了重测,重测的间隔时间为两周,最后根据匹配的有效数据,计算总问卷及各分问卷前后两次测量结果的相关,各分问卷稳定性系数在0.656-0.759之间,总问卷达到0.813,均达到十分显著的相关程度,表明自编的中小学生感知教师师爱素质问卷具有良好的重测信度。

2. 中小学生感知的教师师爱素质调查结果

(1)中小学生感知师爱素质的总体情况。

结果发现(见表6-20),被调查中小学生感知教师师爱素质的总平均得分为5.10分,略高于问卷设定的5(基本符合),表明总体上当前中小学学生感知的教师师爱素质良好,但与问卷设定的 6(完全符合)还有一定的差距,表明当前中小学生感知师爱素质还有一定的提升空间。在具体因子上,学生感知爱生情感及其下属因子亲密感感知、关爱感感知和投入感感知的得分在 4.88—5.22 之间,学生感知爱生能力及其下属因子觉察能力感知、理解能力感知和表达能力感知的得分在 5.03—5.23 之间,其中得分最高的学生感知爱生情感为投入感感知(5.34),这也是学生感知师爱素质中得分最高的,得分最高的学生感知爱生能力为觉察能力感知(5.23);而得分最低的爱生情感感知为亲密感感知(4.70)、这也是师爱素质中得分最低的,得分最低的爱生能力感知为理解能力感知(5.03)。

表 6 - 20　中小学生感知师爱素质得分状况

	最 小 值	最 大 值	M	SD
亲密感感知	1.00	6.00	4.70	1.10
关爱感感知	1.00	6.00	5.14	0.95
投入感感知	1.00	6.00	5.37	0.78
爱生情感感知	1.00	6.00	5.07	0.86
觉察能力感知	1.00	6.00	5.23	0.86
理解能力感知	1.00	6.00	5.03	1.01
表达能力感知	1.00	6.00	5.15	0.98
爱生能力感知	1.00	6.00	5.14	0.89
师爱素质感知	1.00	6.00	5.10	0.86

　　进一步,我们比较了中小学教师师爱素质的教师自评与学生感知结果(见图 6 - 22),结果发现,除了亲密感和关爱感方面的教师自评高于学生感知外,其余各因子上均表现为教师自评得分低于学生感知得分。有趣的是,教师自评和学生感知一致的地方是,得分最低的爱生情感均为亲密感、得分最低的爱生能力均为理解能力,但在得分最高的因子方面,教师与学生出现了不一致,学生感知中最高的爱生情感为投入感,而教师自评则为关爱感;学生感知最高的爱生能力为觉察能力,而教师自评则为理解能力。

　　(2) 中小学生感知师爱素质的性别差异。

　　分别以中小学生感知的情感素质总均分、爱生情感和爱生能力及其下属6个具体因子为因变量,以性别为自变量,进行独立样本 t 检验。结果发现(见表 6 - 21),中小学生感知师爱素质及其下属因子的性别差异均不显著($p > 0.05$)。

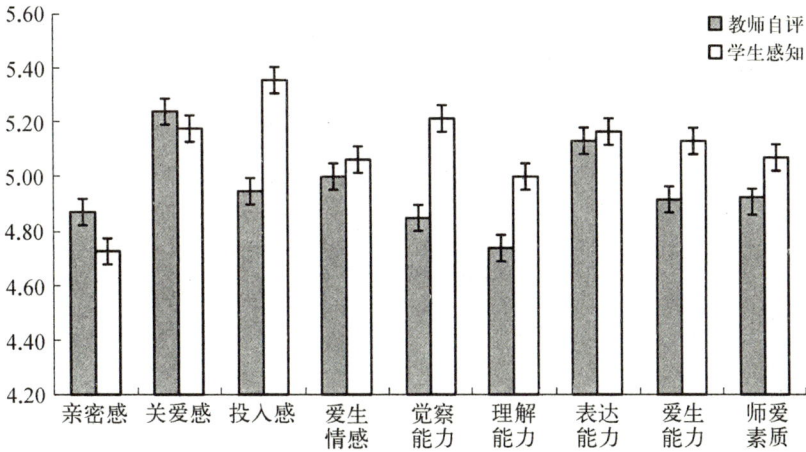

图 6‑22　中小学教师师爱素质教师自评与学生感知的比较

表 6‑21　中小学生感知师爱素质的性别差异

	男		女		t	p
	M	SD	M	SD		
亲密感感知	4.74	1.10	4.67	1.10	0.85	0.398
关爱感感知	5.13	1.03	5.15	0.87	−0.40	0.692
投入感感知	5.40	0.77	5.35	0.79	0.86	0.393
爱生情感感知	5.09	0.88	5.06	0.85	0.47	0.636
觉察能力感知	5.25	0.88	5.21	0.84	0.52	0.602
理解能力感知	5.05	1.01	5.01	1.01	0.52	0.601
表达能力感知	5.14	1.00	5.17	0.96	−0.39	0.699
爱生能力感知	5.15	0.90	5.13	0.89	0.22	0.823
师爱素质感知	5.12	0.87	5.09	0.85	0.35	0.724

（3）中小学生感知师爱素质的学段差异。

　　分别以中小学生感知的师爱素质总均分、爱生情感和爱生能力及其下属6个具体因子为因变量，以学生学段为自变量，进行单因素方差分析。结果发现不同学段学生感知的师爱素质、爱生情感及其下属因子亲密感、爱生能力上的差异均显著（$p < 0.001$）。为进一步量化考察不同学段学生感知的教师师爱素质的差异，采用事后多重比较进行分析，结果显示（见表6‑22）：小学生感知的爱生情感及其下属因子上的得分均显著高于初中和高中群体（$p < 0.01$ 或 $p < 0.001$），并且在投入感感知上初中显著高于高中（$p < 0.01$），小学生感知的爱生能力及其下属因子上的得分均显著高于初中和高中群体（$p < 0.01$ 或 $p <$

师爱素质研究

0.001),并且在觉察能力感知上初中显著高于高中($p<0.01$)。图 6 - 23、图 6 - 24和图 6 - 25也直观显示了上述结果,由图可知,不同学段学生感知的师爱素质及其下属因子得分随着学段的上升呈下降的趋势。

表 6 - 22　中小学生感知师爱素质的学段差异

	小学①		初中②		高中③		F	p	多重比较结果
	M	SD	M	SD	M	SD			
亲密感感知	5.03	1.08	4.58	1.13	4.52	0.99	15.66	<0.001	①>②/③***
关爱感感知	5.43	0.88	5.03	1.07	5.00	0.76	15.50	<0.001	①>②/③***
投入感感知	5.58	0.71	5.38	0.81	5.15	0.76	17.76	<0.001	①>②/③***,②>③**
爱生情感知	5.35	0.80	4.99	0.92	4.89	0.77	18.52	<0.001	①>②/③***
觉察能力感知	5.58	0.62	5.18	0.97	4.94	0.81	33.24	<0.001	①>②/③***,②>③**
理解能力感知	5.37	0.88	4.94	1.09	4.80	0.93	20.22	<0.001	①>②/③***
表达能力感知	5.43	0.87	5.06	1.07	4.99	0.89	13.67	<0.001	①>②/③***
爱生能力感知	5.46	0.73	5.06	0.98	4.91	0.83	23.81	<0.001	①>②/③***
师爱素质感知	5.40	0.74	5.03	0.93	4.90	0.79	22.00	<0.001	①>②/③***

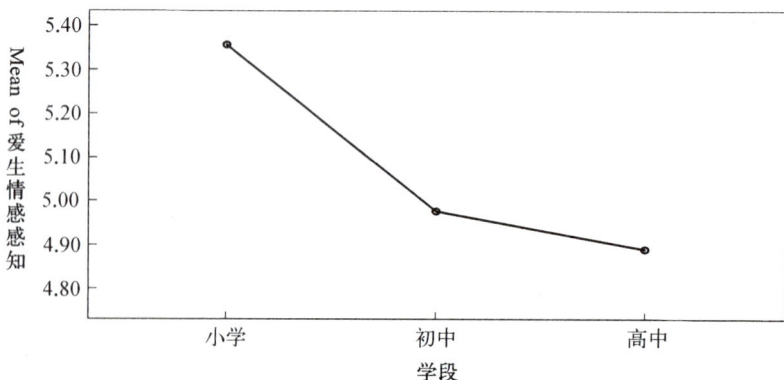

图 6 - 23　中小学生爱生情感感知的学段差异

(4) 中小学生感知师爱素质在班干部变量上的差异。

分别以中小学生感知的情感素质总均分、爱生情感和爱生能力及其下属6个具体因子为因变量,以学生是否班干部为自变量,进行独立样本 t 检验。结果发现(见表 6 - 23),班干学生感知的师爱素质及其下属因子上的得分均高于非

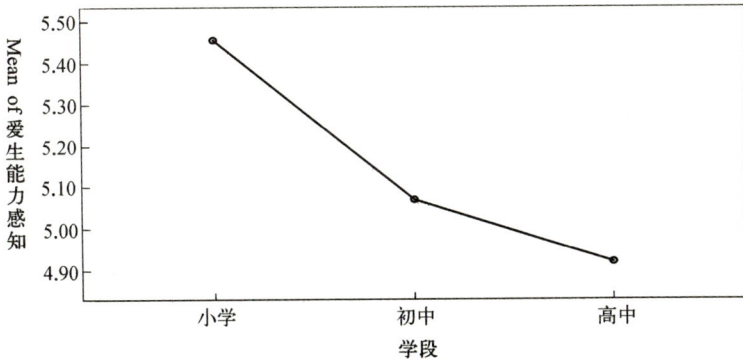

图 6‑24　中小学生爱生能力感知的学段差异

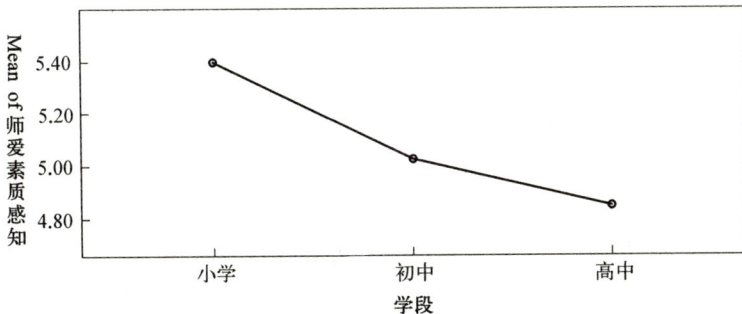

图 6‑25　中小学生师爱素质感知的学段差异

班干学生,但仅在爱生情感感知及其下属因子亲密感感知、爱生能力感知及其下属因子理解能力感知和表达能力感知、师爱素质感知上的差异显著($p<0.05$ 或 $p<0.01$),图 6‑26 也呈现了上述结果。

表 6‑23　中小学生感知师爱素质在班干部变量上的差异

	班　干		非　班　干		t	p
	M	SD	M	SD		
亲密感感知	4.80	1.09	4.61	1.09	2.42	0.016
关爱感感知	5.22	0.90	5.08	0.97	1.94	0.053
投入感感知	5.43	0.75	5.32	0.81	1.88	0.060
爱生情感感知	5.15	0.83	5.00	0.87	2.32	0.021
觉察能力感知	5.30	0.83	5.17	0.88	1.96	0.050
理解能力感知	5.12	1.00	4.95	1.00	2.41	0.016
表达能力感知	5.25	0.96	5.06	0.99	2.66	0.008
爱生能力感知	5.23	0.87	5.06	0.90	2.51	0.012
师爱素质感知	5.19	0.84	5.03	0.87	2.47	0.014

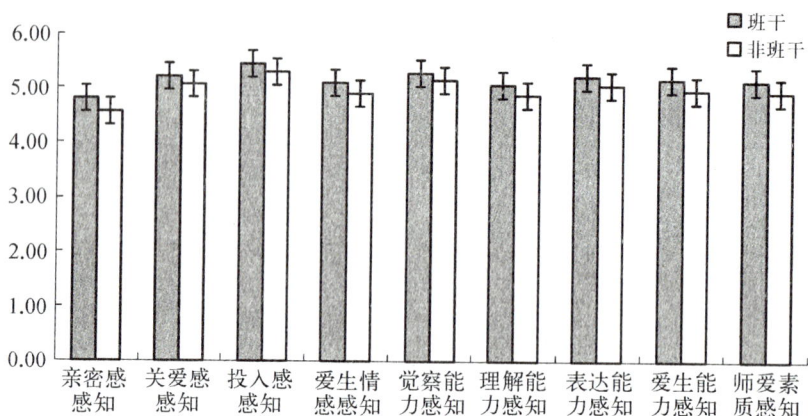

图 6-26　中小学生师爱素质感知在班干部变量上的差异

（5）中小学生感知师爱素质的学校类型差异。

分别以中小学生感知的情感素质总均分、爱生情感和爱生能力及其下属 6 个具体因子为因变量，以性别为自变量，进行独立样本 t 检验。结果发现（见表 6-24），来自公办学校的学生的感知师爱素质及其下属因子上的得分均高于来自民办学校（$p < 0.01$ 或 $p < 0.001$），图 6-27 也呈现了上述结果。

表 6-24　中小学生感知师爱素质的学校类型差异

	公　办		民　办		t	p
	M	SD	M	SD		
亲密感感知	4.84	1.11	4.39	1.01	5.27	<0.001
关爱感感知	5.20	0.97	5.01	0.88	2.64	0.009
投入感感知	5.43	0.76	5.24	0.81	3.03	0.003
爱生情感感知	5.16	0.87	4.88	0.81	4.13	<0.001
觉察能力感知	5.32	0.83	5.02	0.90	4.41	<0.001
理解能力感知	5.14	0.98	4.77	1.02	4.68	<0.001
表达能力感知	5.25	0.95	4.94	1.00	4.13	<0.001
爱生能力感知	5.24	0.87	4.91	0.91	4.70	<0.001
师爱素质感知	5.20	0.85	4.89	0.84	4.51	<0.001

（6）中小学生感知师爱素质的学校区域差异。

分别以中小学生感知的师爱情感素质总均分、爱生情感和爱生能力及其下属 6 个具体因子为因变量，以学生所在学校的区域为自变量，进行单因素方差分

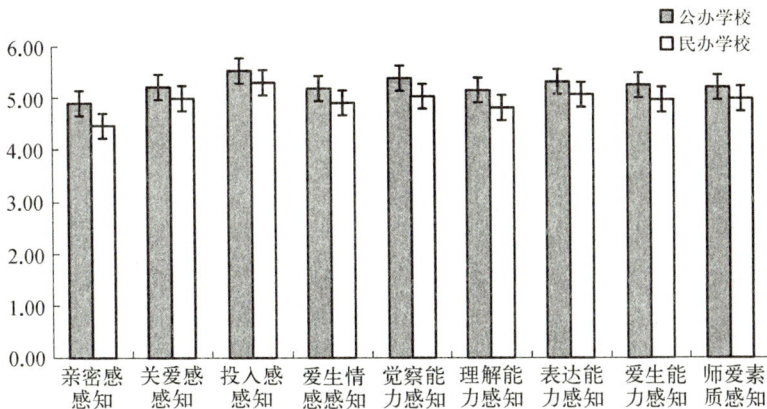

图 6-27 中小学生师爱素质感知的学校类型差异

析。结果发现不同学校区域学生感知的师爱素质及其下属因子上的差异均显著（$p < 0.001$）。为进一步量化考察不同学校区域学生感知的师爱素质的差异，采用事后多重比较进行分析，结果显示（见表 6-25）：来自郊区或县城学校学生的感知师爱素质及其下属因子得分最高，市区学校的学生次之，农村学校的最差，且除了投入感感知市区和农村之间的差异不显著外，学生感知的师爱素质及其下属因子在学校区域上的差异均显著（$p < 0.01$ 或 $p < 0.001$），图 6-28、图 6-29 和图 6-30 也直观显示了上述结果，由图可知，不同学校类型中小学生感知的师爱素质及其下属因子得分呈现倒"V"趋势。

表 6-25　中小学生感知师爱素质的学校类型差异

	市区①		郊区或县城②		农村③		F	p	多重比较结果
	M	SD	M	SD	M	SD			
亲密感感知	4.54	1.05	5.26	0.93	4.10	1.15	46.67	<0.001	②>①>③**
关爱感感知	5.08	0.87	5.51	0.81	4.52	1.24	34.41	<0.001	②>①>③***
投入感感知	5.28	0.77	5.65	0.69	5.09	0.88	21.37	<0.001	②>①***，②>③***
爱生情感感知	4.97	0.81	5.47	0.74	4.57	0.99	41.39	<0.001	②>①>③***
觉察能力感知	5.12	0.86	5.62	0.65	4.85	1.01	33.52	<0.001	②>①>③**
理解能力感知	4.91	1.00	5.50	0.79	4.50	1.13	38.18	<0.001	②>①>③**
表达能力感知	5.06	0.95	5.55	0.78	4.65	1.21	30.19	<0.001	②>①>③**
爱生能力感知	5.03	0.87	5.55	0.70	4.67	1.03	38.83	<0.001	②>①>③**
师爱素质感知	5.00	0.82	5.51	0.71	4.62	0.99	41.85	<0.001	②>①>③**

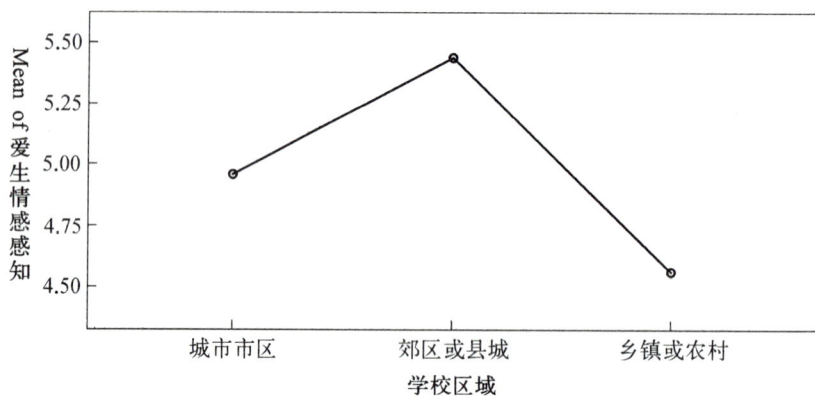

图 6‑28 中小学生爱生情感感知的学校区域差异

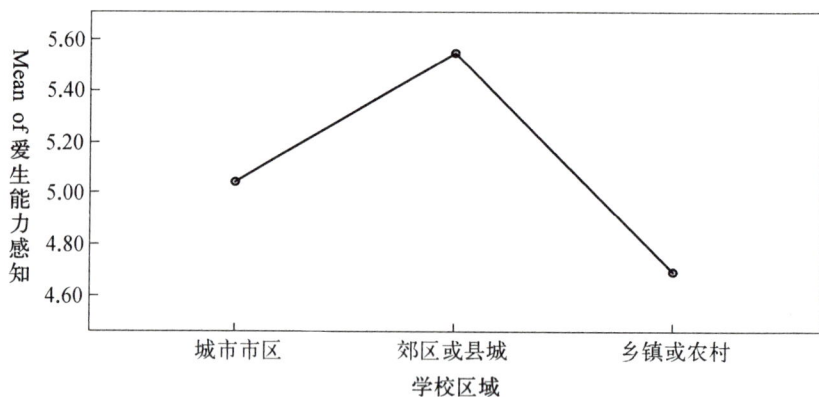

图 6‑29 中小学生爱生能力感知的学校类型差异

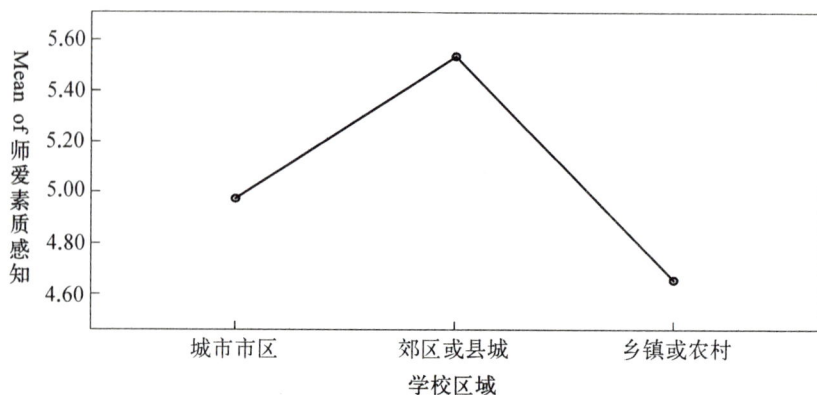

图 6‑30 中小学生师爱素质感知的学校类型差异

（7）中小学生感知师爱素质的学业自评差异。

分别以中小学生感知的师爱情感素质总均分、爱生情感和爱生能力及其下属6个具体因子为因变量，以学生学业自评为自变量，进行单因素方差分析。结果发现仅在觉察能力感知上，不同学业自评学生间的差异显著（$p<0.05$），事后多重比较进行分析，结果显示（见表6-26）：优等生显著高于中等和中等偏下学生，图6-31也直观显示了上述结果。

表6-26　中小学生感知师爱素质的学业自评差异

	优等①		中等偏上②		中等③		中等偏下④		较差⑤		F	p	多重比较结果
	M	SD	M	SD	M	SD	M	SD	M	SD			
亲密感感知	5.31	0.86	4.66	0.97	4.08	1.09	3.60	1.43	4.27	1.41	44.22	0.86	——
关爱感感知	5.59	0.69	5.18	0.82	4.65	0.99	3.93	1.46	4.35	1.63	38.96	0.69	——
投入感感知	5.70	0.63	5.40	0.66	4.99	0.83	4.50	1.43	4.88	1.16	30.94	0.63	——
爱生情感感知	5.53	0.65	5.08	0.71	4.57	0.88	4.01	1.32	4.50	1.30	47.66	0.65	——
觉察能力感知	5.66	0.60	5.27	0.73	4.72	0.95	4.45	1.40	4.85	1.17	41.48	0.60	①>③/④
理解能力感知	5.52	0.75	5.06	0.86	4.47	1.10	4.08	1.58	4.22	1.34	38.95	0.75	——
表达能力感知	5.62	0.72	5.18	0.84	4.67	1.01	3.85	1.82	4.27	1.62	39.47	0.72	——
爱生能力感知	5.60	0.63	5.17	0.74	4.62	0.96	4.13	1.54	4.45	1.28	46.06	0.63	——
师爱素质感知	5.57	0.63	5.13	0.71	4.60	0.90	4.07	1.41	4.47	1.26	49.18	0.63	——

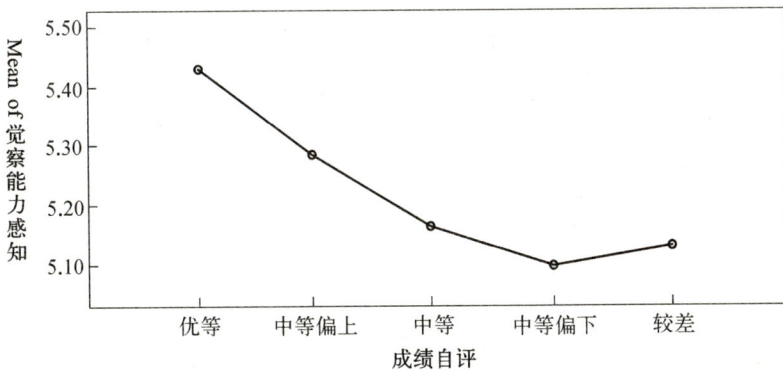

图6-31　中小学生感知教师觉察能力的学业自评差异

我们还对学生感知师爱素质与学业自评之间进行了相关分析，结果发现（见表6-27），师爱素质感知、爱生情感感知和爱生能力感知及其下属因子觉察能力感知、表达能力感知与学业自评呈显著负相关，这表明师爱素质感知、爱生情感感知和爱生能力感知及其下属因子觉察能力感知、表达能力感知随着学业自评上升而上升。

表 6-27　中小学生感知师爱素质与学业自评的相关系数

	1	2	3	4	5	6	7	8	9
1 成绩自评	1								
2 亲密感感知	−.065	1							
3 关爱感感知	−.073	.775**	1						
4 投入感感知	−.086*	.683**	.782**	1					
5 爱生情感感知	−.080*	.917**	.934**	.881**	1				
6 觉察能力感知	−.109**	.732**	.784**	.789**	.839**	1			
7 理解能力感知	−.063	.821**	.844**	.800**	.902**	.846**	1		
8 表达能力感知	−.073	.748**	.821**	.780**	.856**	.761**	.856**	1	
9 爱生能力感知	−.086*	.819**	.871**	.841**	.923**	.919**	.962**	.933**	1
10 师爱素质感知	−.085*	.884**	.920**	.877**	.980**	.897**	.951**	.913**	.981**

（8）中小学生感知师爱素质的师生关系自评差异。

分别以中小学生感知的师爱情感素质总均分、爱生情感和爱生能力及其下属 6 个具体因子为因变量，以学生学业自评为自变量，进行单因素方差分析。结果发现不同师生关系自评学生在感知的师爱素质总分及其下属因子上的得分均显著（$p < 0.001$），事后多重比较进行分析，结果显示（见表 6-28）：除了很差外，师爱素质感知及其下属因子随着师生关系自评上升而上升，且差异显著，图 6-32、图 6-33 和图 6-34 均显示上述结果。我们还对学生感知师爱素质与师生关系自评之间进行了相关分析，结果也验证了上述结果（见表 6-29）。

表 6-28　中小学生感知师爱素质的师生关系自评差异

	很好①		较好②		一般③		较差④		很差⑤		F	p	多重比较结果
	M	SD	M	SD	M	SD	M	SD	M	SD			
亲密感感知	4.89	1.12	4.74	1.13	4.62	1.03	4.55	1.17	4.80	1.04	1.73	<0.001	
关爱感感知	5.26	0.95	5.20	0.95	5.09	0.89	5.02	1.07	5.10	0.87	1.18	<0.001	
投入感感知	5.51	0.69	5.41	0.80	5.32	0.75	5.29	0.88	5.30	0.80	1.60	<0.001	
爱生情感感知	5.22	0.83	5.12	0.87	5.01	0.81	4.96	0.97	5.07	0.83	1.69	<0.001	①>
觉察能力感知	5.41	0.80	5.30	0.86	5.16	0.84	5.11	0.93	5.14	0.93	2.60	<0.001	②>
理解能力感知	5.19	0.96	5.05	1.05	4.97	0.95	4.95	1.09	5.01	1.05	1.08	<0.001	③>
表达能力感知	5.25	0.99	5.21	1.00	5.13	0.90	5.01	1.05	5.07	1.06	1.12	<0.001	④
爱生能力感知	5.29	0.84	5.19	0.91	5.09	0.85	5.02	0.96	5.07	0.98	1.57	<0.001	
师爱素质感知	5.25	0.82	5.15	0.87	5.05	0.81	4.99	0.95	5.07	0.89	1.68	<0.001	

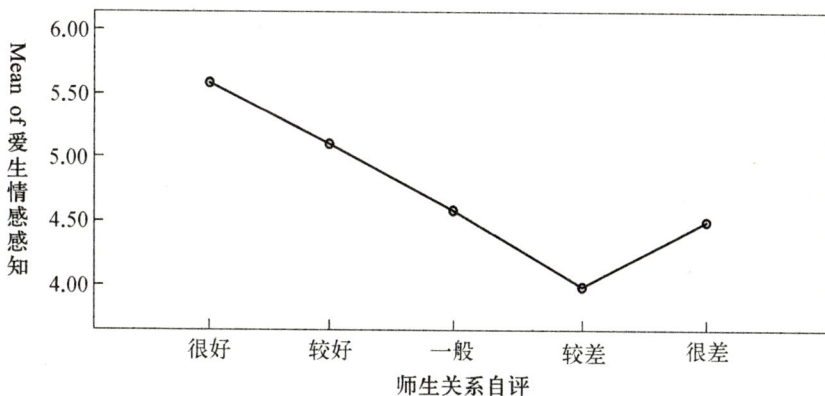

图 6‑32　中小学生爱生情感感知的师生关系自评差异

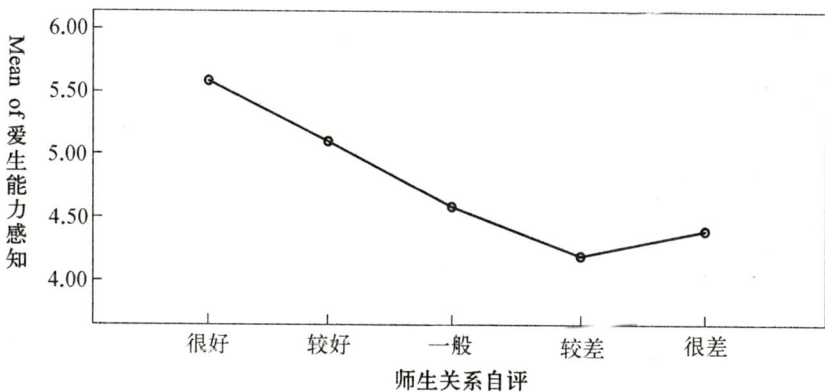

图 6‑33　中小学生爱生能力感知的师生关系自评差异

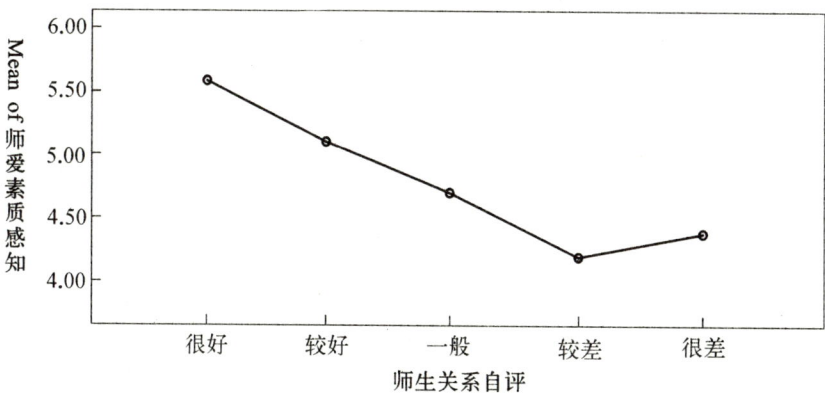

图 6‑34　中小学生师爱素质感知的师生关系自评差异

表 6 - 29　中小学生感知师爱素质与师生关系自评的相关系数

	1	2	3	4	5	6	7	8	9
1 成绩自评	1								
2 亲密感感知	−.419**	1							
3 关爱感感知	−.412**	.775**	1						
4 投入感感知	−.370**	.683**	.782**	1					
5 爱生情感感知	−.442**	.917**	.934**	.881**	1				
6 觉察能力感知	−.409**	.732**	.784**	.789**	.839**	1			
7 理解能力感知	−.412**	.821**	.844**	.800**	.902**	.846**	1		
8 表达能力感知	−.416**	.748**	.821**	.780**	.856**	.761**	.856**	1	
9 爱生能力感知	−.439**	.819**	.871**	.841**	.923**	.919**	.962**	.933**	1
10 师爱素质感知	−.449**	.884**	.920**	.877**	.980**	.897**	.951**	.913**	.981**

三、讨论与结论

1. 编制了具有良好信、效度的师爱素质学生感知问卷

要从学生视角考察当前中小学教师师爱素质的发展特征,就必须首先要编制具有良好信效度的中小学生感知师爱素质问卷。为此,在问卷编制过程中,我们依然遵循自上而下和自下而上相结合的方式,即自上而下指的是在系统梳理和分析已有师爱相关文献的基础上,结合教师师爱素质的结构和维度;所谓自下而上指的是通过开放式调查、个案、访谈等方法搜集感知师爱素质的行为样例,为设计学生感知师爱素质的原始题项提供材料。与此同时,问卷编制过程中还严格要求问卷编制的科学程序:邀请专家对问卷进行评定修正,最后形成初始问卷。在初始问卷的基础上进行施测,通过项目分析和探索性因素分析删除不符合要求的题项,然后再施测进行验证性因素分析,以验证问卷的结构效度等。在参考同类相关问题题目的基础上,结合个人访谈、开放式问卷等形成由 35 个题目构成的学生感知师爱素质原始问卷;紧接着邀请专家组对感知师爱素质原始题项进行评价,合并同义题项,删除不适合中小学生的题项,修改有歧义的题项,最终得到由 30 个题项构成的学生感知师爱素质初始问卷;继而通过项目分析和探索性因素分析,删除不符合心理测量学指标的题项,得到由 27 个题项构成的学生感知师爱素质验证问卷,然后施测并进行验证性因素分析,最终得到与教师师爱素质一致的,由两层次共 6 因子构成的学生感知师爱素质正式问卷。

可见,整个问卷的编制过程遵循理论和实证相结合的原则,并严格遵从心理测量学的要求和程序,由此得出的学生感知师爱素质结构是科学的。

在验证学生感知师爱素质问卷结构的同时,我们还检验了其信度与效度。首先,在内部一致性信度方面,结果发现总问卷的内部一致性系数达到 0.957,其下属 6 个因子的内部一致性系数在 0.767—0.855 之间,这表明中小学生感知师爱素质问卷具有良好的内部一致性信度。第二,在重测信度方面。结果发现,各分问卷稳定性系数在 0.656—0.759 之间,总问卷达到 0.813,均达到十分显著的相关程度,这表明中小学生感知师爱素质问卷具有良好的重测信度。第三,在内容效度方面,问卷编制从开放式问卷开始,到之后的专家评定、项目分析、因素分析等各个环节均采用理论与实践相结合、自上而下的理论构建和自下而上的一线群体资料搜集相结合,问卷所要调查的内容与理论构想是相吻合的,测得研究者所要测的学生对教师师爱的感知,因此问卷具有良好的内容效度;第四,在结构效度方面,采用探索性因素分析和验证性因素分析相结合的方式展开,并依据交叉验证(cross-validity)的法则,两次因素分析分别取样。结果发现问卷的各项拟合指标上都达到了可以接受的统计学标准,这表明问卷具有较好的结构效度;最后,在区分效度方面,结果发现分问卷之间、下属因子之间的相关处于中等程度相关,而分问卷与总问卷、下属因子与分问卷之间则呈现高相关,这表明整个问卷具有良好的区分效度。总之,中小学生感知教师师爱素质问卷具有良好的信度和效度。

2. 探索了中小学生感知的教师师爱素质的现状特点

采用上述具有良好信效度的《师爱素质学生感知调查问卷》对 730 名中小学生进行调查,从实证视角探索了当前中小学感知教师师爱素质的现状特点和差异特征,具体表现为以下几个方面:

(1) 学生感知的师爱素质总体现状与教师调查结果总体一致。

调查结果发现,中小学生感知教师师爱情感素质的总平均得分为 5.10 分,略高于问卷设定的 5(基本符合),而教师师爱素质的结果发现中小学教师师爱素质的总平均得分为 4.97 分,介于问卷设定的 4 分(有点符合)与 5 分(基本符合),接近问卷设定的 5 分(基本符合),可见,在总体现状上,学生感知和教师自评结果大体一致,这表明总体上当前中小学教师的师爱素质良好,这是令人可喜的,这一结果与以往有关师爱现状调查结果比较相似,如胡锋训等对班主任师爱进行调查发现,74.9%的教师能从良心出发干好教师和班主任的本职工作(胡锋训,2015)。这与中国传统文化对教师的要求和党和政府一直重视教师的师资队伍建设有关(见本章第一节的分析)。

在具体因子上,得分最高的学生感知爱生情感为投入感感知,这也是学生感知师爱素质中得分最高的,得分最高的学生感知爱生能力为觉察能力感知(5.23);而得分最低的爱生情感感知为亲密感感知(4.70),这也是师爱素质中得分最低的,得分最低的爱生能力感知为理解能力感知(5.03)。与教师调查结果比较发现,结果比较有趣:教师调查和学生调查一致,得分最低的爱生情感均为亲密感、得分最低的爱生能力均为理解能力,但得分最高的因子教师与学生出现了不一致,学生感知中最高的爱生情感为投入感,而教师自评则为关爱感;学生感知最高的爱生能力为觉察能力,而教师自评则为理解能力。可见,学生感知和教师自评尽管在得分较高上出现一些分歧,但得分较低的两个因子却达成共识:即师生之间的亲密感和教师对学生的理解能力,这与以往研究比较一致:高燕关于一项感知"师爱"的调查发现30.88%的学生认为老师对于学生的了解程度很差,61.75%的学生认为老师对于学生的了解程度一般(高燕,2011),这一结果为师爱素质的培养和教师专业发展提供实证证据,即教师要在亲密感和理解能力上有更自觉地提升。

(2)中小学生师爱素质感知的学段差异与教师调查结果大体一致。

调查结果发现,不同学段中小学生感知的师爱素质及其下属因子得分呈随学段的上升而下降的趋势,这与教师的调查结果大体一致:教师师爱素质调查发现,中小学师爱素质及其下属因子在学段上呈现"V"型,即小学教师师爱素质得分最高,初中教师师爱素质得分最低,高中教师师爱素质得分处于中间,但初中和高职教师之间的差异不显著。并且这一结果还与班主任情感素质的调查结果一致:王俊山(2011)等人得出小学班主任情感素质得分最高,初中班主任次之,高中班主任最低的结果不完全一致。这可能与不同学段的教育对象的特点及工作要求有关,小学生自我意识还未成熟,各方面需要教师的引导,也需要教师更多的关心和关爱,由此小学教师的工作环境和工作要求促使其在师爱素质及其各因子上的得分偏高,这让学生感知的师爱素质得分也比较高。

(3)中小学生感知师爱素质的学校区域差异与教师调查结果相左。

调查结果发现,不同学校类型中小学生感知的师爱素质及其下属因子得分呈现倒"V"型,即来自郊区或县城学校学生的感知师爱素质及其下属因子得分最高,市区学校的学生次之,农村学校的最差。然而,教师师爱素质调查则发现市区教师的师爱素质总分、爱生情感及其下属因子亲密感、投入感、爱生能力及其下属因子理解能力和表达能力上均显著高于郊区或县城教师,市区教师仅在投入感上显著高于农村教师。可见,学生调查结果与教师调查结果出现相左。正如前面分析:一般认为市区学校各方面设施比较完善,学校的待遇也比较好,教师能够更加满意和主动投入到其教学活动中,由此其师爱素质得分较高,一些研究也的确发现城市教师的幸福感最高(张冲,2011);另一方面,学生的情绪情感特点也可能会影响到教师对学生的态度,学生良好的情感素质无疑会感召到教师,激发农村教师对于学生的爱,由此其师爱素质得分也比较好。而城镇和郊区的学校在教学设施条件上比不上市区学校,其学生的情感素质又比农村学生差,由此导致其师爱素质得分偏低。然而,令郊区和城镇教师比较欣慰的是尽管他们自评的师爱素质不高,但他们平时对学生的爱却获得了学生的认可,这对于郊区和城镇教师是一个极大的鼓舞,这也提示郊区和城镇师生之间应该加强沟通与表达,以建立更好的师生融情关系。

(4) 中小学生感知的师爱素质受班干部变量的影响。

调查结果发现,班干学生感知的师爱素质及其下属因子上的得分均高于非班干学生,虽然这一差异仅在爱生情感感知及其下属因子亲密感感知、爱生能力感知及其下属因子理解能力感知和表达能力感知、师爱素质感知上的差异显著,但足以说明中小学生感知师爱素质受学生是否为班干的影响。究其原因,可能是因为作为班干的学生与教师之间由于班级管理等原因,交流沟通比较多,教师对学生有更多的了解,对学生遇到的困难能更多地关爱,而学生也由于更多接触,对于教师平时对教学的投入、对学生的关心等方面也有更多的理解,由此致使班干学生感知教师师爱素质的得分也比较高。这进一步提示加强师生之间的交流和沟通在师生融情中的重要作用。

(5) 中小学生感知师爱素质存在学校类型的差异。

调查结果发现,中小学感知师爱素质还受学校类型的影响,具体表现为来自公办学校的学生的感知师爱素质及其下属因子上的得分均高于来自民办学校。造成这一原因可能是由于公办、民办学校管理模式所致。一般认为,公办学校管理比较开放,走读的学生每天更是能够回家,有机会与除教师以外的人进行交流沟通,而民办或私立学生管理相对比较封闭,与公办学校相比,处于民办或私立学校的中小学生少了父母及亲朋好友的关爱,因此在学校里对教师的期望值会增加,然而,民办学校教师尽管有心关怀学生,但无奈精力有限,不可能对每个学生都能关爱,由此致使民办学校学生感知的师爱素质得分比较低。

(6)中小学生感知师爱素质随着学业自评和师生关系自评的上升而上升。

调查结果发现,师爱素质感知、爱生情感感知和爱生能力感知及其下属因子觉察能力感知、表达能力感知与学生学业自评、师生关系自评呈显著负相关,中小学生感知师爱素质随着学业自评和师生关系自评的上升而上升。现实的教育实践往往是,学生学习成绩越好,教师平时对其关怀越多,并且师生关系越好,教师在平时的生活和教学中也会更多关注此群体的学生,由此,学生感知的师爱素质得分也就越高,这从上述班干学生感知的师爱素质及其下属因子上的得分均高于非班干学生的结果也可以得到佐证,都说明了师生之间平时更多交流和沟通可以促进彼此相互的理解。另外,造成这一结果还可能与学生自身情感素质有关。据一项全国青少年学生情感素质的大规模调查发现,青少年学生的情感素质与学习成绩的自我评价呈正相关,并且师生关系良好对青少年学生各方面情感素质发展具有重要而直接的促进作用(卢家楣,等,2009)。可见,教师师爱素质的提升不仅有助于提高师生关系,还有助于提升青少年学生的情感素质。

总之,本部分研究得到如下主要结论:

《师爱素质学生感知调查问卷》由 27 个题目组成,具有较好的信度和效度,该问卷符合心理测量学标准,可以作为调查或评估学生感知师爱素质的有效工具。

中小学生感知的师爱素质存在学段、是否班干、学校类型和区域等人口学变量上的差异,并受到学生学业自评和师生关系自评的影响。具体表现为:中小学生感知师爱素质随着学段上升而上升,班干学生的感知师爱素质高于非班干,公办学校学生的感知师爱素质高于民办学校,郊区或城镇学生的感知师爱素质高于市区和农村,中小学生感知师爱素质随着学业自评和师生关系自评的上升而上升

与教师师爱素质的调查结果相比较发现,学生感知的师爱素质在总体现状、学段差异方面与教师调查结果大体一致,但在学校区域上的结果出现相左。

第三节　名师师爱素质表现
特点的个案研究

名师是我国教育事业的宝贵财产与资源。中小学名师在长期的教育教学实践中,以其高度的责任心表现出浓烈的爱生情感,以其高超的教育艺术表现出非

凡的爱生能力。对包括师爱在内的名师教育思想、教育方法、专业素质的梳理、挖掘和研究，是教育科学研究、特别是教师研究中的重要范式。

一、研究概述和个案简介

1. 研究目的和方法

名师，不是荣誉称号，也非严格意义上的学术概念，它是教育界和社会对优秀教师群体的"公共认知"。有研究者认为（魏晨明，2015），名师是指在教师群体中，扎实地掌握专业学科知识、拥有很强的教学能力及管理水平、具备较高的思想修养水平、在社会上有一定知名度、认可度、美誉度和影响度的教师。他们能够领悟到教育精髓，在细致深入了解学生的前提下，通过不断思考、创新的教育方法，以准确的形式将教育内容传达给学生。名师之"名"，表面上看是社会认可度、知名度，实质上是指该群体在职业道德、教育思想、专业素养等方面所具有的优秀素质。

爱，是有效教育的前提。师爱是教师的一种复合价值品质（魏宏聚，2013），它包括教师人性中原始"爱"的行为，还包括了怀着对教育深厚、真挚的热爱而产生的与职业有关联的"爱"，更加包含了师生在接触中所产生的、区别于其他群体特殊的"爱"。师爱是优秀教师的核心价值品质，师爱素质是名师普遍具备的职业修养。然而，以往鲜有研究对名师的师爱和师爱素质进行研究。名师在爱生情感和爱生能力上具有怎样的具体特点？这些特点给予广大教师怎样的启示？鉴此，本研究选择若干名师个案，分析、揭示他们在师爱素质上的表现特点和形成原因，以期对职前教师培养和在职教师专业化发展提供些许启示与借鉴。

本研究主要采取个案研究方法。具体而言，选取斯霞、霍懋征、于漪、李吉林、李镇西等五位将全部青春热血奉献给三尺讲台、奉献给基础教育的名师作为研究对象。他们无疑是公认的名师，且在年龄、性别、任教学段上具有较好的代表性。研究中，主要对名师著述和研究论文、相关采访等文献资料进行文本阅读、整理和分析、归纳，以本研究提出的师爱素质两个维度——爱生情感和爱生能力——作为分析框架，对名师师爱素质的共同特征与影响因素进行探索式研究。

2. 个案简介

（1）斯霞个案。斯霞老师，曾被评为全国三八红旗手，小学特级教师，当选过全国人大代表、江苏省劳动模范、全国劳动模范。曾任南京市教育局副局长。从 1927 年毕业于杭州女子师范学校至离世，她毕生从事小学教育工作，用她对教师职业的专注和热情，用她的真心和童心，打开学生知识的闸门，点燃他们智慧的火花。

（2）霍懋征个案。霍懋征老师，1943 年毕业于北京师范大学数学系，毕业后留任北师大第二附属小学工作（即今北京第二实验小学），担任语文、数学教学兼班主任工作。1956 年被评为全国首批特级教师。她被周恩来总理称为"国宝"教师，温家宝总理称她是"把爱心献给教育的人"。霍老师有一句至理名言是："没有教育不好的学生。"

（3）于漪个案。于漪老师，1951 年毕业于复旦大学教育系。长期从事中学语文教学，1978 年被评为语文特级教师。在教学中，讲求思想性、情趣性、整体性与文学性。她强调教师要努力提升自身素养，重视学习先进文化，注重培养学生正确的理想信念与文化判断力，认为学生拥有良好的道德情操与健康的人格是一切发展的前提。

（4）李吉林个案。李吉林老师，中学高级教师，江苏省首批特级教师、名教师。1956 年毕业于江苏省南通女子师范学校，毕业后任教于南通师范第二附属小学至今。李老师在教学、科研、写作上都有较高造诣，能够将理论与实践完美融合，她长期坚持教学改革，获得首届国家级基础教育教学优秀成果奖特等奖，获得习近平总书记的接见，李老师认为，"爱，是好老师的第一素养。"

（5）李镇西个案。李镇西老师，苏州大学教育哲学博士，语文特级教师，全国优秀教育工作者、"十大感动四川年度人物"称号，现任成都市武侯实验中学校长。他认为，语文教育是充满自由精神的教育，要尊重学生心灵的自由，倡导建立人格和权利上的平等师生关系，建议师生间要相互宽容，教育学生成为个性鲜明并具有独立人格和创造精神的现代公民。

二、名师师爱素质的主要特点

爱是一种生命现象，存在于整个生命系统中，呈现方式多种多样。有以家族关系为前提、血缘关系为纽带的亲人之爱，有朋友间凝结双方情感、超越交往中一般好感的友爱之情，有恋人间相互倾慕、吸引的爱慕之情，也包括本文讲到的师爱。但经过文本阅读发现，五位名师不仅具有浓厚的爱生之情，而且他们在爱生之能方面也极为突出。下面从情感和能力两个结构维度对个案名师的师爱素质特点予以归纳、分析。

1. 名师的爱生情感

（1）个案名师在爱的范围上体现着广泛性与平等性。师爱的实施对象是全体学生，不因学生成绩的优劣、家境的贫富、性格的动静、相貌的高下等外部因素而发生改变，本着一视同仁、公平公正的态度。名师的师爱，如春风滋润万物细无声，似阳光普照大地静无言。这并不是说他们的爱是千篇一律的，而是在爱每一个学生的基础上，根据学生实际情况的不同，实施有差异的师爱，让百花在春天齐放。

霍懋征老师从教 60 多年，广泛、平等地爱着每一个孩子。无论是高干子女，还是普通市民的孩子，都一视同仁，而且把更多的爱倾注在那些基础较差的淘气学生身上，和那些贫困的学生身上。学生病了，她带着去看病求医，买药、送饭；学生家庭有困难，她自己掏钱为学生买午餐；学生踢足球，没有鞋穿，她在比赛前送去短裤、球鞋；学生的父母不在家，她就把孩子接到自己家食宿……

霍老师常说："我们的教育不可能使每个学生都成为专家、学者、司长、部长，可我们应该把学生都培养成对社会有用的好工人、好农民、好公民。"（窦桂梅，2010）。

（2）个案名师在爱的程度上体现出深刻性和稳定性。于名师而言，师爱不是一种手段，而是源自内心的、始终如一、持之以恒的爱。教师也是凡人，会有自己的私生活和私事，面对生活、工作、感情时也会有情绪的波动，但名师绝不会因自己的消极情绪左右对待学生们的热情，因为只要他来到学校，面对着学生，他整个的人就是属于学生，属于学生的成长和教育事业。

斯霞老师的爱人曾病重住院治疗，而斯老师并没有请假，只是晚上才去医院，安顿好爱人后就开始办公。当时学校正在进行推广普通话教学的试验，她想让学生更快更好的识字。为了不打扰爱人，她在走廊里备课，在路灯下看书、做笔记。

她的爱人终因医治无效离世，在他弥留之际，医院给斯霞老师所在学校发去病危通知。此时早已放学，斯霞正在学生家里家访。当她返回学校得到通知赶到医院时，其爱人已经不能言语。丈夫永久地离去了，教育、抚养家中五个子女和料理家务的重担全部压在斯霞一个人身上。但她没有被这些压垮，同时教育教学工作也没有受到丝毫影响。（李振村，2004）。

（3）个案名师的师爱体现出无私性和目的性。无私性和目的性看似矛盾，实则相互呼应：无私性体现在随时准备着对学生付出爱心，在付出爱心时的坚决与纯粹，以及在付出爱心后的满足与不求学生回报。这种无私的爱的奉献，达到"春蚕到死丝方尽，蜡炬成灰泪始干"境界，又恰如陶行知先生所言的"捧着一颗心来，不带半根草去"。无论在课堂教学中抑或是在课下，名师将爱学生视为己任，是无条件的、不带有一丝功利之心，因而他们无不是全身心地投入在教育之中。但名师对学生的爱又不是盲目的、随意的，而是富含求善的价值、具有明确的教育性。这就既诠释了师爱无私的伟大之处，又体现出帮助、促进学生成长的教育性、目的性的责任。

李镇西老师在一次访谈中说，他从来没有企图通过爱学生"获得学生的回报"，因为他从一开始就没有把教育当成生意做。搞教育，如果要去计算"付出"与"回报"，结果是会让人绝望的。李老师除了把教育当饭碗，还把它当事业，因而有所研究、有所探索，这个过程可谓有滋有味。至于学生给了他什么"回报"，他想都不想。（佚名，2011）

于漪老师刚当教师之初，那时候还没有教学参考书，全凭自己的理解来确定教学内容，选择教学方法。于老师常常为教好一篇课文而备课十个小时、二十个小时甚至三十个小时。她常说，课只教在课堂上，就会随着声音的消失而销声匿迹。课要教到学生身上，教到学生心里，成为他们良好素质的一个部分。正因为如此，教师要全身心投入，用生命歌唱。（于漪，2015）

2. 名师的爱生能力

（1）准确了解学生的能力。师爱始于对学生的了解。每一个学生都有不同且丰富的内心世界，学生是一个不断发展的人，每一个学生都是一个独特的人。我国现代教育家林砺儒说："你要热爱儿童，才能了解儿童。你了解他们越透彻你便会更热爱他们。因而热爱和了解是互为因果，互为发展的。"个案名师对学生的爱正是建立在对学生的深刻了解基础之上的，这是他们爱生能力的重要体现。

霍懋征老师在给低年级学生教学"聪明"一词时，不是直接讲解词义，而是运用"每个人都有的四件宝"并让学生猜谜语。霍老师认为，在低年级的学生大脑中，形象思维占主导地位。他们学习汉字时，兴趣是动力，生活经验是基础。如果过于抽象，学生不感兴趣，那么即使死记硬背记住了这个字，还是会因为不理解而忘记。霍老师充分注意并准确了解了学生们的心理特点，他的教学方法不是简单地拆分"聪"字，而是由"四件宝"激趣引入，再以孩子们非常感兴趣的谜语来认识"聪"的组成,自然地结合了孩子们的生活经验,他们的印象想不深刻都难。最后霍老师告诉学生:"'聪'后加个'明'是因为这四件宝要日日用,月月用。天长日久,你就会聪明起来。"试问有哪个孩子不希望自己聪明起来呢?(杨秀英,2014)

　　(2)充分理解学生的能力。理解是人的基本认识能力,包括平等、宽容、信任、关心、同情等(王超,2014)。教师走进学生的内心世界,理解学生的行为意义,与学生以平等自由的方式进行对话交往,拒绝做话语的权威者或控制者,这都是爱的表现,这也正是个案名师所体现出来的爱之能力的共同特征。

　　随着教育实践的丰富,李镇西老师对"师爱"有了更深刻的理解:爱,不仅仅是和孩子一起玩儿,而首先应该是理解学生的精神世界,学会用他们的思想感情观察他们的生活,和学生一起忧伤、欣喜、激动、沉思。李老师曾和他十分尊敬的赵校长发生过一次争执。赵校长批评他不注意教师的尊严,和学生过于亲密,模糊了师生的界限,"过分"了。而李老师却认为,只要注意环境、场合,只要把握准学生的情感,教师任何"过分"的亲切、幽默、嬉戏都不会是多余的,这只会让学生感到:"这老师真有趣!他真是我们的好朋友!"(转引自李镇西,2013)

　　(3)善于表达和践行爱的能力。有了对学生爱的情感,教师还需要能够正确表达及表现这种爱,要让学生知道老师是爱他们的,欣赏他们的个性、学习、劳动、与人相处等方面的优点。这也是师生沟通交流的技巧之一。作为一名教师,无论你的内心对学生有多么爱,无论你对学生无私付出有多么深,倘若你没有传达给学生知道,或者对方没有体会到你的爱,便毫无意义(黄秀娟,2007)。个案名师身上无不体现出这一爱之能力。

　　霍懋征老师曾教过一个男生宁宁,同学们都叫他"小老头儿"。他的手脚起了许多水泡,同学都不爱接近他。他上课出洋相,下课疯打疯闹,追打别人。同学希望他转班或直接转学,而霍老师没有同意这样的意见,她动情地分析道:宁宁带病坚持上课,天天自己挤水泡抹药膏,从不叫疼,是个爱学习,意志坚强的好孩子。希望大家像对待兄弟姐妹一样去关心他、爱护他,不让他掉队。霍老师这么一说,同学们也想起不少宁宁的优点,班长主动上前与宁宁握手,同学们也纷纷表示愿与宁宁交朋友。此后,霍老师天天下午宁宁叫到办公室,用热水给他洗手洗脚,然后上药。后来,当男孩的病痊愈后,心灵上的"病"也痊愈了,变成了爱班级爱同学的好孩子。(转引自霍懋征,2010)

三、名师师爱素质的成因

"师爱"不同于一般意义的爱,它具有其特殊性。如果说母爱主要是"先天"赋予的,那么师爱则主要是后天养成的,而作为教师素质重要成分的师爱素质则更是后天环境和教育实践所致。经过文本阅读发现,个案名师师爱素质的成因主要涉及以下几个主要方面。

1. 责任心

拥有较强的责任心,才能热爱自己的工作,才能忠于职守,工作勤恳,严格要求,热爱学生。个案名师的责任心,体现在对教师事业负责对教学工作负责、对学生学习与生活负责等各个方面,形成明显的"泛化性"和"全息性"。这是一种境界,一种诲人不倦、乐育英才的境界,充分体现出师爱源于责任、施爱只为孩子的教育品格。

霍懋征老师始终怀揣一颗对学生、家长、学校负责的心。教书 60 余载,有 4 件事他从未做过。第一件事是从来没对学生发过哪怕一次火;第二是从来没请过学生家长来学校;第三是从没有惩罚或变相惩罚过任何一个学生;第四是从没让一个学生掉过队。(张金凤,2015)

如今已入耄耋之年的于漪老师曾用一句话诠释了教课的意义:全身心投入,用生命在歌唱。从课的质量到人的精神,努力做到每节课都有亮点,都有耐人咀嚼、耐人寻味的东西,经得起听,不同层面学生都能受益,都有满足感和上进心;每节课都有你的信念、情操、学识在闪光。(转引自于漪,2015)

2. 认同感

拥有较高的职业认同感,有助于促进教师的专业发展,提高教育教学质量。所谓教师职业认同,既是过程,也是状态。"过程"是说教师从亲身经历中逐渐发展、确认自己作为教师这一角色的过程;而"状态",指教师当下对自己所从事职业的认同程度(孙钰华,2008)。虽然个案名师对教师职业的认同有不同的理解和不同的表现,但他们这种对教师职业发自内心的认同、肯定与自豪却是完全一致的,从而产生推动教师成长的无穷内驱力,使得他们能够终身坚守,乐此不疲,这种认同更是名师们对学生的爱的重要原因之一。

在情境教学创始人李吉林老师的心目中,教师的形象是无比崇高、美好的。有人说教师的工作是"照亮了别人,毁灭了自己",而李老师却不以为然,她认为教师的工作不仅照亮了别人,还发出了自己的光和热。从生命的价值观来衡量,把青春献给孩子们，李老师说这都是值得的。在李老师眼中，教师职业"如诗如画"，没有清苦，没有倦怠，只有美好和快乐！一辈子当小学教师，是选择，也是本分，更是生命的自觉。李老师认为，小学教师不仅仅是一种职业，而且是生命托付的事业。同样的，"国宝"霍懋征老师也认为教师是可以寄托理想的事业。已逝名师斯霞的墓志铭上这样写道："我为一辈子做小学教师感到自豪"。

3. 实践反思

实践反思，顾名思义就是对实践所得经验进行思考、反省，也就是教师在具体的日常教育情境中，通过体验、沉思、感悟等方式，发现自身的实践和经验之中的意蕴，并融合自身的生活经验，以赋予实践以意义。实践是一个过程，永无终点；反思也是一个过程，永无止境。在反思中提升教育的质量，在实践中丰富教育的智慧，这是每一位教育工作者应该追求的目标。而勤于实践，善于反思，更是五位教师从普通教师走向名师的关键因素之一。

说起教育实践，不得不提及一位老师——李镇西。他从自己的教学成长历程中总结出七大关键词，"实践"就是其中之一。他认为，教师的生命在课堂，只有一刻都不离开校园，在校园中不停地实践，不单单只是不停地做，还要做到既不重复别人，也不重复自己，每一个阶段都有创新、有突破，这样教师才有可能获得成功。李老师说，区别优秀教育者和平庸教育者，不在于他是否犯错误，而在于他如何对待已经犯下的错误，不仅是想方设法弥补造成的损失，更重要的是能够做到对错误进行反思。善于把教育失误变成教育财富，这是任何一个教育者从普通教师走向教育专家，乃至教育家的关键因素之一。（转引自李镇西，2012）

4. 教育研究

学无止境，教无止境。早在2000多年前，《学记》中就有"学然后知不足，教然后知困"的精辟论述，深刻揭示了教师职业生涯是一个不断学习的过程。"问渠哪得清如许，为有源头活水来。"只有不断学习、掌握新知识，使得源头活水能够不断补充进来，自己心灵的"半亩方塘"才能清澈如许。个案名师当然是不断学习的典范，但他们的学习不仅只是向书本学习，也不仅仅从实践中学习，他们往往是将学习、实践和研究结合起来，开展教育研究是他们的共同特点。正因为对学生、对课程、对教学、对教育的不断地研究和探索，才使得个案名师能深刻了解学生、能设身处地地理解学生，因而才不仅爱学生，更懂得如何爱学生——他们所倡导的教育教学理念、建构的教育教学理论、所实施的成功的教育教学活动,不正是他们善于爱学生的最好证明吗?

李吉林老师情境教育理论的创立就经历了从情境教学到情境教育再到情境课程的"三级飞跃",其中每一级飞跃都是不断学习、研究的结晶。20世纪70年代末,语文教学的课堂很封闭,课堂上没有形象、没有情感,也没有生气。"单调、呆板、低效"的弊端,成了儿童发展的羁绊。怎么让课堂丰富、生动起来成为李吉林老师苦苦求索的问题。随后,她从外语教学中的情景联想到中国古代文论的"意境",从《文心雕龙》"情以物迁,辞以情发"等论述中得到很大的启发,仿佛在迷雾中看到闪着光亮的灯盏。于是便决定带领孩子走出教室,离开封闭的课堂,投入到大自然宽厚的怀抱,走进五彩纷呈的社会生活画卷。开放的语文教学与生活连接起来,给语文教学带来了无限生机。(转引自李吉林,2015)

5. 生活经历

教师的价值观和职业发展与其自身的成长环境和经历密不可分。一个人在孩童时代就受到良好的教育或长辈的循循善诱,将会对其今后的生活与工作产生积极的影响,为其打下良好的基础。每个人都有自己的生活轨迹,都有童年的生活经历,关键是,个案名师往往都能从各自的生活经历中汲取营养,并转化为对教育事业的追求,由此形成他们师爱无疆、师德崇高的生活源泉。

李吉林老师自幼家境贫寒,她童年的核心记忆,是与母亲俩人相依为命。她儿时最快乐的时光,就是在草长莺飞的春天,和伙伴们一起去挖野菜。野地里的小草是她心中的"图腾",不惧卑微,不计平凡,一遇春风就要顽强地破土而出!这是小草的性格,也是李老师的生命底色。(刘堂江,2015)。斯霞老师曾说过,她是从旧社会过来的,她的童年、少年时期是在偏僻的山区度过的。在母亲的熏陶下,她逐渐确立了要自食其力、自立于社会的坚定信念。当她踏进师范学校大门后,就暗下决心,一定要认真读书、刻苦学习,将来做一名受学生喜爱、尊敬的教师。斯霞老师做到了,将其毕生奉献给小学教育,为教书育人倾尽心血。(转引自斯霞,1987)

6. 社会、学校的支持

教师要成长,离不开集体与学校的支持。名师所在的学校,又称为教师职场,它既是名师养成的实践场所,又是名师的发展场所。在这样的场所中,学校支持的力度大小深深影响着名师成长、发展的速度、动力等(王颖,2008)。可以说,每一位名师乃至每一位教师之所以能爱学生,是与获得的社会、特别是学校的支持与关爱分不开的。

斯霞老师有这么一条原则：只要有小学生参加的会议，都不得超过一个半小时。不管台上是什么领导人在讲话，只要超时，斯老师都会走上台，请这位领导别再讲了，让他走下讲台。

这样一种看似对领导颇有冒犯的行为，却得到了斯霞老师当时任教学校——南师附小的支持，学校也一直按照她的意见在做。斯霞老师认为，保护小学生的健康比听领导人讲话更重要！而正是学校的支持，为斯老师的勇气鼓劲、加油，让她能够自由、深沉地爱着她的学生。（吴非，2010）

7. 爱的反馈

学生对教师的积极反馈，同样也会提高教师"师爱"的程度。当教师以自己高尚的情感换取了青少年纯真的情谊时，教师内心也会产生积极的情绪体验，使得他对自己所从事的职业，对教育对象在认识上有了更为丰富的情绪色彩（伊梅，2006）。通过爱的传递与反馈，教师会更加坚定做好本职工作的信念，心中那份热爱学生的情感将更加浓烈。这种爱的回馈，成为个案名师施爱、育爱源源不竭的动力。

霍懋征老师所在学校曾有一个全校有名的淘气鬼，家长、老师都管不了他。而霍老师接纳了他，在霍老师一点一滴的感召下，这个孩子迅速跟上了，不断地进步，很快便加入了少先队，以实际行动回报了老师对他的爱。几十年后，2004年的春节，这个孩子给霍老师打去电话："娘啊，我的亲娘，我可找到您了，没有您就没有我的今天。"（伊梅，2006）从教60年，霍懋征老师没有丢下一个学生不管。在她看来，尽管孩子情况不同，但要相信每个学生都能在老师爱的教育下长大成长。

综而观之，对所选取的五位名师进行个案研究我们不难发现，名师师爱素质的主要特点表现为爱生情感与爱生能力：爱生情感上，其共同的特点是具有广泛性和平等性、深刻性和稳定性，以及无私性和目的性；爱生能力上，表现为具有准确了解学生的能力、能够充分理解学生的能力，以及善于表达和践行爱的能力。对名师师爱素质的形成原因进行初步探索，发现责任心、职业认同感、实践反思、教育研究、榜样作用、生活经历、社会及学校的支持、学生对师爱的反馈等是突出的影响变量。尽管本节只是通过文本分析方式对个案名师的师爱素质进行初步的探索，但研究结果不但支持了本研究所构建的师爱素质的结构维度，而且有关名师师爱素质成因的一些发现也为后文探索师爱素质的发展机制提供了现象学依据。

第七章 师爱素质的心理机制

　　前一章综合使用了问卷调查法和个案法,勾勒出当前中小学教师师爱素质的现状和差异特点:教师调查和学生感知调查均发现当前中小学教师的师爱素质尚可,但仍有一定的提升空间,且其下属因子发展不均衡。中小学教师师爱素质在性别、任教学段、所教科目、是否担任班主任、学校区域等人口学变量上存在显著性差异。从教师成长过程来看,专家型教师的师爱素质最高,且爱生情感上表现为专家型教师最高、新手次之、熟手最低,而爱生能力上表现为从新手到熟手再到专家呈现上升的趋势。为进一步探明专家型教师师爱素质的特点和成因,我们还对5位名师实施了个案研究,结果发现责任心、职业认同感、实践反思、教育研究、榜样作用、生活经历、社会及学校的支持、学生对师爱的反馈等是其师爱素质突出的影响变量。本章旨在中小学师爱素质现状和特点研究基础上,进一步梳理相关文献,从理论上探索师爱素质的前因变量和后果变量,并建构师爱素质的形成作用机制,并采用实证手段验证所构心理机制模型,以为师爱素质的培养提供理论和实证依据。

第一节 师爱素质心理机制的
理论建构

　　设计科学、具有针对性的师爱素质培养路径,必须建立在师爱素质的心理机制基础上,即探索师爱素质的前因后果变量,探明什么是影响师爱素质的关键因素,而师爱素质又反过来作为影响因素,作用着教师自身哪些心理因素。这就需要在梳理以往的相关研究的基础上,从理论上探索并构建出师爱素质的心理机制。

一、师爱素质的形成机制

1. 师爱素质相关研究的启示
在古今中外师爱及师爱素质的相关研究中,研究者已经论及或验证了环境和教师自身对其师爱的影响。首先,在环境方面。孔子最早论及环境对教师师爱的影响,他认为长期以来由于"官师合一"所造成的官吏教师作风,有碍于师生关系的融洽和对教学的不利影响(龙柏林,1987)。国内外研究者也从实证视角验证了这一论点,如阿格尼(Agne,1999)指出卓有成效的教师要么在进入职业之前就拥有深层关爱能力,并认为家庭及他们自身的学校经历对教师关爱的动机也产生影响。国内研究者周丽丽(2009)通过实证调查也确实发现组织氛围与工作投入感呈显著正相关,其中组织氛围中的人际氛围维度可以很好地预测教师的工作投入感。第二,在教师自身方面的影响。国内外研究者在这方面的研究比较丰富:孟子继承了孔子的教育思想,倡导并肯定师爱的作用,指出师爱之教有"如时雨化之"的功能,可以产生积极作用,并进一步提出了"反求诸己"的师爱修养手段,"爱人不亲反其亲,治人不治反其智",这可谓是最早的对于教育者反思的表述;南宋理学大师、大教育家朱熹强调教师师爱过程中自身学习的重要性,提出了"穷理致知"、"知行合一"的教师修养原则;研究者还考察了教师自身信念角色对其师爱的影响,如研究者认为影响教师关爱动机和行为的重要因素是教师对自身角色的信念,在一项小学教师实践的研究中,妮亚斯(1997)确定了能反映教师关爱工作中的六个隐性信念,简而言之,这些信念包含喜欢孩子、利他主义、自我牺牲与服从、过度的责任心以及义务与身份等方面。研究者还发现这种教师信念还能影响到其工作投入感,教师信念,包括教师的课程与教学信念、学生管理信念、学生学习信念,对教师工作投入感的各个维度(活力、奉献、专注)都具有重要影响。

2. 师爱素质现状研究的启示

我们在当前中小学教师师爱素质的现状调查中,为比较不同发展阶段教师的师爱特征,采用了"新手-熟手-专家"教师范式,发现了专家型教师在师爱素质及其下属因子上的得分均显著高于熟手和新手,那么造成这一现象的原因究竟是什么呢?为此,我们从中观层面,采用个案法对名师的师爱素质进行深入研究,以探明其更优师爱素质的成因,结果发现责任心、职业认同感、实践反思、教育研究、社会及学校的支持、学生对师爱的反馈等是突出的影响变量:名师拥有更强的责任心,因此其更能热爱自己的工作,才能忠于职守,工作勤恳,严格要求,热爱学生;名师拥有更高的职业认同感,由此产生推动其成长的无穷内驱力,使得他们能够终身坚守,乐此不疲,这种认同更是名师们对学生的爱的重要原因之一;在反思中提升教育的质量,在实践中丰富教育的智慧,这是每一位教育工作者应该追求的目标,而勤于实践,善于反思,更是五位教师从普通教师走向名师的关键因素之一;个案研究发现五位名师不仅只是向书本学习和实践中学习,他们往往是将学习、实践和研究结合起来,开展教育研究;个案研究还发现每一位名师乃至每一位教师之所以能爱学生,是与获得的社会、特别是学校的支持与关爱分不开的;名师坦言通过爱的传递与反馈,树立更加坚定做好本职工作的信念,心中那份热爱学生的情感将更加浓烈,这种爱的回馈是他们施爱、育爱源源不竭的动力。

综上可知,无论是古今中外有关师爱素质的相关研究,还是师爱素质的现状研究,都强调了环境和个体自身因素对于教师师爱素质的影响,尤其是教师自身的因素。在环境因素方面,研究者更多强调与教师直接相关的学校环境,尤其是学校关爱的氛围;在教师自身方面,研究者强调了诸如反思自己、自身信念、责任心、职业认同感、实践反思、教育研究、学生对师爱的反馈等诸多内容,这为教师师爱素质的成因提供了直接的材料支持。为此,我们认为师爱素质的形成主要包括学校环境和教师自身因素两大方面,其中学校环境更多指的是学校的关爱氛围,而自身因素则包括教学反思、自身信念、职业认同、实践反思、反馈体验等多方面的内容,如此构建了如下师爱素质的形成作用机制模型(见图7-1)。

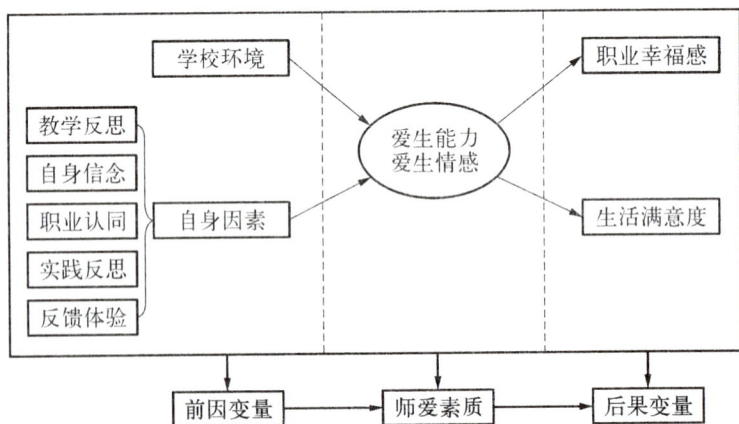

图 7-1　师爱素质的形成作用机制模型

二、师爱素质的作用机制

1. 师爱素质相关研究的启示

在古今中外师爱思想及师生素质的相关研究中,研究者不仅探讨了环境和教师自身对其师爱的影响,还探讨了师爱对其自身的影响。首先,在师爱思想方面,孔子早在3 000年前论及师爱时,就提出师爱的目的是让学生接受教诲,热爱学生,就要"诲人不倦",一个"倦"字与当今教师职业倦怠的研究不谋而合,可见,更好的师爱可以防止师的"倦",甚至可以产生"乐"。第二,在师爱素质相关研究方面,研究者探讨了诸如关爱、亲密感、投入感、觉察能力和表达能力等对个体身心健康、职业满意度和幸福感的影响:在教师关爱方面,研究发现关爱对教师的幸福感至关重要(尼尔森等,2015)。关爱与给予和接受有关,通过关注孩子和学生的需要,教师会自我感觉良好,由此教师给予关爱时会感到幸福。通过与学生的关爱关系,教师的幸福感产生(罗菲,2012),并影响他们的动力和工作认同(克拉森等,2009),也可以作为留在此职位的一个理由(奥康纳,2008b)。洛蒂(1975)发现,关爱是教师职业满意度的一个重要来源之一,是教育事业的"精神奖励"。同样,哈格里夫斯(1994b)也指出,许多教师选择教师行业,是因为有强烈的爱孩子的承诺,并认为爱孩子是整个职业生涯中工作满意度的重要来源。在亲密感方面,布尔梅斯特(Buhrmester,1990)的研究发现亲密感的缺失可能引起个体孤独、焦虑、抑郁、酗酒、疾病等不良反应,即对生理和心理健康有不良影响;在投入感方面,张丽芳(2009)调查发现中学教师的工作投入感与其工作满意度呈显著正相关。关于组织行为学方面的研究也发现投入感对个体有着重要意义,如研究发现工作投入感高的个体不管是在工作角色中或工作角色之外,其绩效表现都能得到同事较高的评价,这意味着工作投入感高的个体工作表现突出,并愿意为工作付出加倍的努力(转引自李敏,2015),并且这种工作投入感由于具有"传染性",对其对家庭成员,尤其是伴侣也会产生积极影响;在情绪觉察方面,研究发现高情绪觉察能力不仅能减轻个体的工作负担体验,提升个体的满意度和幸福感,并且一些生理疾病(如心脏病、牛皮癣)的康复还有一定的积极作用(汪海彬,2015);在情绪表达方面,金和埃蒙斯(1990)的研究发现更多的情绪表达可以提升其心理健康水平和幸福感,如高情绪表达者比低情绪表达者体验到更多的快乐、更少的焦虑和内疚。还有研究者用类似的方法,发现善于表达的人很少有抑郁的倾向,高情绪表达者自尊水平高于低情绪表达者。在一项关于大学生调查中也发现,情绪表达与人际敏感、敌对、抑郁、焦虑等因子均呈显著负相关,且对人际敏感、敌对有着显著的回归效应。此外,情绪表达对个体的身体健康也具有一定的意义,如克罗斯通过大量实验和调查研究证明,降低情绪表达行为,甚至会增强情绪的生理反应。

2. 师爱素质现状调查的启示

我们在采用自编的《师爱素质调查问卷》和《师爱素质学生感知调查问卷》分别对 1 782 名中小学教师和 730 名中小学生进行调查,结果发现,中小学教师的调查结果和学生调查的结果在教师师爱素质总体现状和学段差异上表现为一致,即中小学教师师爱素质的总体现状良好,中小学教师师爱素质随着学段的上升呈现下降的趋势。此外,教师的调查结果还发现,中小学教师师爱素质在性别、所教科目、是否担任班主任、学校区域的差异,尤为值得一提的是,专家型教师的师爱素质最高;在爱生情感上表现为专家型教师最高、新手次之、熟手最低,在爱生能力上表现为从新手到熟手再到专家呈现上升的趋势。上述的这种师爱素质差异,不仅为其师爱素质的形成提供启示,也为师爱素质的作用提供一定的启示。依据师爱素质的界定可知,师爱素质指的是教师在教育实践中形成发展并体现出来的乐于与学生交往、真诚关心爱护学生、积极为学生发展投入的情感心理特征。可见,师爱素质作为一种积极的情感素质,其势必会影响教师自身其他心理方面的发展。这在师爱素质的相关研究中已经得到佐证,这种积极的情感素质会直接影响到个体是身心健康、满意度和职业幸福感。那么这一推论能否能得到上述存在差异的人口学变量的相关研究的佐证呢?据一项中小学教师主观幸福感的现状调查发现,幸福感存在性别差异,表现为女教师比男教师体验到多些正性情绪,少些负性情绪(毛晋平,文芳,2012),这一结果与我们师爱素质的性别差异结果吻合;谭贤政等(2009)的研究发现,担任班主任的教师比不担任班主任教师的职业幸福感高,这一结论再次与我们师爱素质是否担任班主任情况的差异吻合。此外,新手-熟手-专家型教师的研究结果也与我们的结果一致:据一项新手-熟手-专家教师的幸福感调查发现,专家型教师生活满意度水平和职业幸福感更好,尤其在自我实现上投入更多关注(凌辉,等,2016)。另一项主观幸福感的研究不仅发现专家型教师的主观幸福感比较高,还发现熟手型教师处于成长中的苦恼阶段(李亚真,潘贤权,连榕,2010),这一结论恰与我们得出的熟手型教师爱生情感得分最低的结果吻合。可见,一系列证据均表明师爱素质是影响教师职业幸福感和生活满意度的重要因素。

综上可知,古今中外有关师爱素质的相关研究表明,师爱及师爱素质的具体内容(关爱、亲密感、投入感、情绪觉察能力和情绪表达能力)对个体身心健康、职业满意度和幸福感有着直接且重要影响。而结合师爱素质的概念和中小学师爱素质的现状调查结果也启示我们,教师良好的师爱素质助于提升其职业幸福感和生活满意度。基于此,我们认为教师的师爱素质可以影响其自身的职业幸福感和满意度,并建构了师爱素质的作用机制模型(见图 7 - 1)。

第二节　师爱素质心理机制
模型的实证检验

为实证验证上述师爱素质的发展机制,我们编制了师爱素质前因变量问卷,从心理测量学考察其有效性,然后采用该问卷对中小学教师进行施测,从实证视角验证师爱素质形成机制模型、师爱素质作用机制模型和师爱素质形成作用模型机制。

一、研究方法

1. 研究对象

根据研究的阶段将研究对象分为四个部分:

第一阶段,为通过访谈、开放式问卷形成原始问卷阶段。利用教师进修班的机会访谈了 10 名中小学教师,其中男女各半。采用方便取样的方式在教师进修班发放开放式问卷 100 份,其中男性 37 人,女性 63 人;教龄在半年到 10 年间,学科涉及中小学各科。

第二阶段,为初始问卷的探索性因素分析阶段。此阶段的调查对象涉及上海市四所中小学,共获得有效问卷 332 份,其中男性 50 人,女性 282 人。

第三阶段,为初始问卷的验证性因素分析及信效度检验阶段。此阶段的调查对象涉及上海市和安徽省四所学校,共获得有效问卷 394 份,其中男性 64 人,女性 330 人,其中随机选取 50 人进行两周后的重测(其中男性 21 人,女性 29 人)。

第四阶段,正式施测阶段。采用方便取样的方式对来自上海市等七个省内的 2 000 名中小学教师进行施测,共获得有效问卷 1 782 份。其中男性 441 名,女性 1 341 名。

2. 研究工具

(1)中小学师爱素质前因变量问卷。自编师爱素质前因变量问卷根据研究的不同阶段共包括 4 个问卷,分别是师爱素质前因变量开放式问卷、师爱素质前因变量原始问卷、师爱素质前因变量初始问卷、师爱素质前因验证问卷。

问卷一：自编的师爱素质前因开放式调查问卷，由开放式问题"基于您的理解，您认哪些方面会影响到教师的师爱素质的发展？"构成；

问卷二：自编的师爱素质前因变量原始问卷，共有 50 个题项，问卷采用"完全不符合"、"基本不符合"、"有点不符合"、"有点符合"、"基本符合"和"完全符合"6 级计分；

问卷三：自编的师爱素质前因变量初始问卷，共有 40 个题项，问卷采用"完全不符合"、"基本不符合"、"有点不符合"、"有点符合"、"基本符合"和"完全符合"6 级计分；

问卷四：自编的师爱素质前因变量验证问卷，共有 26 个题项，其中学校氛围 4 题，实践反思 4 题，反馈体验 5 题，职业认同 5 题，教师效能感 4 题，教师更新 4 题，问卷采用"完全不符合"、"基本不符合"、"有点不符合"、"有点符合"、"基本符合"和"完全符合"6 级计分。

（2）自编的中小学教师师爱素质问卷。问卷由 27 个题目组成，包括师爱情感和师爱能力两大维度和 6 个下属因子（分别是亲密感、关爱感、投入感、觉察能力、理解能力和表达能力）。每个问题设定"完全不符合、基本不符合、有点不符合、有点符合、基本符合和完全符合"6 级选项，依次给予"1、2、3、4、5、6"的记分。问卷得分越高，表示被调查者的师爱素质越高。经检验，问卷具有良好的信度和效度，问卷的验证性因素分析各项拟合指标均在 0.9 及以上，总问卷和两个分问卷的内部一致性系数均在 0.9 以上，总问卷的重测信度系数为 0.803。

（3）中小学师爱素质后果变量问卷。在中小学教师师爱素质后果变量方面，我们选取了《教师职业活动幸福感问卷》和《一般生活满意度量表》，其中《教师职业活动幸福感问卷》选自谭贤政等人编制的问卷中部分题项，原问卷具有良好的信效度（谭贤政，等，2009）。生活满意度量表采用迪纳等（Diener et al.，1993）编制的《生活满意度量表》（Satisfaction with Life Scale，简称 SLS），国内外已有研究应用中均表明该量表具有较好的信效度（张俊杰，汪海彬，姚本先，2009）。

3. 研究程序

由于研究包括中小学师爱素质前因变量问卷的编制和正式调查两个部分，因此研究程序也从上述两个部分展开。

（1）在中小学师爱素质前因变量问卷的编制过程中，为使问卷编制的过程更加科学和严谨，本着理论与实证结合的原则，从以下四个方面展开：首先，在文献研究的基础上，建构师爱素质的理论构想，并参考同类相关问题题目的基础上，结合个人访谈、开放式问卷等形成由 50 个题目构成的师爱素质前因变量原始问卷；第二，邀请专家组对师爱素质前因变量原始问卷进行评价，主要针对条目是否符合教师的实际、语句是否恰当等方面进行评价，合并同义题项，删除不适合中小学教师的题项，修改有歧义的题项，最终得到由 40 个题项构成的师爱素质前因变量初始问卷；第三，采用师爱素质前因变量初始问卷对 332 名中小学教师进行调查，然后对收回数据进行项目分析、探索性因素分析，删除不符合心理测量学指标的题项，最终得到由 20 个题项构成的师爱素质前因变量验证问卷；第四，采用师爱素质前因变量验证问卷对 395 名中小学教师进行调查，对收回数据进行验证性因素分析，以分析验证问卷的效度，以形成正式问卷；最后，结合两次调查的数据对正式问卷进行信度分析，主要分析内部一致性信度和重测信度。

（2）正式调查过程中，采用纸质问卷和网络问卷相结合的方式，对上海市等七个省的中小学教师进行方便取样调查。纸质问卷由研究者与被调查学校进行沟通，确定好时间后由研究者本人实施具体调查，完成后当场回收；网络问卷则在问卷星上编制，并将网络链接（http：//www. sojump. com/jq/7544309. aspx）以 QQ、微信等方式发给被调查对象，以电脑和手机两种方式完成。为保证测试质量，使用问卷星中的作答时间（删除少于 300 秒的被试）并逐份检查，共剔除无效问卷 193 份，最终获得 1 782 份有效问卷。最后将纸质数据录入 Excel 并与网络问卷合并，采用 SPSS19.0 对数据进行统计和分析。

二、研究结果

1. 中小学教师师爱素质前因变量问卷的编制

（1）中小学教师师爱素质前因变量开放式问卷。

师爱素质前因变量开放式问卷采用以下主观题的形式进行搜集，具体结果描述如下：

问题：基于您的理解，您认哪些方面会影响到教师的师爱素质的发展？

在这个问题上，大多数中小学教师都认为师爱素质主要由学校因素和个人因素两大方面组成。在学校因素方面，主要是学校对学生的关爱氛围等；个人因素方面，中小学教师提及的影响因素较多，大体可以归纳为以下几个方面，即教师能否对教学实践进行反思、教师能否对教学后反馈的体验、教师能否学习新的教育教学理论知识以更新自身的知识结构,最后是教师的心理层面的影响因素,包括对教师职业认同与否,教学的效能感如何等。

(2) 中小学教师师爱素质前因变量原始问卷。

师爱素质前因变量原始问卷题项的来源主要有以下三个方面:

第一,同类问卷的有关条目。依据以往研究发现,教师的职业认同和教师效能感是影响中小学情感的重要因素,为此我们参考了《中小学教师职业认同量表》(魏淑华,宋广文,张大均,2013)和《教师效能感量表》(黄喜珊,2005)。

第二,个人访谈收集条目。通过对教师进修班 10 名中小学教师学员进行深入访谈,了解其对于师爱素质前因变量的理解,并了解其在与学生相处过程中的表现。

第三,开放式问卷调查的结果,前面已经论述。

将以上收集到的内容,进行整理和总结,形成由 50 个题项组成的师爱素质前因变量原始问卷,问卷采用自评式 6 点量表记分,让被试主观判断自己对题项的赞同程度选择"完全不符合"、"基本不符合"、"有点不符合"、"有点符合"、"基本符合"和"完全符合",分别记 1、2、3、4、5、6 分,其中 3 个题项采用反向计分,得分越高表明教师在该前因变量上的得分越高。

(3) 中小学教师师爱素质前因变量初始问卷。

第一,专家评定。

将原始问卷以纸质或电子稿的方式征求专家组的建议,并对问卷的内容效度进行评价,其评价主要从以下三个方面征求意见:首先,题目是否表达了相应维度的内容? 第二,句子是否体现了中小学教师的工作特点? 第三,句子是否符合中小学教师的阅读水平与阅读习惯,5 位专家对题目初稿进行了审核与修改,其中有些专家非常认真,逐字逐句地对题目进行校正,包括细微之处。在梳理、学习了专家的审核意见后,对问卷初稿进行修改,包括增删题目,完善题目的表述,最终形成由 40 个题项构成的师爱素质前因变量初始问卷。

第二,项目分析。

在项目分析方面,为了更好评价和筛选题项,我们采用项目区分度和临界比率值两种方式对师爱素质前因变量问卷的题项进行项目分析。在项目区分度指数法中,把相关系数低于 0.3 的题项删除,删除相关系数小于 0.3 的题目共 5 题;在临界比率(CR)中首先按总分从高到低排序,将得分高的 27% 设为高分组,将得分低的 27% 作为低分组,然后对两组进行独立样本 t 检验,结果显示高低两组的差异达到显著性水平（$p<0.001$），表明师爱素质前因变量初始问卷具有良好的临界比率。

第三，师爱情感前因变量的探索性因素分析。

首先，考察 KMO 值是否适合进行因素分析，当 KMO 值大于 0.7 时即可进行因素分析。结果显示，抽样适当性参数（Kaiser-Meyer-Olkin Measure of Sampling Adequacy）为 0.920，球形检验的卡方值为 3 119.205，达到极其显著水平（$p<0.001$）。结果显示，师爱素质前因变量问卷非常适合进行因素分析。初次运行时，按特征根大于 1 抽取因子，共抽取 8 个因子，累积解释率为54.321%。根据因素分析理论和以往删除项目的标准（项目因素负荷小于 0.40（a<0.40）；共同度小于 0.20)(汪海彬，等，2013,2015)，研究采用上述标准对师爱情感前因变量初始分问卷进行项目取舍，然后进行主成分因素分析（principal-components analysis，PCA）和正交极大方差旋转法（Varimax）分析，求出最终的因素负荷矩阵（见表 7-1）、各因子特征值和贡献率（表 7-2）和特征图形的陡阶检验（screen test）（见图 7-2）。

表 7-1　师爱素质前因变量问卷的因素负荷矩阵

项　　目	因子 1	因子 2	因子 3	因子 4	因子 5	因子 6
b13	0.715					
b23	0.650					
b10	0.639					
b14	0.633					
b17	0.590					
b34		0.851				
b46		0.727				
b35		0.665				
b30		0.600				
b36		0.598				
b1			0.718			
b11			0.695			
b4			0.594			
b2			0.587			
b7				0.838		
b3				0.802		
b6				0.629		
b8				0.494		

师爱素质研究
▶▶▶

项　目	因子1	因子2	因子3	因子4	因子5	因子6
b51					0.859	
b50					0.690	
b38					0.537	
b47					0.446	
b21						0.737
b31						0.693
b48						0.521
b18						0.508

表7-2　师爱素质前因变量问卷各因素特征值及贡献率

因　素	特　征　值	贡　献　率	累积贡献率％
1	3.789	14.572	14.572
2	3.780	14.538	29.109
3	3.338	12.839	41.948
4	3.070	11.809	53.757
5	2.499	9.611	63.368
6	2.253	8.667	72.035

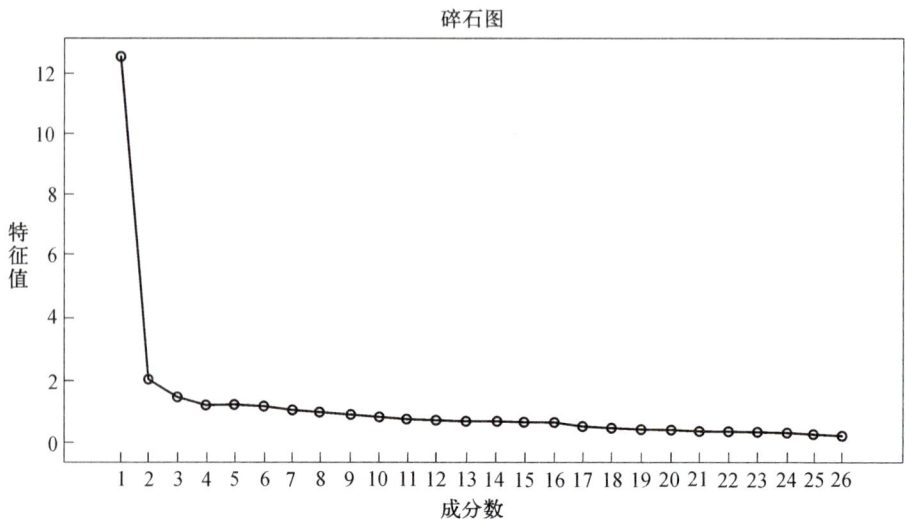

碎石图

图7-2　师爱素质前因变量问卷陡阶检验碎石图

最终得到 6 因子模型,由 26 个题项构成,累积解释率为 72.035%。其中,因子 1(包括 5 个题目)考察的是中小学教师对教学反馈的体验,因此命名为反馈体验;因子 2(包括 5 个题目)考察的是中小学教师对教师职业的认同情况,因此命名为职业认同;因子 3(包括 4 个题目)考察的是中小学教师所在学校关爱的氛围,因此命名为学校氛围;因子 4(包括 4 个题目)考察的是中小学教师对教学实践后的反思情况,因此命名为实践反思;因子 5(包括 4 个题目)考察的是中小学教师对自身教学的自信程度,因此命名为教师效能;因子 6(包括 4 个题目)考察的是中小学教师在教学之余学习相关教学理论和方法的倾向,因此命名为教师更新。

(4)中小学教师师爱素质前因变量验证问卷。

为了考察师爱素质前因变量验证问卷的结构效度,采用 LISREL8.70 对两个分问卷分别进行了验证性因素分析,在模型检验时,初始模型均为探索性因素分析所形成的结果模型。在分析过程中,如果拟合指数不理想,则根据修正指数对模型进行调整,从而提升模型的拟合效果。经过运行发现,师爱情感素质前因变量问卷的拟合达到要求,χ^2/df 小于 5,$RMSEA$ 小于 0.10,$NNFI$、CFI、GFI、$AGFI$ 等各项拟合度指标均大于 0.90,显示了较好的拟合效果,说明师爱素质前因变量的六因子模型是可以接受的。具体的拟合指标详见表 7-3。因子的标准化系数、各观测量的误差方差详见所构建的模型图(图 7-3)。

表 7-3 师爱素质前因变量问卷假设模型的拟合度指标

χ^2	df	χ^2/df	$RMSEA$	$NNFI$	CFI	GFI	$AGFI$
905.22	293	3.09	0.09	0.93	0.94	0.91	0.91

(5)中小学教师师爱素质前因变量正式问卷。

第一,区分效度。

问卷因素分析结束后,一是计算项目与项目之间的相关,从而得到问卷的内部一致性程度(internal consistency),考察了题目是否指向同一事物。但整个问卷由 2 个分问卷组成,分别指向师爱素质的不同方面,为了考察 2 个分问卷测量的是否为中小学师爱素质的不同侧面,需要进行区分效度(discriminant validity)的分析。如果每个问卷的维度之间相关中等,但与问卷总分相关较高,则可认为具有较好的区分效度(王俊山,2011)。结果显示(见表 7-4),师爱素质前因变量下属六个因子之间的相关系数在 0.598—0.828 之间,除了反馈体验和实践反思之间、实践反思与教师更新之间相关稍微高些,其余各因子之间均属于呈中等程度相关。而总问

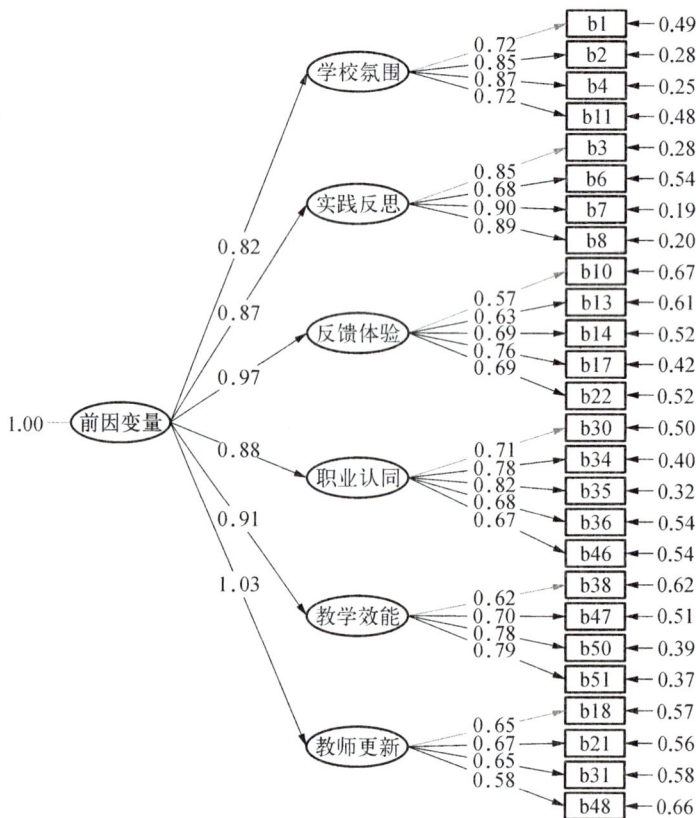

图 7-3 师爱素质前因变量验证性因素分析模型图

卷与下属因子之间的相关系数在 0.846—0.913 之间,可见相关系数均在 0.846 以上,有更高的相关,可见,师爱素质前因变量问卷具有良好的区分效度。

表 7-4 师爱素质前因变量因子与总问卷之间的相关(r)

	学校氛围	实践反思	反馈体验	职业认同	教师效能	教师更新
学校氛围						
实践反思	0.734					
反馈体验	0.691	0.828				
职业认同	0.630	0.675	0.742			
教师效能	0.598	0.697	0.794	0.775		
教师更新	0.774	0.807	0.790	0.736	0.727	
总 问 卷	0.846	0.893	0.911	0.862	0.865	0.913

第二,内部一致性信度。

表 7 - 5 师爱素质问卷的内部一致性分析结果

问　卷	题　目　数	内部一致性系数
学校氛围	4	0.812
实践反思	4	0.819
反馈体验	5	0.830
职业认同	5	0.859
教师效能	5	0.822
教师更新	4	0.817
总 问 卷	4	0.932

由表 7 - 5 可知,总问卷的内部一致性系数为 0.932,其下属六个因子的内部一致性系数在 0.812—0.859 之间,均大于 0.800,表明自编的中小学教师师爱素质前因变量问卷具有良好的内部一致性信度。

第三,重测信度。

信度即测量问卷在不同对象间测量时或在不同时间对同一对象测量时所得结果的相似程度。信度除了用系数或内部一致性来标识外,还常用重测信度即稳定性系数来标识。为了考察中小学教师师爱情感素质前因变量问卷的稳定性系数,我们对问卷进行了重测,重测的间隔时间为两周,最后根据匹配的有效数据,计算总问卷及各分问卷前后两次测量结果的相关,各分问卷稳定性系数在 0.634—0.767 之间,总问卷达到 0.829,均达到十分显著的相关程度,表明自编的中小学教师师爱素质前因变量问卷具有良好的重测信度。

2. 中小学教师师爱素质形成机制模型检验结果

为考察中小学教师师爱素质形成机制模型,采用 LISREL8.80 验证师爱素质前因变量对师爱素质影响模型。在分析过程中,如果拟合指数不理想,则根据修正指数对模型进行调整,从而提升模型的拟合效果。

(1)中小学教师爱生情感形成机制模型结果。

采用结构方程模型考察中小学教师师爱前因变量对师爱情感的影响,其中前因变量为外源潜变量,是模型中的自变量,学校氛围、实践反思、反馈体验、职业认同、教师效能和教师更新为其观测变量;爱生情感为内源潜变量,亲密感、关爱感和投入感为其观测变量。经过运行发现,模型的拟合达到要求,χ^2/df 小于 5,$RMSEA$ 小于 0.10,$NNFI$、CFI、GFI、$AGFI$ 等各项拟合度指标均大于或等于

0.90,显示了较好的拟合效果,说明中小学教师爱生情感形成机制模型可以接受。具体的拟合指标详见表 7 - 6,因子的标准化系数、各观测量的误差方差详见所构建的模型图(图 7 - 4)。模型还显示前因变量对爱生情感的直接作用系数显著($\gamma=0.89$,$t=39.70$,$p<0.001$),表明学校氛围、实践反思、反馈体验、职业认同、教师效能和教师更新等前因变量是影响中小学教师师爱情感的重要因素。

表 7 - 6　中小学教师爱生情感形成机制模型的拟合度指标

χ^2	df	χ^2/df	RMSEA	NNFI	CFI	GFI	AGFI
940.43	226	4.16	0.09	0.97	0.97	0.91	0.90

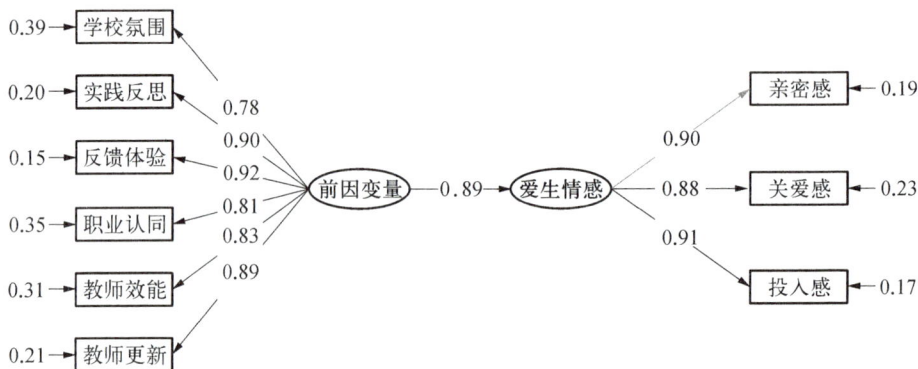

图 7 - 4　中小学教师爱生情感形成机制模型验证图

(2) 中小学教师爱生能力形成机制模型结果。

采用结构方程模型考察中小学教师师爱前因变量对师爱能力的影响,其中前因变量为外源潜变量,是模型中的自变量,学校氛围、实践反思、反馈体验、职业认同、教师效能和教师更新为其观测变量;爱生能力为内源潜变量,觉察能力、理解能力和表达能力为其观测变量。经过运行发现,模型的拟合达到要求,χ^2/df小于 5,RMSEA 小于 0.10,NNFI、CFI、GFI、AGFI 等各项拟合度指标均大于或等于 0.90,显示了较好的拟合效果,说明中小学教师爱生能力形成机制模型可以接受。具体的拟合指标详见表 7 - 7,因子的标准化系数、各观测量的误差方差详见所构建的模型图(图 7 - 5)。模型还显示前因变量对爱生能力的直接作用系数显著($\gamma=0.86$,$t=39.59$,$p<0.001$),表明学校氛围、实践反思、反馈体验、职业认同、教师效能和教师更新等前因变量是影响中小学教师爱生能力的重要因素。

表 7-7　中小学教师爱生能力形成机制模型的拟合度指标

χ^2	df	χ^2/df	RMSEA	NNFI	CFI	GFI	AGFI
930.99	226	4.11	0.09	0.95	0.97	0.91	0.90

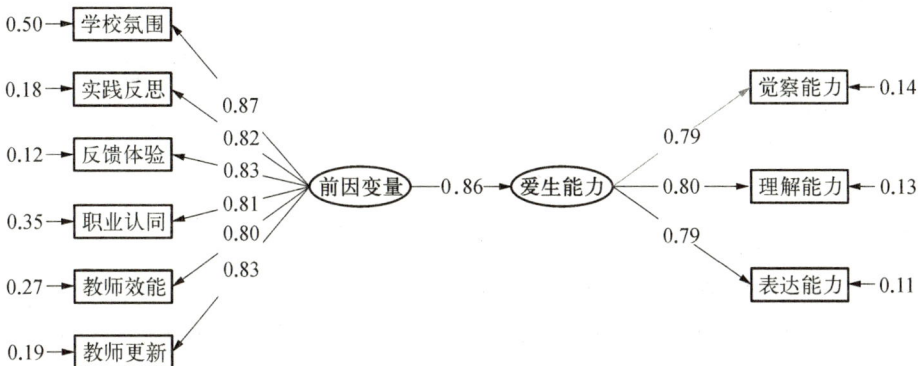

图 7-5　中小学教师爱生能力形成机制模型验证图

（3）中小学教师师爱素质形成机制模型结果。

采用结构方程模型考察中小学教师师爱前因变量对师爱素质的影响，其中前因变量为外源潜变量，是模型中的自变量，学校氛围、实践反思、反馈体验、职业认同、教师效能和教师更新为其观测变量；师爱素质为内源潜变量，亲密感、关爱感、投入感、觉察能力、理解能力和表达能力为其观测变量。经过运行发现，模型的拟合达到要求，χ^2/df 小于 5，RMSEA 小于 0.10，NNFI、CFI、GFI、AGFI 等各项拟合度指标均大于 0.90，显示了较好的拟合效果，说明中小学教师师爱素质形成机制模型可以接受。具体的拟合指标详见表 7-8，因子的标准化系数、各观测量的误差方差详见所构建的模型图（图 7-6）。模型还显示前因变量对爱生能力的直接作用系数显著（$\gamma=0.88$，$t=41.15$，$p<0.001$），表明学校氛围、实践反思、反馈体验、职业认同、教师效能和教师更新等前因变量是影响中小学教师师爱素质的重要因素。

表 7-8　中小学教师师爱素质形成机制模型的拟合度指标

χ^2	df	χ^2/df	RMSEA	NNFI	CFI	GFI	AGFI
1 539.12	539	2.85	0.07	0.97	0.97	0.95	0.93

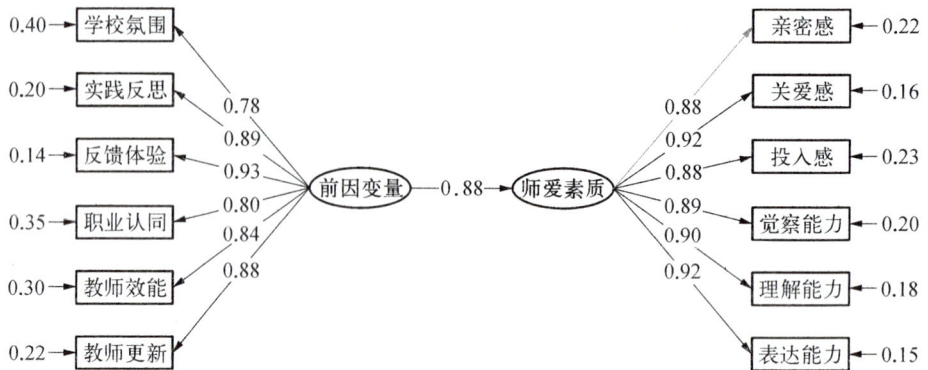

图7-6 中小学教师师爱素质形成机制模型验证图

3. 中小学教师师爱素质作用机制模型结果

（1）中小学教师爱生情感作用机制模型结果。

采用结构方程模型考察中小学教师爱生情感对后果变量的影响，其中爱生情感为外源潜变量，是模型中的自变量，亲密感、关爱感和投入感是其观测变量；后果变量为内源潜变量，职业幸福感和生活满意度为其观测变量。经过运行发现，模型的拟合达到要求，χ^2/df 小于 5，RMSEA 小于 0.10，NNFI、CFI、GFI、AGFI 等各项拟合度指标均大于或等于 0.90，显示了较好的拟合效果，说明中小学教师爱生情感作用机制模型可以接受。具体的拟合指标详见表7-9，因子的标准化系数、各观测量的误差方差详见所构建的模型图（图7-7）。模型还显示爱生情感对后果变量的直接作用系数显著（$\gamma = 0.65$，$t = 27.60$，$p < 0.001$），表明爱生情感是影响中小学教师职业幸福感和生活满意度的重要因素。

表7-9 中小学教师爱生情感作用机制模型的拟合度指标

χ^2	df	χ^2/df	RMSEA	NNFI	CFI	GFI	AGFI
14.31	4	3.57	0.10	0.91	0.91	0.90	0.90

（2）中小学教师爱生能力作用机制模型结果。

采用结构方程模型考察中小学教师爱生能力对后果变量的影响，其中爱生能力为外源潜变量，是模型中的自变量，觉察能力、理解能力和表达能力是其观测变量；后果变量为内源潜变量，职业幸福感和生活满意度为其观测变量。经过运行发现，模型的拟合达到要求，χ^2/df 小于 5，RMSEA 小于 0.10，NNFI、

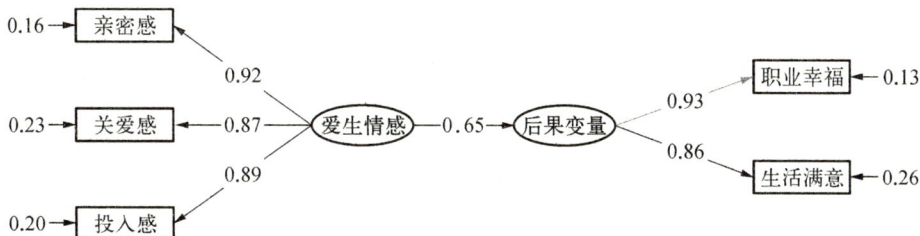

图 7 - 7　中小学教师爱生情感作用机制模型验证图

CFI、GFI、AGFI 等各项拟合度指标均大于 0.90，显示了较好的拟合效果，说明中小学教师爱生能力作用机制模型可以接受。具体的拟合指标详见表 7 - 10，因子的标准化系数、各观测量的误差方差详见所构建的模型图（图 7 - 8）。模型还显示爱生能力对后果变量的直接作用系数显著（$\gamma = 0.62$，$t = 25.53$，$p < 0.001$），表明爱生能力是影响中小学教师职业幸福感和生活满意度的重要因素。

表 7 - 10　中小学教师爱生能力作用机制模型的拟合度指标

χ^2	df	χ^2/df	RMSEA	NNFI	CFI	GFI	AGFI
6.82	4	1.71	0.02	1.00	1.00	1.00	0.99

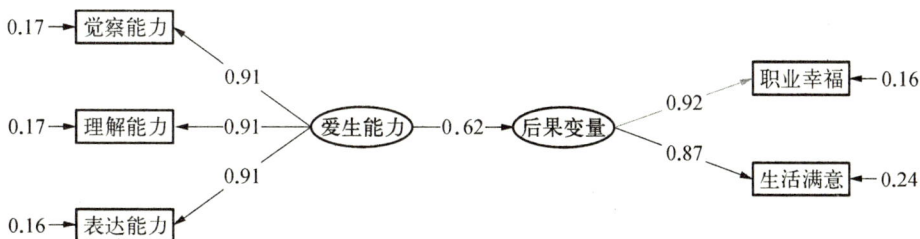

图 7 - 8　中小学教师爱生能力作用机制模型验证图

（3）中小学教师师爱素质作用机制模型结果。

采用结构方程模型考察中小学教师师爱素质对后果变量的影响，其中师爱素质为外源潜变量，是模型中的自变量，亲密感、关爱感、投入感、觉察能力、理解能力和表达能力是其观测变量；后果变量为内源潜变量，职业幸福感和生活满意度为其观测变量。经过运行发现，模型的拟合达到要求，χ^2/df 小于 5，RMSEA

小于 0.10，NNFI、CFI、GFI、AGFI 等各项拟合度指标均大于 0.90，显示了较好的拟合效果，说明中小学教师师爱素质作用机制模型可以接受。具体的拟合指标详见表 7-11，因子的标准化系数、各观测量的误差方差详见所构建的模型图（图 7-9）。模型还显示师爱素质对后果变量的直接作用系数显著（$\gamma = 0.63$，$t = 25.64$，$p < 0.001$），表明师爱素质是影响中小学教师职业幸福感和生活满意度的重要因素。

表 7-11　中小学教师师爱素质作用机制模型的拟合度指标

χ^2	df	χ^2/df	RMSEA	NNFI	CFI	GFI	AGFI
407.38	140	2.91	0.10	0.98	0.98	0.94	0.91

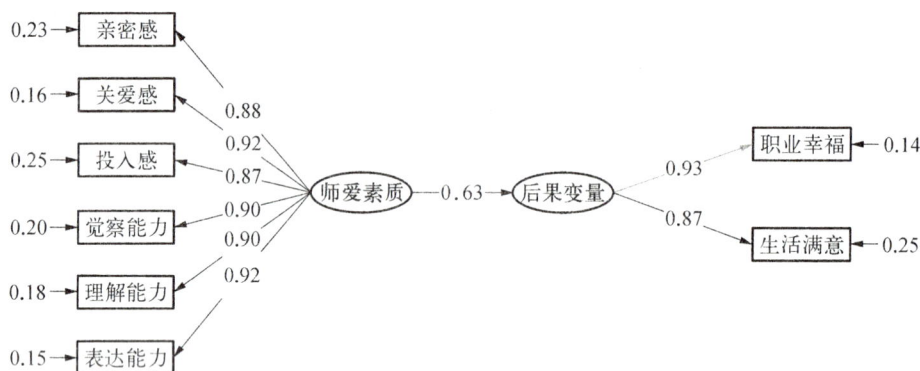

图 7-9　中小学教师师爱素质作用机制模型验证图

4. 中小学教师师爱素质形成作用机制模型结果

（1）中小学教师爱生情感形成作用机制模型结果。

采用结构方程模型考察中小学教师爱生情感及其前因变量、后果变量之间的关系，其中前因变量为外源潜变量，是模型中的自变量，学校氛围、实践反思、反馈体验、职业认同、教师效能和教师更新为其观测变量；爱生情感为内源潜变量，亲密感、关爱感和投入感为其观测变量。后果变量为内源潜变量，职业幸福感和生活满意度为其观测变量。经过运行发现，模型的拟合达到要求，χ^2/df 小于 5，RMSEA 小于 0.10，NNFI、CFI、GFI、AGFI 等各项拟合度指标均大于或等于 0.90，显示了较好的拟合效果，说明中小学教师爱生情感形成作用机制模型可以接受。具体的拟合指标详见表 7-12，因子的标准化系数、各观测量的误差方差详见所构建的模型图(图 7-10)。模型还显示前因变量对爱生情感的直接作用系数显著($\gamma=0.91$，$t=40.45$，$p<0.001$)，爱生情感对后果变量的直接作用系数显著($\gamma=0.71$，$t=29.41$，$p<0.001$)，表明学校氛围、实践反思、反馈体验、职业认同、教师效能和教师更新等前因变量是影响爱生情感的重要因素，而爱生情感则是影响中小学教师职业幸福感和生活满意度的重要因素。

表 7-12　中小学教师爱生情感形成作用机制模型的拟合度指标

χ^2	df	χ^2/df	RMSEA	NNFI	CFI	GFI	AGFI
1 969.90	420	4.69	0.07	0.96	0.96	0.93	0.92

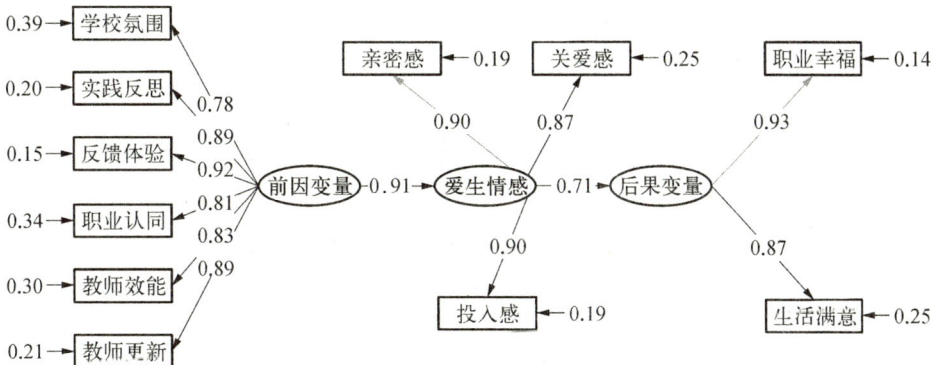

图 7-10　中小学教师爱生情感形成作用机制模型验证图

(2) 中小学教师爱生能力形成作用机制模型结果。

采用结构方程模型考察中小学教师爱生能力及其前因变量、后果变量之间的关系，其中前因变量为外源潜变量，是模型中的自变量，学校氛围、实践反思、反馈体验、职业认同、教师效能和教师更新为其观测变量；爱生能力为内源潜变量，觉察能力、理解能力和表达能力为其观测变量。后果变量为内源潜变量，职业幸福感和生活满意度为其观测变量。经过运行发现，模型的拟合达到要求，χ^2/df 小于 5，RMSEA 小于 0.10，NNFI、CFI、GFI、AGFI 等各项拟合度指标均大于或等于 0.90，显示了较好的拟合效果，说明中小学教师爱生能力形成作用机制模型可以接受。具体的拟合指标详见表 7-13，因子的标准化系数、各观测量的误差方差详见所构建的模型图(图 7-11)。模型还显示前因变量对爱生情感的直接作用系数显著($\gamma=0.88$，$t=40.47$，$p<0.001$)，爱生

情感对后果变量的直接作用系数显著（$\gamma=0.67$，$t=29.57$，$p<0.001$），表明学校氛围、实践反思、反馈体验、职业认同、教师效能和教师更新等前因变量是影响爱生能力的重要因素，而爱生能力则是影响中小学教师职业幸福感和生活满意度的重要因素。

表7-13　中小学教师爱生能力形成作用机制模型的拟合度指标

χ^2	df	χ^2/df	RMSEA	NNFI	CFI	GFI	AGFI
2 023.61	420	4.82	0.09	0.95	0.94	0.91	0.90

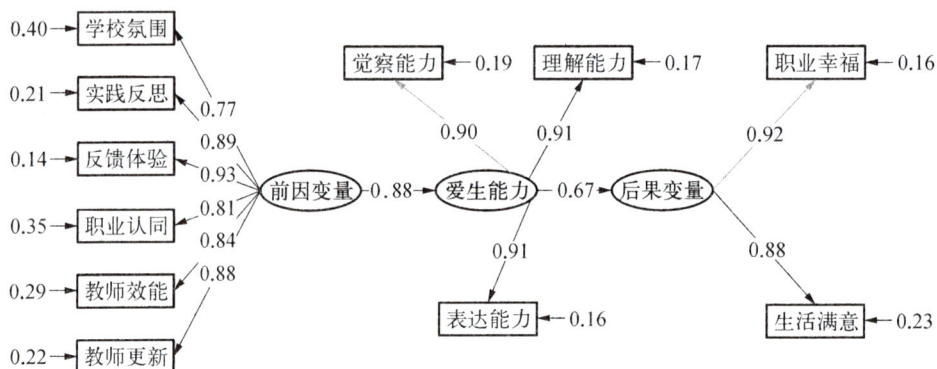

图7-11　中小学教师爱生能力形成作用机制模型验证图

（3）中小学教师师爱素质形成作用机制模型结果。

采用结构方程模型考察中小学教师师爱素质及其前因变量、后果变量之间的关系，其中前因变量为外源潜变量，是模型中的自变量，学校氛围、实践反思、反馈体验、职业认同、教师效能和教师更新为其观测变量；师爱素质为内源潜变量，亲密感、关爱感、投入感、觉察能力、理解能力和表达能力为其观测变量。后果变量为内源潜变量，职业幸福感和生活满意度为其观测变量。经过运行发现，模型的拟合达到要求，χ^2/df 小于 5，RMSEA 小于 0.10，NNFI、CFI、GFI、AGFI 等各项拟合度指标均大于或等于 0.90，显示了较好的拟合效果，说明中小学教师师爱素质形成作用机制模型可以接受。具体的拟合指标详见表 7-14，因子的标准化系数、各观测量的误差方差详见所构建的模型图（图 7-12）。模型还显示前因变量对爱生情感的直接作用系数显著（$\gamma=0.89$，$t=40.45$，$p<0.001$），爱生情感对后果变量的直接作用系数显著（$\gamma=0.66$，$t=29.41$，$p<$

0.001)，表明学校氛围、实践反思、反馈体验、职业认同、教师效能和教师更新等前因变量是影响师爱素质的重要因素，而师爱素质则是影响中小学教师职业幸福感和生活满意度的重要因素。

表 7 - 14　中小学教师师爱素质形成作用机制模型的拟合度指标

χ^2	df	χ^2/df	RMSEA	NNFI	CFI	GFI	AGFI
2 692.63	575	4.68	0.10	0.96	0.97	0.90	0.90

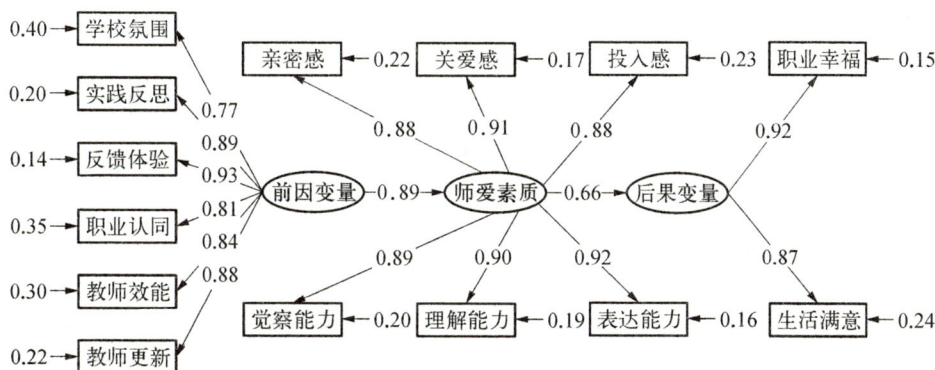

图 7 - 12　中小学教师师爱素质形成作用机制模型验证图

三、讨论与结论

1. 编制了具有良好信、效度的师爱素质前因变量问卷

要编制具有心理测量学标准的中小学教师师爱素质前因变量问卷，就必须坚持理论与实践相结合的原则，明确问卷的结构。为此，在问卷编制过程中，我们遵循自上而下和自下而上相结合的方式，即自上而下指的是在系统梳理和分析已有师爱相关文献的基础上，结合教师职业特点，选取影响中小学教师师爱的前因变量；所谓自下而上指的是以教师职业活动的需要为导向，通过开放式调查、个案、访谈等方法搜集行为样例，为设计师爱素质前因变量的原始题项提供材料。与此同时，问卷编制过程中还应严格要求问卷编制的科学程序：如邀请专家对问卷进行评定修正，最后形成初始问卷。在初始问卷的基础上进行施测，通过项目分析和探索性因素分析删除不符合要求的题项，然后再施测进行验证性因素分析，以验证问卷的结构效度等。在参考同类相关问题题目的基础上，结

合个人访谈、开放式问卷等形成由 50 个题目构成的师爱素质原始问卷;紧接着邀请专家组对师爱素质前因变量原始题项进行评价,合并同义题项,删除不适合中小学教师的题项,修改有歧义的题项,最终得到由 40 个题项构成的师爱素质前因变量初始问卷;紧接着对 332 名中小学教师进行调查并进行项目分析和探索性因素分析,删除不符合心理测量学指标的题项,得到由 26 个题项构成的师爱素质前因变量验证问卷,然后再对 395 名中小学教师进行施测并进行验证性因素分析,最终形成 6 因子的师爱素质前因变量问卷,即学校氛围、实践反思、反馈体验、职业认同、教师效能和教师更新。总之,师爱素质前因变量因子的确定遵循理论和实证相结合的原则,并严格遵从心理测量学的要求和程序,由此得出的师爱素质前因变量结构是科学的。

在验证师爱素质前因变量问卷结构的同时,我们还检验了其信度与效度。首先,在内部一致性信度方面,结果发现总问卷的内部一致性系数达到 0.932,其下属 6 个因子的内部一致性系数在 0.812—0.859 之间。这表明中小学教师师爱素质前因变量问卷具有良好的内部一致性信度,其作为测量师爱素质前因变量的调查工具是稳定可信的。第二,在重测信度方面,结果发现,各分问卷稳定性系数在 0.601—0.753 之间,总问卷达到 0.803,均达到十分显著的相关程度,这表明中小学教师师爱素质问卷具有良好的重测信度。第三,在内容效度方面,问卷编制从开放式问卷开始,到之后的专家评定、项目分析、因素分析等各个环节均采用理论与实践相结合、自上而下的理论构建和自下而上的一线群体资料搜集相结合,问卷所要调查的内容与理论构想是相吻合的,测得研究者所要测的教师师爱素质的前因变量。可见,问卷具有良好的内容效度;第四,在结构效度方面,采用探索性因素分析和验证性因素分析相结合的方式展开,并依据交叉验证(cross-validity)的法则,两次因素分析分别取样。结果发现问卷的各项拟合指标上都达到了可以接受的统计学标准,这表明问卷具有较好的结构效度;最后,在区分效度方面,结果发现分问卷之间、下属因子之间的相关处于中等程度相关,而分问卷与总问卷、下属因子与分问卷之间则呈现高相关,这表明整个问卷具有良好的区分效度。总之,中小学教师师爱素质前因变量问卷具有良好的信度和效度。

2. 实证验证了中小学教师师爱素质形成作用机制模型

首先,验证中小学师爱素质的形成机制模型,即分别考察学校氛围、实践反思、反馈体验、职业认同、教师效能和教师更新等师爱素质前因变量分别对中小学师爱素质及其下属爱生情感和爱生能力的影响,结果发现,三个模型的各项拟合指数均达到统计学要求,并且前因变量对中小学师爱素质及其下属爱生情感和爱生能力的直接作用系数均显著,这表明学校氛围、实践反思、反馈体验、职业认同、教师效能和教师更新等师爱素质前因变量是影响中小学师爱素质及其下属爱生情感和爱生能力的重要因素。这与以往研究的结果比较吻合:在古今中外师爱及师爱素质的相关研究中,研究者已经论及或验证了环境和教师自身对其师爱的影响。孔子最早论及环境对教师师爱的影响,他认为长期以来由于"官师合一"所造成的官吏教师作风,有碍于师生关系的融洽和对教学的不利影响(龙柏林,1987);周丽丽的调查发现组织氛围与工作投入感呈显著正相关(周丽丽,2009);并且这一结果还得到个案研究的佐证,结果发现责任心、职业认同感、实践反思、教育研究、社会及学校的支持、学生对师爱的反馈等是突出的影响变量。

　　第二,验证中小学教师师爱素质作用机制模型,即分别考察中小学师爱素质及其下属爱生情感和爱生能力对于教师职业幸福感和生活满意度两个后果变量的影响,结果发现三个模型的各项拟合指数均达到统计学要求,并且中小学师爱素质及其下属爱生情感和爱生能力对教师职业幸福感和生活满意度两个后果变量的直接作用系数均显著,这表明中小学师爱素质及其下属爱生情感和爱生能力是影响中小学师爱教师职业幸福感和生活满意度的重要因素。这与以往研究的结果也比较吻合:研究发现关爱对教师的幸福感至关重要(尼尔森等,2015)。洛蒂(1975)发现,关爱是教师职业满意度的一个重要来源之一,是教育事业的"精神奖励"。张丽芳(2009)调查发现中学教师的工作投入感与其工作满意度呈显著正相关。高情绪觉察能力不仅能减轻个体的工作负担体验,提升个体的满意度和幸福感,并且一些生理疾病(如心脏病、牛皮癣)的康复还有一定的积极作用(汪海彬,2015);研究发现更多的情绪表达可以提升其心理健康水平和幸福感,如高情绪表达者比低情绪表达者体验到更多的快乐、更少的焦虑和内疚(金,埃蒙斯,1990)等。此外,这一研究还得到幸福感等相关研究的佐证,专家型教师生活满意度水平和职业幸福感更好,尤其在自我实现上投入更多关注(凌辉,等,2016)。另一项主观幸福感的研究不仅发现专家型教师的主观幸福感比较高,还发现熟手型教师处于成长中的苦恼阶段(李亚真,潘贤权,连榕,2010)等。

　　最后,我们将前两个模型进行整合,从总体上进一步验证中小学教师师爱素质的形成作用机制模型,即分别考察考察学校氛围、实践反思、反馈体验、职业认同、教师效能和教师更新等师爱素质前因变量对中小学师爱素质及其下属爱生情感和爱生能力的影响，与此同时，在同一个模型内容，还继续考察中小学师爱素质及其下属爱生情感和爱生能力对于教师职业幸福感和生活满意度两个后果变量的影响。结果发现三个模型的各项拟合指数均达到统计学要求，且前因变量对中小学师爱素质及其下属爱生情感和爱生能力的直接作用系数均显著，与此同时中小学师爱素质及其下属爱生情感和爱生能力对教师职业幸福感和生活满意度两个后果变量的直接作用系数也显著，这表明学校氛围、实践反思、反馈体验、职业认同、教师效能和教师更新等前因变量是影响师爱素质的重要因素，而师爱素质则是影响中小学教师职业幸福感和生活满意度的重要因素，从而从实证角度验证了中小学教师师爱素质形成作用机制模型的有效性。

总之，本部分研究得到以下结论：

编制了具有良好信效度的师爱素质前因变量问卷，问卷由 26 个题目组成，内含学校氛围、实践反思、反馈体验、职业认同、教师效能和教师更新 6 个因子，问卷符合心理测量学标准，可以作为调查或评估师爱素质前因变量的有效工具。

实证验证了中小学教师师爱素质的形成作用机制模型。学校氛围、实践反思、反馈体验、职业认同、教师效能和教师更新等前因变量是影响师爱素质的重要因素，而师爱素质则是影响中小学教师职业幸福感和生活满意度的重要因素。

第八章 师爱素质的培养模式

师爱素质具有可发展性。一方面,无论是情感还是素质,在内外因素的影响下都是可以发展变化的,这在第六章有关不同教职经验教师情感素质具有差异性的结果分析中,已得到证实。另一方面,师爱素质的发展并非是一个自发的过程,实际上,任何专业素质的提升无不需要经过组织文化涵育、专业发展支持和个体自身努力等内外因素的综合施力,可以说,唯有通过自觉培养和不断实践,师爱素质的可发展性才能转化为现实。第七章揭示了师爱素质的影响因素和发展机制,其中学校关爱氛围等外部因素、教师实践反思等内部因素是关键的影响变量,这些重要研究结果为师爱素质的培养和提升提供了实证依据。本章将在前面各章研究内容的基础上,阐述师爱素质培养的基本理论问题,并从培养模式角度尝试构建理论模型,最后通过一个教育行动研究检验理论模型的有效性。

第一节 师爱素质培养的 理论基础

师爱素质的培养,无疑是一个实践性极强的问题,但它又并非纯粹的实践问题,师爱素质培养的实践有效性离不开相关理论的指导。理论固然来源于实践,但它能够把握实践的规律,不仅规范和引导人们"做什么",而且规范和引导人们"不做什么",是对实践的超越,从而能做到像马克思所说的那样,缩短并且减轻实践过程中的"阵痛"。师爱素质是本研究提出的原创性概念,以往并无师爱素质培养方面的探讨,因而极有必要首先对其理论基础予以阐述。

一、素质养成理论

养成教育是素质教育的重要基础理论。我国古代有很多关于养成的思考,所谓"始生之者天也,养成之者人也",①即指人的本性是天生的,但是后天的培养和教育,则是需要主观努力的,正所谓"少成若天性,习惯成自然"。叶圣陶进一步发展了养成教育的思想,他指出,教育往精深处说,也许可以写成巨大的制作,但就粗浅处说,"养成好习惯"就可以说明它的含义。养成,一般释义为"培养而使之形成或成长",由此可以延伸出两层意思:一是"使之"形成或成长的"之"是什么——这里指的就是养成的目标,毫无疑问应该就是一个人的素质,包括素质的三个层面(生理素质、心理素质和社会素质),也包括具体的各种素质(如道德、人格、习惯),自然也包括情感素质以及师爱素质;二是如何培养,这就涉及养成的途径和方法等问题。综合考虑这两个问题,即为养成教育。

早在古希腊,亚里士多德就对德性养成提出了自己的看法,他提出美德(德性)必须具备以下基本特征:正当的理性指导;自愿选择;表现于德性的行为中;适度的遵守中道的样式;习惯或品性(唐凯麟,刘铁芳,2005)。按照亚里士多德对德性养成的解释,一个人的德性的养成要经历着这样两个过程:一是人的道德理性的形成过程;另一个是在道德理性引导下,人的道德行为习惯的养成。前者是后者的精神基础,后者是前者的生活外化。对青少年素质养成深有研究的孙抱弘(2001)研究员指出,所谓养成教育,简单地说,这是以个人的获得性遗传为基础,以社会的文化传递为外部条件,以主体的个人意愿(主动)和个人经历(被动)为内部条件,经由一定的养成途径,逐步形成的以价值观为核心的个人素养和品质。他指出,养成教育需要以个人既有素质为基础,以文化传递(包括传统、习俗、教育、传媒乃至日常生活等时空环境)为外部条件,以个体主动性或被动性为内部条件,通过直接或间接的途径、自律或他律的养成模式,最终逐步形成和内化为以社会适应为外壳,以价值观为核心的个人修养和品质,而个人在分析问题和处理问题时所表现的态度,以及对自身潜在能力和习得知识、能力的有效运用,即为个人素质的外化表现。也有研究者对教师专业素质养成进行了思考,认为养成是一个逐渐内化生成的过程,相对于"培养",养成更加强调内在的自觉和自我长成。一般而言,教师的养成是要经过长期不断的教育实践、教育文化熏陶、教育生活体验等过程,包括教师德性、知识、能力、品格等的养成,这是一个"外育"与"内修"的共同作用过程,是一个深度的实践参与过程,也是一个不断习得与积累的过程,并且,养成应该是一种教师情感生活方式(洪早清,2013)。

---

① 《吕氏春秋·本生》.

柳国强和刘春魁(2005)分析了养成教育的哲学基础,唯物辩证法认为,任何事物都必须经历从量变到质变的过程,只有具备了一定的量的积累,才能达到质的飞跃。养成教育强调受教育者在其日常生活、学习和工作中从大处着眼,从小处做起,诸如言谈举止、起居作息、学容风纪等小事,点滴养成,持之以恒。其一点一滴的培养,这就是量的积累,久而久之,养成习惯。质的飞跃是养成教育的最终结果。

师爱素质是教师的专业素质,这种素质的培养过程自然也是一个养成的过程。根据第七章研究结果,借鉴上述养成教育的有关观点,本研究初步构建一个师爱素质养成的理论框架(见图 8-1)。

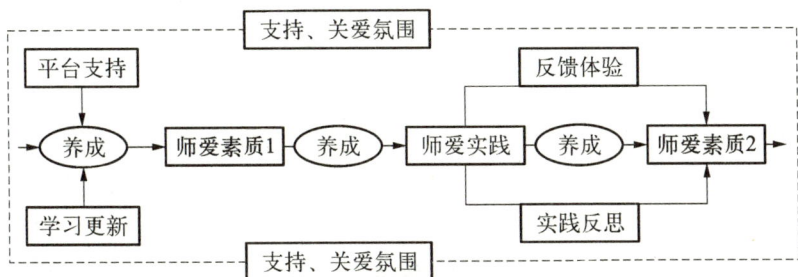

图 8-1　师爱素质养成的理论模型

模型指出,师爱素质的培养过程是一个养成过程,其目标是从尚不具备成为教师专业素质的"师爱素质"发展到"师爱素质 1"水平,进而发展到"师爱素质2",再发展到新的水平。这一过程中促进师爱素质水平提升的因素或变量涉及多个方面:外部的平台支持,教师的学习更新,教师的爱生实践以及实践过程中的反思和反馈性体验,等等,当然,组织、社区乃至社会的支持、关爱氛围发挥着潜移默化的感染作用或直接的榜样示范作用。

二、成人学习理论

教师是教育者,也是学习者,无论是师爱素质的爱生情感维度还是爱生能力维度,都离不开教师的学习更新。但教师的学习不同于教师的教育对象——学生的学习,教师是成人(即便是在校师范生也已经进入成年早期),因而他们的学习实属成人学习。传统学习理论一直认为,学习理论是适合于所有学习者的,无论是成人还是儿童。1968 年,美国波士顿大学教育学院教授马尔科姆．诺尔斯(Malcolm Knowles)提出了成人教育学(Andragogy)这样一个全新概念,以用来区别传统的面向青少年的学校教育学(Pedagogy)(王海东,2007)。诺尔斯认为,成人学生具有如下基本特征:能够进行自我指导的学习;积累了比较丰富的、不同种类的生活经验,这些经验对今后的学习产生影响;具有学习的需要,并且这些需要可以改变其社会角色;学习以问题为中心,以任务为导向,有强烈的运用已有知识解决问题的意识;内在动机与学习产生的动力远远胜于外在因素。由于这种特殊性,因而在师爱素质培养的过程中,必须以成人学习理论为指导。本研究认为,教师作为成年人,其学习具有以下两个典型性特征。

1. 教师学习是典型的情境学习

情境学习(Situated Learning)所倡导的教学与学习的思想,可追溯到二十世纪二三十年代美国心理学家杜威的"做中学"和苏联心理学家维果茨基的社会文化观。情境学习的基本要点是:知识与活动不可分离,活动不是学习与认知的辅助手段,而是学习整体中的一个有机组成部分。学习者在情境中通过活动获得了知识,学习与认知本质上是情境性的。因而情境学习过程是一种"合法的边缘性参与"。从本质上看,"合法的边缘性参与"描述了一个新手成长为某一实践共同体核心成员的动态过程,这后来被认为是情境学习理论的中心概念和基本特征(张振新,2005),情境性、协商性、社会性是情境学习的基本特征,因而,实践共同体在教师学习中发挥着重要的作用。

2. 教师学习是典型的行动学习

行动学习的概念最初是由哥伦比亚大学教师学院的史蒂芬·科里(Stephen Corey)和他的同伴于1949年引入到教育之中的,50年代英国瑞文斯(Ravens)教授又将这一理论进行发展,并提出了一个关于学习的公式:"Learning = Programmed knowledge + Questioning insight",后又在此基础上总结出了行动学习的公式:"Action Learning = Procedural knowledge + Questioning + Reflection + Implementation",即:"行动学习 = 程序性知识 + 提问 + 反思 + 实施"。我国研究者认为,行动学习是通过小组成员的相互帮助,来解决工作中存在的问题或完成某项任务以获得能力或知识的增长的行为,它有三个主要因素,即参

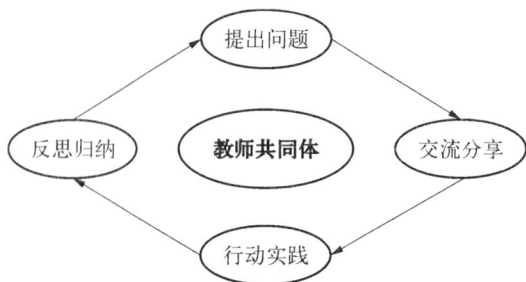

图8-2 教师行动学习的循环

与者、问题及分享小组或团队,他们通过相互支持和相互质疑来取得进步(张素玲,2009)。行动学习以参与者为主体,以问题或要解决的任务为主题,通过反思-行动-再反思-再行动的循环方式展开学习(张一春,2005),从而不断促使体验的生成,知识的积累,技能的提高,能力的增长,共识的达成和小组的共同进步。可见,行动学习更注重理论与实践的结合,这一成人学习理论对师爱素质的培养乃至对教师专业化培训均很有启发意义。

三、师爱素质培养的习学论

教师是教育教学实践中的专业工作者,师爱素质的培养具有鲜明的实践性特征,因而,毋宁说师爱素质的重要提升路径是教师学习,不如说是教师的习学。虽然文献中鲜有"习学论"这一概念,但中外哲学家、教育学家对知行关系的论述无疑正蕴含着习学论思想,而心理学中的活动理论则是习学论的直接理论依据。

中国古典哲学中有关知行观的认识论思想极为丰富,古代先哲对"知"与"行"、"认识"与"实践"的关系提出过许多可贵的观点,比如"知先于行"、"知行统一"、"行万里路、读万卷书"、"纸上得来终觉浅,绝知此事要躬行"等。知行观这个古老的哲学命题,历经几千年的发展,不断演进变化,汲取实践智慧,逐步成为最能体现传统实践教育的核心思想之一。西方教育史上的实践教育具有深远的历史,从古希腊时期就形成了实践哲学,到文艺复兴时期,受人文主义思潮的影响,西方教育逐渐形成了重视实践的教育思想。西方实践教育的集大成者是美国著名教育家杜威,他的教育思想集中体现为"生活教育"理论,基本观点包括"生活即教育"、"社会即学校"、"教学做合一"等重要的教育思想和教育方法。杜威的"做中学"口号,就是从经验中学习。他从经验主义哲学出发,认为只要把所做的事与所发生的影响联系起来,那么就能发现事物的前因后果等关系。所以他主张教师应把学生的课堂学习与思维活动联系起来,也就是说,在功课上应把用心和用感官,在知识学习上应把思维和直接用实物的作业结合起来(陈宏毅,2003)。"做中学"、"教学做合一"中的"做"都是指"实践",强调在教育中学生自由个性的发挥。马克思主义的实践观在整个马克思主义理论体系中处于核心位置,没有科学的实践观就没有马克思主义理论的产生。马克思和恩格斯早在《德意志意识形态》中就已将实践提到世界观的高度,明确地宣称他们的哲学是"实践的唯物主义",这一哲学的任务是"使现存世界革命化,实际地反对和改变事物的现状"。① 马克思高度重视实践，称"全部社会生活在本质上是实践的。凡是把理论引向神秘主义的神秘东西，都能在人的实践中以及对这个实践的理解中得到合理的解决。"②以实践观为基础的马克思主义哲学为师爱素质的培养提供了基本指导思想。

维果茨基是苏联儿童心理学的奠基人之一，创立了文化历史发展学派，通过批判传统心理学提出了独具一格的科学见解，其中活动学说就是重要理论建构。在他看来"活动"主要是指人的实践活动、社会活动等外部的活动。维果茨基在谈到人的高级心理机能时提出了活动的中介问题，认为人的高级心理机能是间接的、中介的、需要工具参与的。人的高级心理机能必须是在人的社会生活中，在一定的社会关系系统中，通过主体的活动，才能形成。同时他还非常重视"活动和意识统一的原则"，认为人的活动与人的意识不是分离的，不能把意识和活动割裂开来看，个体的活动与个体的意识是紧密联系在一起的、是统一的(李轶芳，2009)。列昂捷夫在维果茨基的理论基础上创立了活动心理学的理论，他认为内部的思维活动是由外部的实践活动转化而来，而内部的思维活动也可以转化为外部的实践活动。内部活动与外部活动具有相同的结构，他们是同质的。所以可以通过对外部的实践活动的研究达到对内部的思维活动进行研究的目的。因此列昂捷夫活动理论的基本特点之一就是对外部实践活动的重视，主张将心理现象纳入人的实践活动中，在人的具体实践活动中研究人的不同的心理表现，而不是将人的心理现象从人的活动中抽离出来，做抽象的分析。

显然，无论是我国古代先哲所倡导的知行观、杜威所提出的生活教育理论还是维列鲁学派建构的活动理论，都强调实践在人的心理发展、素质生成中的重要性。综合这些理论基础，本研究尝试提出师爱素质培养的习学论——这里的"习"，是践习、实践之意，这里的"学"是学习、更新之意。要而言之，师爱素质培养的习学论核心观点包括：

第一，学习是师爱素质培养的基础。从学习内容上来说，教师需要学习关于教育教学、教育对象成长发展、情绪情感等方面的知识，这里既包括陈述性知识，又包括程序性知识。从学习方式上来说，教育课程的培训、研修等正式学习方式固然不可缺少，教师间的交流分享、教师阅读等非正式学习方式也极为重要，尤

---

① 《马克思恩格斯选集》第 1 卷［M］. 北京：人民出版社，1995.
② 《马克思恩格斯选集》第 1 卷［M］. 北京：人民出版社，1995.

其是,教师通过主持、参与课题研究,在研究中学习、以研究促进学习,是非常有效的学习方式。

第二,实践是师爱素质培养的关键。教师通过学习获得的关于师爱、师生交往等方面的知识,一方面本身就主要来自实践,正是在教育教学实践中教师发现了问题才引发其思考、促进其学习,另一方面,知识如果束之高阁,没有用于实践、没有在实践中生成、转化为能力,那么师爱素质的培养仍然是不可能的。因而,教师主动走进学生生活、积极参与到师生互动之中,教师经常与学生聊天谈心,陪伴学生学习游戏,等等,这些实际的行动对师爱素质的培养就是非常重要的。

第三,师爱素质的培养,既离不开教师的学习,又离不开教师的实践,它是一个习学、学习的不断交替、相互交融的过程。但对于处于教育第一线的中小学教师而言,习比学应该更为重要、更为关键、更为根本,而其学习本身也主要是在实践中学习、向实践学习。

第二节　师爱素质的生态学培养模式

素质养成论、成人学习理论和习性论,为师爱素质的发展和培育奠定了理论基础。但理论本身并不能直接解决实践问题——师爱素质的培养无疑是一个实践性极强的问题,因此,在理论基础之上建构培养模式就显得非常重要,它具有理论与实践的中介性、实践操作的范式性与可复制性等特性,能为实践提供更直接的指导意义。

一、师爱素质的生态学培养模式理论模型

1. 发展的生态学理论

生态学起源于生命科学领域,研究有机体与环境的关系。人类发展离不开所处的自然环境和人文环境,运用生态学的理论和方法构建生态学模式,研究影响人类发展的生态因子,并通过生态学模式干预人的发展,是发展科学研究的重要范式。人类发展生态学理论旨在揭示个体发展与其所处的情境特征之间的动态关系,布朗芬布伦纳(Bronfenbrenner,1979)是这一理论的提出者。发展生态学理论认为,有四个层级的环境同时影响着个体的发展:微观系统是儿童日常

生活的直接环境,家人、看护者、朋友和教师都作为微观系统的一部分,对儿童产生影响。然而儿童并不是一个被动的接受者,他们主动参与微观系统的建构,并塑造他们所生活于其中的直接世界;中间系统为微观系统的众多方面之间提供了联结,如同链条中的链环,中间系统将儿童与父母、学生与教师、员工与雇主、朋友与朋友相互联结起来;外部系统代表了更广泛的影响,包括诸如地方政府、社区、学校、宗教场所、地方媒体等社会机构,这些社会机构对个人发展可能产生直接、重要的作用,并影响到微观系统和中间系统的运转;宏观系统代表了作用于个体的更大的文化影响,它包括一般意义上的社会、各级政府、宗教和政治价值系统,以及其他广泛的包含因素都是宏观系统的一部分。时序系统是上述所有系统的基础,它涉及时间对儿童发展产生影响的方式,包括历史事件和渐进的历史变化。生物生态学理论强调影响发展的各个因素间的相互联结。如果系统中的某一部分发生变化,就会影响到系统的其他部分,相反,如果某一层级的环境发生变化,而其他层级并未产生改变,那么这些变化对于个体的影响则相对较小。

尽管发展生态学理论最早旨在解释儿童青少年发展的各种变量及其之间的关系机制,但这一理论在教师专业发展方面同样具有解释力。如我国研究者提出,生态化的教师专业发展的培养模式,强调对影响教师专业发展的各种资源的整合。生态化的教育观把教育与其环境看作为一个交互作用的网状立体整体,教育者和受教育者、教育与社会同处于这一网络之中,彼此交织,主观与客观交相辉映,共同发生作用(任其平,2010)。也就是说,教师专业发展不仅依靠自己,而且需要与他人的合作;不仅需要对教学实践进行反思,而且需要教学共同体的参与;不仅需要某些学科知识和教育学知识,而且需要建立一种合作的教师文化。换句话说,教师所在的时空情境构成的各种"场"——包括内部和外部——构成了教师专业发展、因而也是师爱素质发展的"生态圈"。以教师所在的单位——学校为例,对教师而言,它不仅只是教师工作的场所,也是教师发展的实验室。学校是特殊而且独特的环境,在其中,由多个年龄层、不同发展阶段的人——教师与学生、年轻的与年老的、富裕的与贫穷的、男的与女的、多种族的、多民族的、多语言的——聚集成一个学习共同体。这个格外丰富的学习者混合体提供了发展性互动,这种互动既创造了机遇,又制造了冲突(斯黛菲等,2012)。由此可见,教师所处的发展生态之于教师发展的影响,发展生态学理论为师爱素质的生态学培养模式建构提供了直接的理论依据。

2. 师爱素质的生态学培养模式提出

模式虽然是各个学科中经常使用的概念,也是日常生活中的常见术语,但学术界在使用模式一词时,对其含义的理解和认识仍然是有分歧的。有的认为模式属于方法范畴,即认为模式就是方法或多种方法的综合。有的观点认为模式与方法既有联系又有区别,各种方法在具体时间、地点和条件下表现为不同的空间结构和时间序列,从而形成不同的模式。第三种观点认为模式与"结构-功能"这对范畴紧密联系(王根顺,汪振江,2000)。在教育中,模式通常与人才培养结合在一起。学术界对培养模式的理解也不尽相同。一种观点认为,所谓培养模式,通俗的说即是指学生从哪里来,通过多长时间某种方法的培养,然后到哪里去的问题。另一种说法认为,培养模式是在一定的教学思想、观念的指导下,根据培养目标的要求,构成人才培养系统诸要素之间的组合方式及其运作流程的范式。还有的认为培养模式是指学校在一定历史阶段形成的比较规范、相对稳定的人才培养模式或形式,是为实现一定的人才培养目标的整个管理活动的组织构建方式(张楚廷等,1998)。各家观点尽管有差异,但一般认为,培养什么样的人(培养目标、人才规格和标准等)、如何培养人(课程结构、方法体系)、如何确保人才培养目标的实现(培养制度、资源供给等)通常是人才培养模式中需要回答的基本问题。在教育中,还存在教育模式、教学模式等不同的概念范畴。

师爱素质培养模式既不同于宏观上的人才培养模式,也相异于一些教育流派提出的教育模式、教学模式,它实际上属于教师素质的一种发展模式。本研究综合借鉴素质养成理论、成人学习理论和习学论相关观点,以发展生态学为直接理论依据,提出"师爱素质的生态学培养模式"理论,其核心要点包括:

第一,师爱素质的生态学培养模式是一个由理论基础、培养目标、培养原则、培养路径和培养方法、评价手段构成的整体理论框架。该模式的提出,是以素质养成理论、成人学习理论和习学论以及发展生态学为理论来源,而关于师爱素质的概念与发展机制等研究,无疑也是该模式的理论基础。培养目标和培养原则、培养路径(如图 8-3)将在下文予以详细阐述,而本研究编制的《师爱素质调查问卷》则可以作为评价的测评工具。

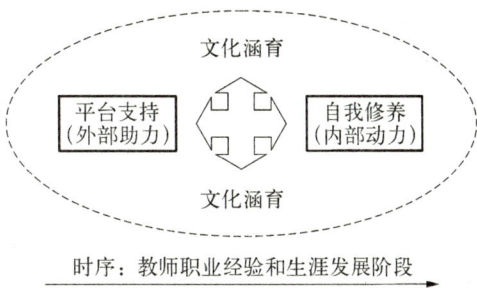

图 8-3　师爱素质的生态学培养模式模型

第二，师爱素质的生态学培养模式提出以下五条基本假设，本研究将在师爱素质培养的教育行动研究中检验这些假设：

假设1，师爱素质发展是一个辩证的，而非机械、单向的作用过程，各种内外部因素之间会随着时间的推移而相互影响；

假设2，师爱素质不仅具有可发展性，而且具有可调节性，积极培养和干预可促成师爱素质水平的提升；

假设3，组织关爱文化、教师个体修养与组织平台支持之间相互模塑，变量间的拟合关系是师爱素质发展的关键机制；

假设4，师爱素质的发展与教师职业经验和生涯发展所构成的时序系统之间具有一定的耦合性，"专家-熟手-新手"研究范式可以作为师爱素质培养范式；

假设5，各种内外部促进要素构成师爱素质的积极发展资源，这些发展资源呈现出垂直堆积效应（随着时间推移获得的资源富足水平与师爱素质发展的正相关）和水平堆积效应（某一时间点获得的资源富足水平与师爱素质发展的正相关）。

第三，师爱素质的生态学培养模式是一个动态、开放的系统，具体表现在：师爱素质的培养与教师综合素质的发展是互相促进的，因而完全可以将师爱素质培养内容嵌套在教师教育过程之中；模型中建构了师爱素质培养的三条主要路径，实际上，诸如学生和家长关爱反馈、教育改革与政策导向、社会氛围等同样是发展生态的情境构成。从现实的培养实践角度，本研究将重点聚焦在组织文化、平台支持和教师修养三个方面。

二、生态学取向的师爱素质培养的目标与原则

1. 师爱素质的培养目标

培养目标是教育研究和教育实践中一个重要的核心概念。所谓目标，是指"人们想通过行动而达到的目的，指称由此而出现的任务，也指称发生在行动之后，并且作为终点而表现出来的结果"，而培养目标则是指"根据一定的教育目的和约束条件，对教育活动的预期结果，即学生的预期发展状态所做的'规定'"（文辅相，1995），显然，这一界定是针对学校教育中人才培养而言的。培养目标规定着教育活动的性质和方向，贯穿于教育活动的始终，是教育活动的出发点及归宿。具体来说，培养目标具有三大功能：定向功能、调控功能及评价功能。所谓定向功能，是指培养目标对教育活动及人的发展方向具有制约作用；调控功能则

是指培养目标对教育实践活动具有支配、调节和控制的作用；而评价功能则强调培养目标可以作为一种最基本的价值标准，去检验和评估教育质量、教育实践活动的作用。

　　师爱素质的培养目标，似乎不言而喻，就是提升教师的师爱素质水平。这样理解固然是没有错的，但它却没有指出培养目标的价值追求和预期"规定性"。第五章研究指出，师爱素质是一个由爱生情感和爱生能力两个维度构成的结构系统，但是这两个方面的发展既需要以教师道德为方向指引，又离不开教师的知识和观念为基础。鉴此，本研究认为，师爱素质的培养，应该是以师德塑造、师爱观确立、情感知识掌握为基础性目标，以增强爱生情感和提升爱生能力为本体性目标，以促进具备爱生之心、善于施爱育爱的人师、仁师发展为价值性目标。从中可以看出，师爱素质的培养目标是与教育目的相吻合的，是开放性的发展性目标，也是一个目标结构系统（见图 8-4），这一目标结构也就指出了师爱素质的培养内容。

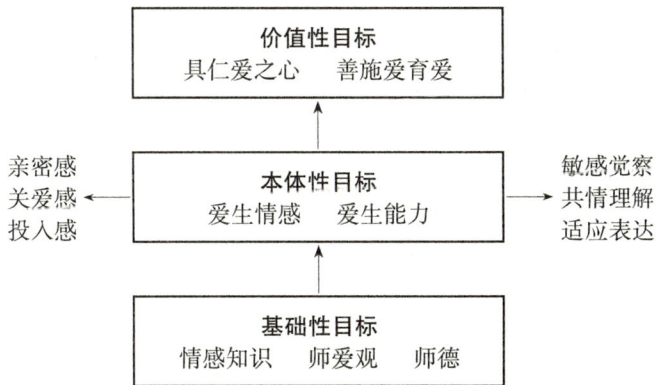

图 8-4　师爱素质的培养目标结构

　　对这一目标结构做进一步的三点说明：

　　第一，师爱素质培养的根本宗旨是培养具备仁爱之心、善于施爱育爱的教师。这实际上体现了师爱素质培养的价值导向性。一方面，它与党和国家对教师的期望和要求是相应的，习近平总书记在第三十个教师节之际，号召全国广大教师要做"有理想信念、有道德情操、有扎实知识、有仁爱之心"的"四有"好老师，他指出，优秀教师是"经师"和"人师"的统一，应"仁而爱人"，好老师是"仁师"；另一方面，它又强调了教师的专业素质——不仅善于施爱，而且要善于育爱。

第二，师爱素质培养的关键目标是爱生情感和爱生能力的培养。苏霍姆林斯基曾说过，"如果没有同情心和共同的感受，不能体验别人心灵中最细致的活动，就不可能激发起人的感情……引导青少年去体验人与人之间微妙的相互关系，这是非常重要的。我设法使每一个少年都能遇到一个要求帮助、需要同情的人……我终于使每一个少年不仅遇到一个需要帮助的人，而且都能来分担别人的痛苦，帮助别人解脱不幸，还要使他做了这些事情后能觉得无须张扬。"（中译本，1998）。这里就不但体现了他对学生的深爱之情，又说明施爱育爱之能力的重要性。而关于教师爱生能力培养的重要性，克鲁普斯卡娅（中译本，1959）就格外强调，她说，"教师应该有敏感的心理，只有这样他们才能看见，才能窥察到儿童心灵里发生的变化……如果我们不懂儿童的年龄特点，也就是不了解在不同年龄阶段，孩子们平时对什么感兴趣，是怎样认识环境的，那么，我们就不可能在教育工作中获得成功。"我国一线教育工作者对此也深有感悟，一位中学校长说道，我们常常自认为了解学生，但不一定能真正认识学生；自认为理解学生，但不一定被学生理解。其中的主要原因是，我们常常没把学生当学生看。不把学生当学生看，就会使得我们对于学生教育中的一些问题"看"不明白，不是将不是问题的问题看成问题，就是将小问题看成大问题，甚至将简单的问题变成复杂的问题。根据本研究的实证检验，教师的爱生情感培养可具体从亲密感、关爱感和投入感三方面进行，而爱生能力培养可具体围绕觉察能力、理解能力和表达能力三方面展开。

第三，师爱素质培养的基础目标涉及师德、师爱观、情感知识等。如前文所述，师德与师爱是密不可分的，正如林崇德教授（1999）所记述的，80％以上的名师是把"师德"和"热爱学生"联系在一起的。可以说，师爱素质的培养需要以师德建设和修养为基础。师爱观，即教师对师爱的观念，是教师在对师爱的内涵、性质、功能、要求等等问题深刻理解基础上所形成的认识。如果没有形成正确的师爱观，师爱素质的有效培养简直是不可能的。知识是技能和能力形成的基础，教师掌握情绪情感方面的知识越是丰富，自然越有助于与学生的情感沟通互动。所谓情感性知识，或称情绪性知识，是指教师在教育教学过程中表现出来的、为实现特定的教育教学目标而必须具备的情绪情感方面的知识，它是一个由不同层面、不同维度有机组成的复合体系（陈宁等，2014）。从指称对象角度看，涉及有关教师自身的情绪情感知识、有关学生的情绪情感知识、有关教育教学过程的情绪情感知识等；从知识的状态和表现方式上看，包括陈述性情绪情感知识和程序性情绪情感知识，前者如情绪情感的功能特性、师生的情绪情感发展等，后者如如何有效发挥情绪情感的教学功能、如何理解学生的情绪情感特点等。在教师知识结构中，情感性知识是其不可分割的重要组成部分，在教师的职业活动和专业发展中具有非常重要的地位，是实现教育目标和提升教学效果的重要变量。遗憾的是，以往教师知识研究中，对情感方面的知识关注很少，存在重知轻情的失衡状态。过去学科内容知识（pedagogical content knowledge, PCK）的概念中，并未涉及教师情绪情感知识问题。如舒尔曼（Shulman）认为，教师知识由学科知识、学科教学法知识、课程知识、一般教学法知识、学习者的知识、教育环境的知识和教育的目的、目标和价值的知识，其中并没有明确的情绪性知识的描述，乃至于他自己后来也认为，尽管教师知识的研究帮助我们懂得了大量有关教师如何开展工作的问题，但是在教师情绪方面的研究却非常少（曾贝拉丝，2007）。总之，师爱素质的培养，需要重视情感性知识的培训与学习。

2. 师爱素质的培养原则

（1）主体性原则。

一方面在师生关系中，教师和学生都是主体，师生关系是主体间的关系，其中教师是主导性主体，学生是主动性主体；另一方面，师爱素质的主体承担者是教师，也就是说，教师是师爱素质的"实体"。由此，师爱素质的培养需要遵循主体性原则。这一原则的要求具体体现在三个方面：第一，师爱素质的培养要促进教师的专业发展和成长，这就是上文所论述的培养目标；第二，师爱素质的培养要发挥教师的主体力量。无论是素质养成理论、发展生态学理论，还是成人学习理论、习性论，无不强调主体的内部动机、主观努力的重要性。山东潍坊第八中学校长韩志亮对小学 1—6 年级学生进行调查后发现，许多学生喜欢学校的原因，正是因为对自己老师的喜欢和爱。而不少学生对学校的厌倦甚至排斥，也正是因为老师缺乏亲和感，批评过多，方法简单粗暴。他因此说道，没有教师的心灵舒展，何来学生的心灵舒展？有了具备幸福感的老师，才会培养出有幸福感的学生（宋洪昌，2012）。这也从一个侧面反映出教师的主导性主体作用；第三，师爱素质的培养要遵循教师主体的发展阶段特点，也就是说，要根据不同职业发展阶段的教师设计针对性的培养内容、采取针对性的培养方法，比如，针对熟手阶段教师爱生情感的下滑、新手教师爱生能力的不足（见第六章），就要开展差异化的精准培训和支持。

（2）实践性原则。

教师的专业工作是教育教学实践活动,教师的专业发展是在实践中进行并得以实现的,如前文的概念界定所述,师爱素质是在教育教学实践中形成、发展并体现的,因而,师爱素质的培养自然要遵循实践性原则。这里的实践是教师的感性活动,也即是现实的、客观的,是实实在在的现实活动,是可感知、可观察、可体验的活动,并非想象或假设的活动。这一原则的具体要求是:第一,教师要投入、参与到与学生的交往、交流、互动过程之中去,正如研究者所言,教师爱学生是当师生通过接触、了解和不断交流之后,出自内心深处的一种悦纳其学生的内心体验,是心甘情愿的付出,是一种想到自己学生的存在就产生的愉悦或关切、关注（叶澜等,2001）。试想,如果教师没有这种师生交往的实践,如何培养爱生的情感,又如何提升爱生的能力呢? 第二,就爱生能力来说,更是来不开实践。上文提到的苏联的活动心理学学派曾提出"能力与活动相适应"理论,该理论以辩证唯物论为指导思想,认为能力脱离了人的具体活动是不存在的观点,也就是说,人的能力总是在活动中形成和发展起来的,而活动就是一种实践方式;第三,即便是教师的理论学习（如情感性知识的学习）——即与实践相对应的认识活动,也需要在实践中进行转化、应用,才能生成为师爱素质。实际上,近年来国外蓬勃兴起的教师"专业发展学校"、教师"校本培训"、"行动研究"等等,正是教师教育与基础教育伙伴合作的一种制度创新,诸如美、英、法等教师专业化水平较高的国家,本科和研究生层次教师教育及其课程和学分,接近一半是在中小学教育实践中进行和完成的（经柏龙,2008）,这种教育理论的实践化取向同样为师爱素质培养所需。

（3）系统性原则。

辩证唯物主义认为,任何事物都是一个系统,都是由一定要素构成的。系统是由一定数量的相互联系、相互作用的因素、部分,按照一定方式结合而成的具有特定功能的有机整体。任何事物、现象、过程因其内在要素相互联系而形成系统,每一事物、现象、过程同周围事物、现象、过程相互联系,构成更大的系统。要素是组成系统整体而相互联系、相互作用的部分,系统与要素紧密联系、相互作用。系统的功能形成及其发挥依赖于诸要素的有机结合,依赖于诸要素功能的发挥。系统功能与价值的最大化,依赖于诸要素及其结构的优化。系统与要素的关系原理给我们认识事物与现象提供了重要的方法论,也是师爱素质培养乃至教师专业发展所必须遵循的原则。系统性原则的具体要求包括:第一,师爱素质的培养目标首先是一个系统,如图8-4所示,它包括基础性目标、本体性目标和价值性目标,在师爱素质的培养过程中,需要按照系统的整体性要求,综合考虑这些目标,并依据不同层级的目标设置不同的培养内容;第二,师爱素质的影响变量涉及内外部、近远端多种因素,这些因素之间相互作用,形成复杂的关系机制,构成影响发展的生态系统,因而在师爱素质的培养过程中必须坚持系统的生态化要求,从内部、外部多个方面综合发力;第三,反馈是构成完整系统的必要环节,因而在师爱素质的培养和发展过程中,一方面学校管理者要对教师做出适时、适切的评价反馈,另一方面,教师需要关注、体验来自学生的反馈——如前文所述,客观回馈性是师爱的基本特点之一。这一点,为诺丁斯(于天龙译,2003)所特别强调,她在研究关心关系时提出"动机移位"概念,并指出,"我首先接受他人的信息,然后我做出反应,我的反应是对他的需要的一种回应。体验动机移位,你要开始思考……专注和移位不会告诉我们做什么,而只显示我们关心时的心理状态。那么,被关心者的心理状态有什么特征呢? 接受、确认和反馈似乎是最重要的。被关心者接受他人的关心,然后显示他接受了关心。这种确认反过来又被关心者认知。这样,一个关心的关系就完成了。"

三、师爱素质的生态学培养模式的路径

1. 积极营造学校关爱文化氛围——文化涵育

学校是教师以教师身份存在的场域,对教师而言,学校不仅只是教师工作的场所,也是教师发展的实验室,这一特殊而独特的场域所形成的文化氛围对师爱素质的发展起着潜移默化的涵育作用。正如博杜安和泰勒(Beaudoin & Taylor,2008)所认为的,如果把学校文化比作是我们生生息息永不分离的空气,那么这种空气的质量将决定我们生存的质量和状态。当浸没其中时,也许我们感觉不到它的存在,而实际上它每时每刻都在影响着我们,决定着我们的心态,影响着我们的价值观,调节着我们的行为方式。它是无痕的,然而它更是永存的;它是细腻的,然而它更是敏感的;它是微妙的,然而它更是深刻的。因为这种特点,学校文化总是无处不在,并最鲜明地体现在师生和校长身上,正如一位实验小学校长所认为的,真正的学校文化是渗透在师生身上,并且承载着学校核心价值理念和主流价值观的东西,它最终应该转化成师生个性的思维和行为方式。一所持续发展的学校一定要塑就自己的教育文化信仰。一位优秀的校长一定要具备强劲的文化执行力,引领教师主动地传承、创新、坚守。唯有这样才能构建

有影响力的真文化,实现学校的教育理想(宋洪昌,2012)。

学校文化是一个比较宏观的上位概念,一些研究者更关注学校组织氛围和教师文化等具体形态。潘孝富和孙银莲(2002)研究认为,学校组织气氛是指一所学校区别于另一所学校并影响其组织成员行为的一系列内部心理特征,它主要涵盖学校管理、教学、学习和人际气氛4个层面。一些研究证实了学校氛围对教师发展的影响,如王俊山(2011)通过多层线性模型分析发现,教师关系、领导风格等组织氛围变量对对班主任理智情感、生活情感的学校均值具有显著的预测作用。赵昌木和徐继存(2005)研究指出,教师文化是指在学校教师群体内形成的独特的价值观、共同的思想、作风和行为准则、规范等。教师文化属于教学职业文化的范畴,是学校文化的一种亚文化,也是教师成长的"小环境"、"小气候"。教师文化的典型表现就是教师群体拥有共同的教育信念,如教育观、学生观和评价观等,这些信念不仅在很大程度上影响着教师的教育教学行为,而且对教师的专业化成长发挥着重要作用。然而,学校文化对教师发展的这种影响作用似乎并未得到学校的高度重视,如利伯曼等 Lieberman et al.,1991)对教师工作调查的结果发现,教学实际上是一种孤立的事业。在教学中,如此多的人在如此狭小的空间和紧凑时间内完成如此一致的使命,但它却是在自我迫使和职业认同的孤立之中进行的,这可能是个最大的讽刺,同时也是教学的最大悲剧。研究者对教师情感的研究发现,教师在不信任的感情文化中,同事之间相互孤立,变得不愿意向任何人表达他们的思想和感情,甚至不愿意"思考"特定的思想和"感受"特定的感情。相反,教师在信任和团结的感情文化中,同事之间的对话会感受舒适,彼此之间容易合作(特罗曼,2000)。

师爱素质是在教育教学实践中形成发展并体现出来的,无疑,学校文化、特别是学校关爱文化氛围对师爱素质具有重要的影响(第七章已经提供了实证证据)。裴斯泰洛奇指出,"从孩提时代起直到生命的最后一息,内心都要充满感情,充满爱,充满一种使所有人都为之感动的炽热的爱,一种能赐予所有人力量的强烈的爱",他认为教师应该给予学生家庭式的爱,学校应该具有家庭气氛(夏之莲译,1992)。在这种家庭气氛式的学校关爱文化氛围中,爱在群际间、人际间传递——从校长向教师、从教师向学生、从学生向社会的传递,或者相反,或者交叉传递,如研究者所指出的,爱的传递性表现为:多向性,既有校长对教师和学生的爱,也有教师对校长和学生的爱,还有学生对校长和教师的爱;转化性,校长的教育爱转化为教师的教育爱,并最终表现为爱学生;反馈性,既有学生对教师爱的反馈,也有教师对校长爱的反馈,还有学生对校长爱的反馈等(王毓珣,2001)。

如何营造积极的学校关爱氛围呢?或许布尔基和史密斯(Purkey & Smith,1985)的研究能给我们以启示,他们在回顾过去十多年的学校效能研究后,提出了建立学校文化的 13 个基本要素,其中与关爱有关的包括清晰的目标及高度的期望、实施校本管理和民主决策、配合适当的领导、增强员工的专业发展、共同策划建立团队合作精神、建立健康的社群关系以及争取家长的参与及支援等。布卢斯坦(Bluestein)在研究学校文化时指出(俎媛媛译,2011),作为学校管理者,可以通过以下方式来激发、培养、鼓励教师以及对他们做出承诺,他提出的 44 个建议中与学校关爱相关的条目有 18 条,分别是:当要做出与教师有关的行政决策时,满足教师对投入和选择的需要;对在职培训和教师发展项目,给教师提议培训主题和推荐资源的机会;让教师可以直接获得资源、人力以及你的支持;身体力行你希望教师展现出的信仰、行为、语言和态度;鼓励和支持教师在学校使用友好亲切的交流方法;在鼓励教师自己解决问题时,给他们提供认可、反馈和支持;帮助教师解决与同事或家长的矛盾,但不要自己亲自去解决;创造有付出就有回报的学校环境,帮助教师增加可为学生提供的积极选择;提供必要的资源和支持,帮助教师开发以成功为导向的教学课程和常规管理;即使没有问题发生,也要尽可能经常地出现在校园中的每个地方,并到每个班级巡查,以随时为教师和学生提供反馈和帮助;从每位教师身上发现一些积极的方面并给予表扬;认可教师的努力;鼓励(而不是要求)教师以待己的方式待人;使用刺激物或奖励来表达你的欣赏、对具体成绩的认可,或仅仅是为了打破常规;鼓励教师为个人职业发展制定目标,并尽可能为目标的实现提供所需要的支持;使学校成为一个专业化的学习共同体;改变学校文化中任何可能破坏教职工士气和积极性的消极方面;给新技能的发展和成长以时间。这些良好的建议无疑值得我们借鉴,本研究也将结合我国学校实际情况,在教育行动研究中选择性采纳其中可操作的建议作为干预举措。

2. 师爱素质提升纳入教师教育体系——平台支持

要而言之,教师教育就是对教师的教育,是培养教师、促进教师发展的教育,具体来说,教师教育是职前培养和职后培训的统一,是正规教育和非正规教育的结合,是学科专业教育与教育专业教育的整合,是多层次、全方位、立体式的教师终身"大"教育,可见,教师教育是以终身教育思想与教师专业发展理论为依据,将教师一生的成长与发展视为一个持续发展过程。然而,我国传统的教师教育职前职后分别由师范大学、教育学院和教师进修学校承担,形成三级网络格局,职前培养与职后培训不衔接,其弊端是不言而喻的。王邦佐(2000)调查研究发现,无论是教师动力系统中的需要、理想、信念,还是教师特征系统中的能力等品质,50%以上都是在职后形成的(表8-1摘取了部分调查结果)。这种终结性培养模式与教师自身成长和发展规律相脱节,这一点正是现行师范教育长期深受学者指责的痼疾。传统教师教育存在的问题不仅表现在职前培养和职后培训的割裂上,而且表现在教师专业特色不够鲜明、理论学习与教育实践相脱节、教育方式方法与成人学习特点不吻合等多个方面。十多年来,我国在教师教育改革方面进行了大幅度的改革,教师培养的质量有了大幅度的提高。但是,仍然存在一些亟待解决的突出问题,其中,与本研究相关的问题就表现在:教师教育课程内容中,很少涉及教师的情绪情感性知识(陈宁,丁强,2014);没有从教师专业素质角度重视师爱培养问题,通常只是在师德范畴内提出一些规范性要求;缺乏师生关系、师生互动的专业性培训;无论是职前培养还是职后培训中,教师能力类课程的理论色彩过于浓厚,而以问题为导向的临床实践性特征并不凸显,等等。

表8-1　中学优秀教师个性素质中动力系统形成的时间分布

个性系统	问　卷　项　目	大学前(%)	大学期间(%)	职后(%)
需要	在事业上有强烈的成就欲	41.84	11.22	46.94
	使自己在教育方面的才能得到充分发挥	27.55	9.18	63.27
理想	渴望自己成为一名出色的人民教师	29.59	25.51	44.90
	迫切要为国家培养更多人才	27.55	15.31	57.14
信念	坚信教育事业的意义和教育工作的价值	25.59	13.27	57.14
	坚信自己在教育工作上的辛勤耕耘定会有收获	25.51	16.32	58.16

本研究并不力求探索教师教育模式,而是聚焦于师爱素质培养如何融入教师教育体系之中。师爱素质是教师的专业素质,进一步说,它是一种教师的情感性素质,对这种素质的培养,固然需要进行一定的知识教学和理论学习(如情感性知识),但更重要的是需要在实践中学习,案例教学和参与式培训或许是师爱素质培养、特别是职后教师培训中可以采取有效途径。案例提供了一种典型的

情境,教师运用自己的经验性知识应对和处理面临的教育困惑,教与学的知识和技能内蕴于情境中。我国著名的教改专家顾泠沅(2001)对案例教学颇有研究,他指出,案例是教学问题解决的源泉。通过案例学习,可以促进每个教师研究自己,分享别人成长的经验,积累反思素材,在实践中自觉调整教与学的行为,提高课堂教学的效能。案例是教师专业成长的阶梯。运用案例教学,可以将听讲式培训导向参与式培训,在搜集案例、分析案例、交互式讨论、开放式探究和多角度解读的过程中,提高教师培训的针对性和实效性。案例是教学理论的故乡。一个典型的案例有时也能反映人类认识实践上的真理,从众多的案例中,可以寻找到理论假设的支持性或反驳性论据,并避免纯粹从理论的研究过程中的偏差。案例教学往往是与参与式培训结合在一起的。所谓参与式培训,就是通过创设一定的情景,将教育理论与教育实践相结合,以解决教师所面临的实际教学问题、改革教学实践为指向,不断提高教师分析、反思、研究教学实践的意识与能力为目标的一种培训方式(程静,张家军,2010)。这种培训,突破理论与实践脱节的弊端,体现了教师的主体性地位。在师爱素质的培训过程中,围绕师爱故事、师生冲突事件等案例,培训者与教师共同阅读、分析、提问、反思,无疑对提升教师的师爱素质具有重要作用。

除了教师培训这一支持平台外,名师基地、项目支持等平台对教师专业成长、自然也包括师爱素质发展具有重要作用。名师工作室、名师培养基地是新世纪以来我国教师专业发展的崭新平台。名师基地培养模式是一种在基地学校场域中,以基地学校名师为主持人,以大学专家学者、特级教师为导师,以基地成员的问题情境和现有经验作为研究案例的实践性、内生性的优秀教师专业发展方式。其聚合优秀教师、名师、大学专家学者于实践共同体,以体现教师发展的实践性和自主性、名师引领的专业性和示范性、大学专家指导的科学性和规范性。由此可见,基地学校场域、多元的实践共同体成员和问题情境与经验是名师基地培养模式的核心构成,其为名师专业成长提供各种必要的支持条件(张建,2015)。从上海市2004年开启的"双名(名校长、名师)工程"、浙江省2007年启动的"浙派教育家发展共同体"、江苏省2009年启动的"人民教育家培养工程"等实施效果来看,较之以往的教师个体经验积累或专家辅导讲座等方式,这一路径对教师专业发展更为有效。虽然目前尚没有关于名师基地在师爱培养方面效果的报告,但可以预期它的有效性,实际上,基地的名师所具有的爱生情感和爱生能力首先就是教师学习的榜样。设置与师爱、师生关系等方面选题的教育科研支持项目,是师爱素质培养的又一重要平台。林崇德等(1996)根据长期的理论和实证研究清楚地看到,教师参与教育科学研究可以显著地提高教师素质,它可以使教师更进一步掌握教育规律、了解教育发展的新趋势,从而自觉提高教师的工作责任感,它可以校正教师头脑中的一些陈旧的教育观念,形成适应社会发展需求的新的教育观念,它可以促进教师形成对自己教学活动的自觉意识,它可以使教师从中学习到新的教学方法和教学策略,从而改善其教学行为。第六章对名师个案的初步研究中,便发现教育研究对其师爱素质形成发展的意义,如果名师们已经形成了教育研究的自觉意识,那么对更多的教师而言,学校、教育行政部门在相关领域课题项目上的支持就是非常重要的师爱素质成长路径。当然,教师成长支持平台不限于职后培训、名师基地、项目支持等方面,一些地域或学校实施的人才工程、重返大学计划、师德楷模表彰、师爱之星评选等,都是积极的探索。本研究将在师爱素质培养的教育行动研究中,在平台支持方面设计具体的干预举措。

　　3. 教师的师爱素质自我提升——自我修养

　　"修养"是一个内涵丰富、运用广泛的概念,诸如人格品质、道德情操、行为习惯、学术造诣、能力高低等等都涉及修养问题。人的自我修养完善,按照费希特(梁志学,沈真译,1984)的看法,这就是人的使命:"人的生存目的,就在于道德的日益自我完善,就在于把自己周围的一切弄得合乎感性;如果从社会方面看人,人的生存目的还在于把周围的一切弄得更合乎道德,从而使人本身日益幸福。"我国古代先哲修养心身、发展人性的修身论,犹今之修养论。早在两千年前,《大学》就提出了以"修身"为基础的"八条目"的修养路线:格物,致知,诚意,正心,修身,齐家,治国,平天下。前四者是修身的内部基础,后三者是修身的外部表现。修身是循着两条途径进行的,即客观实践与主观努力(燕国材,2008)。道德修养的方法和途径,历来为中外思想家所重视,它更是中国古代伦理思想发展的优良传统,其中慎独和内省是两种重要的修养方法。"慎独"最先见于《礼记·中庸》:"道也者不可须臾离也,可离非道也。是故君子戒慎乎其所不睹,恐惧乎其所不闻。莫见乎隐,莫显乎微,故君子慎其独也。"慎独指的是人们在个人独自居处的时候,也能自觉地严于律己,谨慎地对待自己的所思所行,防止有违道德的欲念和行为发生,从而使道义时时刻刻伴随主体之身。"内省"的方法是孔子提出的,他说道,"吾日三省吾身,为人谋而不忠乎? 与朋友交而不信乎? 传不习乎?"内省并不是闭门思过,而是就日常所做的事,进行自我思想检查,看其是否合乎道德规范。显然,它所依靠的是主体的一种文化自觉(刘芳,2013)。

　　师爱素质的发展和培养,除了组织平台支持和学校文化涵育两条外部路径外,更是离不开教师的自我修养、自主培养。这是一种典型的教师自主发展,即教师具有较强的内在的自我专业发展意识和能力,自觉承担专业发展的主要责任,激励自我更新,通过自我反思、自我专业结构解剖、自我专业发展设计与计划的拟订、自我专业发展计划实施和自我专业发展方向调控等实现专业能力的提高(叶澜等,2001)。于漪曾经自述道(教育部师范教育司,2006),"漫长的半个世纪,几十年的春风化雨,我教过的学生数以千计,尽管这些学生来自不同的年代,有过不同的社会背景,然而我对他们的爱是始终如一的……无论带再乱的班和学生,我都对教育学生痴情不改。我发现,人有很大的忍受力,也有很大的潜能。只要真正把学生放在心上,就会超越自己,释放出巨大的能量来。"于漪老师数十年如一日的深沉地爱着学生,正是源于崇高的教育理想、深沉的教育责任,也与自我要求、自我修养、自我完善之追求密不可分。

　　师爱素质的培养过程中,教师自我修养的方式除了慎独、自省外,教师学习是非常有效的途径,它在教师观念、知识、能力乃至综合素质的更新中占据重要地位。教师学习包括正式学习和非正式学习两种类型。正式学习活动具有高度的组织化、结构化、制度化、系统化特征,前文所述的教师职前培养和职后培训无疑属于这种学习类型;非正式学习活动具有高度的非组织化、非结构化、非制度化、非系统化和实用性、灵活性、社会性等特征。中小学教师非正式学习就其实质而言就是一种教师自我组织、自我决定、自我激励的自主式学习(杨晓平,2014)。参考杨晓平的研究,笔者将教师正式学习和非正式学习的差异列成表8-2。进一步说,教师非正式学习又包括很多具体途径,如办公室空间中的教师交流分享,教师课余阅读相关的教育教学书刊,教育类微信公众号文章的阅读与分享,乃至教师收看教育相关的影视节目,等等。现象学经验告诉我们,教师其实处于经常性的学习过程之中——更准确地说,非正式学习是教师工作和生活的常态。但问题是,由于非组织化、非制度化等特点,这种非正式学习往往为学校管理者和教师本人所忽视。如何针对教师学习的这种特点,在学校管理制度中予以确认、鼓励,在学校学习型组织建设中提供更多的随时可学、随处可学的情境资源,进而促进师爱素质乃至教师专业素质的自觉提升,是学校建设、特别是文化建设需要关注的问题。本研究将在教育行动研究中,对此做出积极的探索。

表 8 - 2 教师正式学习与非正式学习的对比

正 式 学 习	非 正 式 学 习
通常情况下,外部动机驱动	教师自觉自愿的,内部动机驱动
政策导向性学习	实践指向性学习
有结构、有系统	无结构、无系统
封闭式、校长领导、管理者为中心	开放式、教师领导、教师为中心
固定场所	非固定场所
通常有周密计划,规范性限制	无周密计划,无规范性限制
学习效果容易评估	学习效果难以评估
教师间较少交往	教师间较多交往

主要参考文献

［1］本刊记者. 为生命·实践教育学派的创建而努力——叶澜教授访谈录［J］. 教育研究,2004,(2)：33-37.

［2］比格勒,毕晓普. 美国最优秀教师的自白［M］. 刘宏译. 北京：中国青年出版社,2008.

［3］波果斯洛夫斯基. 普通心理学［M］. 北京：人民教育出版社,1979.

［4］博杜安,泰勒. 创造积极的学校文化——校长和教师怎样一起解决问题［M］. 肖川,倪晓玉,译. 北京：中国轻工业出版社,2008.

［5］柏拉图. 理想国［M］. 北京：商务印书馆,1986.

［6］布鲁斯坦. 双赢课堂——积极课堂管理新视点［M］. 俎媛媛译. 北京：中国轻工业出版社,2011.

［7］蔡元培. 蔡元培教育论集［M］. 长沙：湖南教育出版社,1987.

［8］柴俊青. 中国传统师生关系理念透析［J］. 中国社会科学院研究生院学报,2004,(2),132-136.

［9］柴楠,刘要悟. 情感,抑或义务？——"师爱"的道德基础辨析［J］. 大学教育科学,2013,(1),64-68.

［10］陈桂生. 历史的"教育学现象"透视［M］. 北京：人民教育出版社,1998.

［11］陈宏毅. 实用主义教育与"生活教育"——杜威与陶行知教育理论之比较［J］. 求索,2003,(4),178-179.

［12］陈宁. 教师的情绪预测准确性及其影响因素［D］. 上海师范大学博士学位论文,2014.

［13］陈宁,丁强. 论教师的情绪性知识［J］. 教育理论与实践,2014,(22),30-33.

［14］陈艳华. 论爱与爱的教育［J］. 当代教育科学,2001,(5),17-18.

［15］陈英和,仲宁宁,姚端维. 3—5岁儿童情绪能力的年龄特征、发展趋势和性

别差异的研究[J].心理发展与教育,2004,(2),12-16.

[16] 陈永明.当代教师读本[M].北京:中国人民大学出版社,2008.

[17] 成伯清.情感的社会学意义[J].山东社会科学,2013,(3),42-48.

[18] 程静,张家军.论有效教师及其养成[J].当代教育科学,2010,(9),40-42.

[19] 丛微微.谈师德与师爱[J].教育与职业,2002,(1),62-63.

[20] 崔德华.爱育论[D].东北师范大学博士学位论文,2007.

[21] 崔霞丽.聋生感受的师爱与学习效能感的关系:学习动机的中介效应[D].
西南大学硕士学位论文,2014.

[22] 戴本博.外国教育史[M].北京:人民教育出版社,1989.

[23] 诺尔曼·丹森.情感论[M].魏中军,孙安迹,译.沈阳:辽宁人民出版
社,1998.

[24] 单中惠.西方教育思想史[M].太原:山西人民出版社,1996.

[25] 单中惠.外国教育思想史(第2版)[M].北京:高等教育出版社,2008.

[26] 邓大才.概念建构与概念化:知识再生产的基础——以中国农村研究为考
察对象[J].社会科学研究,2011,(4),90-95.

[27] 邓丽芳,郑日昌.大学生的情绪向性、表达性与心理健康关系的研究[J].心
理发展与教育,2003,19(2),69-73.

[28] 第斯多惠.德国教师培养指南[M].袁一安译.北京:人民教育出版
社,1990.

[29] 董爱华.师德师风建设的起点、重点与切入点[J].高等教育研究,2008,(2),
8-9.

[30] 窦桂梅.生命,责任与爱意——怀念霍懋征先生[J].思想理论教育,2010,(8),
39-41.

[31] 樊富珉,王建中.北京大学生心理素质及心理健康研究[J].清华大学教育
研究,2001,22(4),26-32.

[32] 樊浩.教育伦理[M].南京:南京大学出版社,2000.

[33] 范梅南,莱维林.儿童的秘密:秘密、隐私和自我的重新认识[M].陈慧黠,
曹赛先,译.北京:教育科学出版社,2004.

[34] 菲利普·杰克森.什么是教育[M].吴春雷,马林梅,译.合肥:安徽人民出
版社,2012.

[35] 费尔巴哈.费尔巴哈哲学著作选集[M].荣震华,等,译.北京:商务印书

馆,1984.

[36] 费希特.论学者的使命[M].梁志学,沈真,译.北京:商务印书馆,1980.

[37] 冯大鸣.谁是今日美国的好教师——2003年度全美优秀教师评选结果分析[J].中小学管理,2004,(2),34-36.

[38] 弗洛姆.爱的艺术[M].康革尔译.北京:商务印书馆,1987.

[39] 弗罗姆.占有还是生存[M].关山译.北京:生活·读书·新知三联书店,1989.

[40] 傅维利.教师职业道德教育指南[M].北京:高等教育出版社,2002.

[41] 高德胜.论爱与教育爱[J].教育研究与实验,2009,(3),1-6.

[42] 高伟.爱与认识:对教育可靠基础的追问[J].教育研究,2014,(6),10-19.

[43] 高燕.大专护生对护理教师师爱情况的调查分析[J].护理研究,2011,25(7),1720-1721.

[44] 格莱因.儿童心理发展的理论[M].计文莹,等,译.长沙:湖南教育出版社,1983.

[45] 龚乐进.素质教育下的教师道德[M].北京:人民教育出版社,2001.

[46] 顾泠沅.教学任务与案例分析[J].上海教育科研,2001,(3),2-6.

[47] 顾明远.教育大辞典[M].上海:上海教育出版社,1992.

[48] 顾明远.苏霍姆林斯基教育思想在中国的传播及其现实意义[J].比较教育研究,2007,28(4),1-4.

[49] 郭景萍.试析作为"主观社会现实"的情感——一种社会学的新阐释[J].社会科学研究,2007,(3),95-100.

[50] 郭雯.教师信念对教师工作投入的影响研究[D].河北师范大学硕士学位论文,2011.

[51] 国际21世纪教育委员会.教育——财富蕴藏其中[M].联合国教科文组织总部中文科译.教育科学出版社,1996.

[52] 何怀宏.伦理学是什么[M].北京:北京大学出版社,2008.

[53] 赫尔巴特.普通教育学[M].李其龙译.北京:人民教育出版社,1989.

[54] 黑格尔.法哲学原理,又名,自然法和国家学纲要[M].范扬,张企泰,译.北京:商务印书馆,1961.

[55] 洪明.教师教育的理论与实践[M].福州:福建教育出版社,2007.

[56] 洪早清.教师专业成长:认同、养成、生发.课程[J].教材:教法,2013,(12),

99 - 105.

[57] 华东师范大学教育系,杭州大学教育系. 西方古代教育论著选[M]. 北京：人民教育出版社,1985.

[58] 胡锋训. 班主任"师爱"现状的调查与分析[J]. 教学与管理：中学版,2015,(2),29 - 32.

[59] 胡向荣. 师爱论[M]. 长沙：湖南大学出版社,2004.

[60] 胡亚琳,王蔷. 教师情感研究综述：概念、理论视角与研究主题[J]. 外语界,2014,(1),40 - 48.

[61] 胡谊,桑标. 教育神经科学：探究人类认知与学习的一条整合式途径[J]. 心理科学,2010,(3),514 - 520.

[62] 胡志刚,陈悦,陈超美. 引文空间分析原理与应用——CITESPACE 实用指南[M]. 北京：科学出版社,2014.

[63] 黄翯青,苏彦捷. 共情的毕生发展：一个双过程的视角[J]. 心理发展与教育,2012,28(4),434 - 441.

[64] 黄金华. 师爱的真谛——反思"师爱"文化[J]. 思想理论教育,2009,(20),73 - 74.

[65] 黄楠森. 人学的科学之路[M]. 郑州：河南人民出版社,2011.

[66] 黄喜珊. 中文"教师效能感量表"的信、效度研究[J]. 心理发展与教育,2005,(1),115 - 118.

[67] 黄秀娟. 师爱也需要表达——中学小班化教育与管理案例分析[J]. 成才之路,2007,(6),21 - 23.

[68] 黄玉顺. 爱的观念：儒学的奠基性观念？——儒学与现象学比较研究[J]. 求是学刊,2008,35(4),11 - 19.

[69] 霍懋征. 师生之间应情同母子[J]. 辽宁教育,2010,(Z2),76.

[70] 加里·戈茨. 概念界定：关于测量、个案和理论的讨论[M]. 尹继武译. 重庆：重庆大学出版社,2014.

[71] 简明伦理学辞典编辑组. 简明伦理学辞典[M]. 成都：四川省社会科学院出版社,1985.

[72] 教育部师范教育司. 于漪与教育教学求索[M]. 北京：北京师范大学出版社,2006.

[73] 姜庆. 师爱：加强和改进大学生思想政治教育的基石[J]. 学校党建与思想

教育,2005,(8),65-66.

[74] 蒋乃平.论师爱的性质、功能及方法[J].中国职业技术教育,2007,(30),31-33.

[75] 教育部师范教育司.教师专业化的理论与实践(修订版)[M].北京:人民教育出版社,2006.

[76] 经柏龙.教师专业素质的形成与发展研究[D].东北师范大学博士学位论文,2008.

[77] 凯洛夫.教育学[M].陈侠,等,译.北京:人民教育出版社,1957.

[78] 克里斯托夫·戴,陈彦旭.保持激情:成就优秀教师[J].语文建设,2009,(6),14.

[79] 库恩.科学革命的结构[M].金吾伦,胡新和,译.北京:北京大学出版社,2003.

[80] 夸美纽斯.大教学论[M].傅任敢译.北京:人民教育出版社,1957.

[81] 况平和.教师的爱是打开儿童心扉的钥匙——读苏霍姆林斯基《要相信孩子》[J].比较教育研究,1981,(6),42-43.

[82] 昆体良.昆体良教育论著选[M].任钟印,译.北京:人民教育出版社,1989.

[83] 洛克.教育漫话[M].傅任敢译.北京:人民教育出版社,1985.

[84] 雷浩,徐瑰瑰,邵朝友,桑金琰.教师关怀行为与学生学业成绩的关系:学习效能感的中介作用[J].心理发展与教育,2015,31(2),188-197.

[85] 李超平,喻晓,仲理峰.组织中的关爱:概念界定、结果与影响因素[J].心理科学进展,2014,22(5),822-833.

[86] 李红博.师爱的情感现象学解读[D].首都师范大学硕士学位论文,2009.

[87] 李红菊.情绪劳动研究:以中学教师为例[M].北京:世界图书出版公司,2015.

[88] 李节."学生喜欢我的语文课"——特级教师李镇西访谈[J].语文建设,2012,(10),20-24.

[89] 李吉林.在反思与顿悟中升华"情境"[N].中国教育报,2015-11-11(9).

[90] 李敏.中学教师工作投入感研究[D].华东师范大学博士学位论文,2015.

[91] 李亚真,潘贤权,连榕.新手-熟手-专家型教师主观幸福感与教学动机的研究[J].心理科学,2010,33(3),704-707.

[92] 李轶芳.维果茨基的心理观要义述评[J].湖南工业大学学报:社会科学版,2009,14(4),12-15.

［93］李玉兰.霍懋征：把爱献给教育的人［J］.考试,2015,(5),62-63.

［94］李振村.讲台上的梅兰芳——斯霞的人生与教育教学艺术透视［J］.基础教育,2004,(2),10-15.

［95］李镇西.教师成长的七大关键词［N］.江苏教育报,2012-10-24.

［96］李镇西.师爱的前提：理解学生的精神世界.基础教育论坛［J］.文摘版,2013,(8),25.

［97］李镇西.爱心与教育——素质教育探索手记(第2版)［M］.南宁：漓江出版社,2008.

［98］李仲令,崔占文.论师爱［J］.教育理论与实践,1998,(1),62-63.

［99］连榕.新手-熟手-专家型教师心理特征的比较［J］.心理学报,2004,36(1),44-52.

［100］连榕.专长发展与职业发展视域下的教师心理［J］.心理发展与教育,2015,31(1),92-99.

［101］梁宝勇.心理健康素质测评系统·基本概念、理论与编制构思［J］.心理与行为研究,2012,10(4),241-247.

［102］廖昌荫.教师工作特征的结构模型及其复核效度［J］.教育研究与实验,2007,(5),46-50.

［103］凌辉,汪瑛,张建人,李浩.新手-熟手-专家型教师幸福感的比较研究［J］.中国临床心理学杂志,2016,(1),56-59.

［104］林成堂.教师的感情表演规则研究［D］.华东师范大学博士学位论文,2011.

［105］林崇德.教师的智慧——写给中小学教师［M］.北京：开明出版社,1999.

［106］林崇德.发展心理学［M］.北京：人民教育出版社,2009.

［107］林崇德.基于中华民族文化的师德观［J］.西南大学学报：社会科学版,2014,40(1),43-51.

［108］林崇德,申继亮,辛涛.教师素质的构成及其培养途径［J］.中小学教师培训,1996,(6),16-22.

［109］刘畅.教师的爱与责任——读《十封信——写给胆敢教书的人》［J］.思想理论教育,2000,(8),86-90.

［110］刘芳.论德性养成［D］.东北师范大学博士学位论文,2013.

［111］刘佛年.师德新论［M］.南京：江苏教育出版社,2004.

[112] 刘珊. 教师爱及其养成研究[D]. 南京师范大学硕士学位论文,2014.

[113] 刘堂江. 李吉林八大成长基因[J]. 未来教育家,2015,(4),24-25.

[114] 刘兴奇. 教师的情感模式对中学生心理影响的研究[D]. 辽宁师范大学硕士学位论文,2005.

[115] 刘洋. 教师对学生关爱的偏差及提升[J]. 河北师范大学学报:教育科学版,2009,10(11),66-68.

[116] 柳国强,刘春魁. 论养成教育的理论基础[J]. 教育理论与实践,2005,(10),45-46.

[117] 龙柏林. 我国古代师爱思想的形成和发展[J]. 贵州教育学院学报:社会科学版,1987,(2),4-8.

[118] 卢家楣. 情感教学心理学[M]. 上海:上海教育出版社,2000.

[119] 卢家楣. 对情绪智力概念的探讨[J]. 心理科学,2005,28(5),1246-1249.

[120] 卢家楣. 论青少年情感素质[J]. 教育研究,2009,(10),30-36.

[121] 卢家楣,刘伟,贺雯,等. 我国当代青少年情感素质现状调查[J]. 心理学报,2009,(12),1152-1164.

[122] 鲁洁. 德育新论[M]. 南京:江苏教育出版社,1994.

[123] 罗伯特·费尔德曼. 发展心理学——人的毕生发展(第4版)[M]. 苏彦捷,等,译. 北京:世界图书出版公司北京公司,2007.

[124] 罗素. 教育与美好生活[M]. 杭州大学教育系编译. 北京:人民教育出版社,1980.

[125] 吕雪莲. 师爱在学生品德成长中的作用研究[D]. 华中科技大学硕士学位论文,2008.

[126] 马春红. 父母对幼儿消极情绪反应方式与幼儿情绪理解能力的关系研究[D]. 上海师范大学硕士学位论文,2010.

[127] 马克斯·舍勒. 爱的秩序[M]. 林克,等,译. 北京:上海三联书店,1995.

[128] 马什. 初任教师手册[M]. 北京:教育科学出版社,2005.

[129] 马斯洛. 动机与人格[M]. 许金声,等,译. 北京:中国人民大学出版社,2007.

[130] 毛晋平,文芳. 长沙地区四所中学教师主观幸福感调查分析[J]. 教师教育研究,2012,(5),76-79.

[131] 诺丁斯. 学会关心——教育的另一种模式[M]. 于天龙,译. 北京:教育科

学出版社,2003.

[132] 蒙培元. 情感与理性[M]. 北京：中国人民大学出版社,2009.

[133] 孟昭兰. 普通心理学[M]. 北京：北京大学出版社,1994.

[134] 孟昭兰. 情绪心理学[M]. 北京：北京大学出版社,2005.

[135] 穆传慧. 试论师爱的误区及策略[J]. 中小学教师培训,2007,(7),54-56.

[136] 潘孝富,孙银莲. 中学组织气氛量表的编制[J]. 湖南师范大学教育科学学报,2002,1(4),123-126.

[137] 裴斯泰洛齐. 裴斯泰洛齐教育论著选[M]. 夏之莲,译. 北京：人民教育出版社,1992.

[138] 齐亚静,伍新春,胡博. 教师工作要求的分类——基于对职业倦怠和工作投入的影响研究[J]. 教育研究,2016,(2),119-126.

[139] 钱焕琦. 论师爱之过当与恰当[J]. 道德与文明,2002,(4),56-58.

[140] 瞿葆奎. 教育学文集[M]. 北京：人民教育出版社,1991.

[141] 任俊. 写给教育者的积极心理学[M]. 北京：中国轻工业出版社,2010.

[142] 任其平. 论教师专业发展的生态化培养模式[J]. 教育研究,2010,(8),62-66.

[143] 任顺元. 师德概论[M]. 杭州：杭州大学出版社,1995.

[144] 舒尔茨等. 教育的感情世界[M]. 熊川武,等,译. 上海：华东师范大学出版社,2009.

[145] 檀传宝. 教师理论学专题[M]. 北京：北京师范大学出版社,2000.

[146] 舍勒. 爱的秩序[M]. 林克,等,译. 北京：三联书店,1995.

[147] 申继亮,孙炳海. 教师评价内容体系之重建[J]. 华东师范大学学报：教育科学版,2008,(2),38-43.

[148] 沈德立,马惠霞. 论心理健康素质[J]. 心理与行为研究,2004,2(4),567-571.

[149] 沈亚生. 人学思潮前沿问题探究[M]. 北京：社会科学文献出版社,2010.

[150] 施克灿. 中国教育思想史[M]. 北京：高等教育出版社,2008.

[151] 石中英. 全球化时代的教师同情心及其培育[J]. 教育研究,2010,(9),52-59.

[152] 斯黛菲等. 教师的职业生涯周期[M]. 杨秀玉,赵明玉,译. 北京：人民教育出版社,2012.

[153] 斯霞. 敬业爱生——教师的天职[N]. 人民日报,1999-11-18(12).

[154] 宋洪昌. 名校长对教育的再思考[M]. 福州：福建教育出版社,2012.

[155] 苏霍姆林斯基. 把整个心灵献给孩子[M]. 唐其慈,等,译. 天津：天津人民出版社,1981.

[156] 苏霍姆林斯基. 给教师的建议[M]. 杜殿坤,译. 北京：教育科学出版社,1982.

[157] 苏霍姆林斯基. 育人三部曲[M]. 毕涉芝,等,译. 北京：人民教育出版社,1998.

[158] 孙抱弘. 社会环境·接受图式·养成途径——关于青少年素质养成机制的跨学科思考[J]. 当代青年研究,2001,(6),1-11.

[159] 孙炳海,蔡志良,申继亮."关爱学生"是教师职业道德特殊性要求的集中体现——基于对教师职业道德规范内容的排序分析[J]. 中国教师,2010,(3),23-25.

[160] 孙炳海,彭琳,申继亮. 中小学教师关爱认同的启动与测量[J]. 集美大学学报：教育科学版,2012,13(4),21-32.

[161] 孙炳海,申继亮. 教师的教学关爱：涵义及其作用[J]. 中国教师,2008,(15),49-52.

[162] 孙钰华. 教师职业认同对教师幸福感的影响[J]. 宁波大学学报：教育科学版,2008,30(5),70-73.

[163] 孙云晓. 教育的秘诀是真爱(珍藏版)[M]. 北京：华语教学出版社,2009.

[164] 孙正聿. 哲学导论[M]. 北京：中国人民大学出版社,2000.

[165] 孙正聿. 理论及其与实践的辩证关系[N]. 光明日报,2009-11-24.

[166] 檀传宝. 教师伦理学专题[M]. 北京：北京师范大学出版社,2000.

[167] 檀传宝. 学校道德教育原理[M]. 北京：教育科学出版社,2000.

[168] 谭贤政,卢家楣,张敏,等. 教师职业活动幸福感的调查研究[J]. 心理科学,2009,32(2),288-292.

[169] 汤成沅. 金石字典[M]. 北京：中国书店出版社,1995.

[170] 唐凯麟,刘铁芳. 价值启蒙与生活养成——开放社会中的德性养成教育[J]. 教育科学,2005,(3),1-5.

[171] 唐元毅. 师爱与教育[J]. 宜宾学院学报,2002,2(3),90-91.

[172] 瓦西列夫. 爱的哲学[M]. 梁萍,等,译. 北京：工人出版社,1985.

[173] 汪海彬. 职前教师情绪觉察的特点及优化[D]. 上海师范大学博士学位论文,2013.

[174] 汪海彬,陈妍,姜士成,等. 文献定量研究方法在青少年研究中的应用[J]. 青年学报,2016,(1),36-40.

[175] 汪海彬,刘婷,卢家楣,张俊杰. 情绪加工量表在中国大学生中应用的信效度检验[J]. 中国临床心理学,2013,(2),209-212.

[176] 汪海彬,卢家楣,姚本先,等. 职前教师情绪复杂性对情绪面孔加工的影响——来自行为、ERP 和眼动的证据[J]. 心理学报,2015,47(1),50-65.

[177] 汪海彬,张俊杰,刘婷,等. 情绪体验范围和区分性量表中文版在医学院大学生中应用的效度和信度[J]. 中国心理卫生,2015,(7),549-550.

[178] 王邦佐. 中学优秀教师的成长与高师教改之探索[M]. 北京:人民教育出版社,2000.

[179] 王标. 师爱滋润学的生机[J]. 中国教育学刊,2014,(4),103.

[180] 王超. 教育爱:师爱中的高贵"谎言"——兼论尊重与理解应是教育之底线[J]. 大学教育科学,2014,4(4),64-69.

[181] 王根顺,汪振江. 论教学模式与培养模式的关系[J]. 高等理科教育,2000,(2),1-8.

[182] 王海东. 美国当代成人学习理论述评[J]. 中国成人教育,2007,(1),126-128.

[183] 王海明. 伦理学原理[M]. 北京:北京大学出版社,2009.

[184] 王俊山. 中小学班主任的情感素质研究[D]. 上海师范大学博士学位论文,2011.

[185] 王鹏,侯钧生. 情感社会学:研究的现状与趋势[J]. 社会,2005,25(4),70-87.

[186] 王燕,张雷. 中国父母关爱行为的多维度测量研究[J]. 心理发展与教育,2007,23(2),68-75.

[187] 王颖. 学校怎样才能提高对名师养成的支持度[J]. 教育实践与研究,2008,(11),13-15.

[188] 王毓珣. 关于教育爱的理性思索[J]. 中国教育学刊,2001,(4),20-23.

[189] 王正平,郑百伟. 教育伦理学——理论与实践[M]. 上海:上海教育出版社,1998.

[190] 魏晨明. 中小学名师成长研究综述[J]. 教育科学论坛, 2015, 14 (18), 96-97.

[191] 魏宏聚. 论师生交往中"师爱"发生的价值秩序——以霍懋征、斯霞"师爱"实践探寻"师爱"发生机制[J]. 河南大学学报: 社会科学版, 2013, 53(3), 143-148.

[192] 魏萍. 走出师爱的误区[J]. 班主任, 2004, (5), 17-18.

[193] 魏书生. 班主任工作漫谈[M]. 桂林: 漓江出版社, 2002.

[194] 吴昌顺, 马开叔, 张纪光. 教师爱对学生学习积极性的影响[J]. 心理发展与教育, 1987, 3(2), 1-9.

[195] 吴非. "我为一辈子做小学教师感到自豪"——写在斯霞老师诞辰 100 周年之际[N]. 中国教育报, 2010-9-23.

[196] 吴康宁. 师爱不是什么[N]. 中国教育报, 2011-1-25(4).

[197] 吴立昌. 尴尬地处于马克思与弗洛伊德之间——从弗洛姆的《爱的艺术》说开去[J]. 上海大学学报: 社会科学版, 1995, (1), 23-29.

[198] 伍新春, 齐亚静, 吴亮, 张迪. 中小学教师工作特征问卷的编制[J]. 心理与行为研究, 2014, 12(1), 67-73.

[199] 西格曼, 瑞德尔. 生命全程发展心理学[M]. 陈英和译. 北京: 北京师范大学出版社, 2009.

[200] 肖川. 教育的智慧与真情[M]. 长沙: 岳麓书社, 2005.

[201] 肖巍. 女性主义关怀伦理学[M]. 北京: 北京出版社, 1999.

[202] 谢安邦. 师范教育论[M]. 北京: 中国建材工业出版社, 1997.

[203] 谢安邦, 朱宇波. 教师素质的范畴和结构探析[J]. 教师教育研究, 2007, 19(2), 1-5.

[204] 辛涛, 林崇德. 教师心理研究的回顾与前瞻[J]. 心理发展与教育, 1996, (4), 45-51.

[205] 辛自强, 林崇德, 俞国良. 教师互动问卷中文版的初步修订及应用[J]. 心理科学, 2000, 23(4), 404-407.

[206] 邢丹, 毕岩. 大学生情绪及其表达方式调查研究[J]. 校园心理, 2011, 9(6), 393-395.

[207] 邢利红. 当前高中生对教师素质需求调查分析[J]. 中国教育学刊, 2011, (9), 70-73.

[208] 熊川武. 学校管理心理学[M]. 上海：华东师范大学出版社，2011.

[209] 徐冬青. 教师工作的复杂性剖析[J]. 教育发展研究，2009，(4)，70-73.

[210] 徐明聪. 陶行知德育思想[M]. 合肥：合肥工业大学出版社，2009.

[211] 徐琴美，何洁. 儿童情绪理解发展的研究述评[J]. 心理科学进展，2006，14(2)，223-228.

[212] 亚米契斯，李思涯. 爱的教育[M]. 北京：大象出版社，2004.

[213] 燕国材. 论心理素质及其教育[J]. 云梦学刊，2000，(3)，71-75.

[214] 燕国材. 我国古代人性论的心理学诠释[J]. 上海师范大学学报：哲学社会科学版，2008，37(1)，113-125.

[215] 杨曾龙. 师爱的误区与师爱的艺术[J]. 广西教育学院学报，2002，(2)，136-137.

[216] 杨汉麟，陈峥，杨佳. 论裴斯泰洛齐爱的教育及其现实意义[J]. 天津：天津师范大学学报：社会科学版，2011，(3)，61-65.

[217] 杨丽珠，胡金生. 不同线索下3～9岁儿童的情绪认知、助人意向和助人行为[J]. 心理科学，2003，26(6)，988-991.

[218] 杨文领. 班主任工作中的师爱研究[J]. 思想战线，(S1)，2010，352-354.

[219] 杨晓平. 中小学教师非正式学习研究——基于自我统整的教师发展视角[D]. 西南大学博士学位论文，2014.

[220] 杨晓萍. 中学教师情绪智力及其相关因素的研究[D]. 西北师范大学硕士学位论文，2009.

[221] 杨秀英. 我看霍懋征教老师"聪明"[J]. 新课程：小学，2014，(5)，136-137.

[222] 叶澜. 教师角色与教师发展新探[M]. 北京：教育科学出版社，2001.

[223] 伊梅. 新形势下的"师爱"研究[D]. 东北师范大学硕士学位论文，2006.

[224] 于漪. 现代教师学概论[M]. 上海：上海教育出版社，1999.

[225] 岳伟. "生产性"的爱—教师爱之真谛[J]. 襄阳职业技术学院学报，2002，1(2)，23-26.

[226] 约翰·马克斯·坦普尔顿. 发现人生定律[M]. 韩慧强，等，译. 北京：国际文化出版公司，2003.

[227] 赞科夫. 和教师的谈话[M]. 杜殿坤译. 北京：教育科学出版社，1980.

[228] 赞科夫. 教学与发展[M]. 杜殿坤译. 北京：文化教育出版社，1980.

[229] 张冲. 教师幸福感发展现状和培养对策研究[J]. 中国特殊教育,2011,(9),31-36.

[230] 张大均. 教育心理学[M]. 北京：人民教育出版社,1999.

[231] 张大均. 论人的心理素质[J]. 心理与行为研究,2003,1(2),143-146.

[232] 张楚廷. 教学改革与素质教育研究[M]. 长沙：湖南师范大学出版社,1998.

[233] 张传有. 作为情感的爱与作为义务的爱[J]. 哲学研究,2012,(5),106-112.

[234] 张焕庭. 西方资产阶级教育论著选[M]. 北京：人民教育出版社,1979.

[235] 张建. 名师基地培养模式之缘由、理念及路径[J]. 教育研究,2015,(4),86-93.

[236] 张金凤. 霍懋征老师的四个"从没有"[J]. 黑龙江教育：中学版,2015,(10),46-47.

[237] 张俊杰,汪海彬,姚本先. 大学生生活满意度与生活事件的关系研究[J]. 心理研究,2009,2(5),92-95.

[238] 张良才. 中国古代教育家的师爱及其现代价值[J]. 教育研究,1999,(9),72-76.

[239] 张品兴. 人生哲学宝库[M]. 北京：中国广播电视出版社,1992.

[240] 张巧明. 初中学生心目中的理想教师形象研究[J]. 教育理论与实践,2014,(32),32-33.

[241] 张素玲. 行动学习及其在我国领导人才培训中的应用研究[J]. 国家教育行政学院学报 2009,(12),32-35.

[242] 张文新. 青少年发展心理学[M]. 济南：山东人民出版社,2002.

[243] 张焰,黄希庭,阮昆良. 从青少年学生的评价看教师的人格结构[J]. 心理科学,2005,28(3),663-667.

[244] 张振新,吴庆麟. 情境学习理论研究综述[J]. 心理科学,2005,28(1),125-127.

[245] 张之沧. 爱的结构分析[J]. 人文杂志,1998,(2),48-54.

[246] 赵昌木,徐继存. 教师成长的环境因素考察——基于部分中小学实地调查和访谈的思考[J]. 湖南师范大学教育科学学报,2005,4(3),16-22.

[247] 赵平. 师爱过当的心理归因及对策[J]. 兰州学刊,2009,(8),152-154.

[248] 赵荣昌,单中惠.外国教育史教学参考资料[M].上海:华东师范大学出版社,1991.

[249] 赵祥麟.外国教育家评传[M].上海:上海教育出版社,1992.

[250] 赵祥麟,王承绪.杜威教育论著选[M].上海:华东师范大学出版社,1981.

[251] 郑希付,邹爱红.中学生心理素质的构成因素研究[J].湖南师范大学教育科学学报,2004,3(2),97-102.

[252] 中共中央党校马克思主义哲学教研室.主体与客体[M].北京:中共中央党校出版社,1990.

[253] 钟启泉.现代教学论发展[M].北京:教育科学出版社,1992.

[254] 中国社会科学院语言研究所词典编辑室.现代汉语词典(第6版)[M].北京:商务印书馆,2012.

[255] 周丽丽.小学组织气氛与教师工作投入及其关系研究.教育学术月刊,2009,(2),51-53.

[256] 周瑞玲.教师传统价值观、工作价值观和工作投入的关系研究[D].哈尔滨师范大学硕士学位论文,2012.

[257] 朱凌莉.以心灵感动心灵　以师爱凝聚班级[J].上海教育科研,2006,(6),92-93.

[258] 朱小蔓.情感教育论纲[M].上海:人民出版社,2007.

[259] 朱小蔓,梅仲荪.儿童情感发展与教育[M].南京:江苏教育出版社,1998.

[260] 朱晓宏.重新理解教师之爱——基于舍勒的情感现象学视域[J].教育研究,2009,(11),53-57.

[261] 朱永新.理想的教师应具备怎样的素质[N].中国教育报,2000-10-11.

[262] 朱永新.中国教育思想史[M].上海:上海交通大学出版社,2011.

[263] 朱智贤.心理学大词典[M].北京:北京师范大学出版社,1989.

[264] 宗序亚.在文化与智慧的高度上践行师爱——基于师德实践性转向的思考[J].教学与管理:理论版,2014,(5),69-71.

[265] Agne, K. J. Caring: The way of the master teacher. *The role of self in teacher development*, 1999: 165-188.

[266] Aron, A., Aron, E. N., & Smollan, D. Inclusion of other in the self scale and the structure of interpersonal closeness. *Journal of Personality & Social Psychology*, 1992, 63(4), 596-612.

［267］Arthur M. The boundaryless career: A new perspective for organizational inquiry. *Journal of Organizational Behavior*, 1994, *15*(2),295 – 306.

［268］Baines, C. , Evans, P. M. , & Neysmith, S. Caring: Its impact on the lives of women. *Women's caring: Feminist perspectives on social welfare*, 1991: 11 – 35.

［269］Bandura, A. *Self-efficacy: The exercise of control*. Macmillan. 1997.

［270］Barber, T. 'A Special Duty of Care': Exploring the narration and experience of teacher caring. *British Journal of Sociology of Education*, 2002, *23*(3), 383 – 395.

［271］Bar-On, R. Emotional Quotient Inventory: Techni-cal Manaual. Toronto, *ON: Multi-Health Systems Ins*. 1997.

［272］Beck, L. G. *Reclaiming Educational Administration as a Caring Profession. Critical issues in Educational Leadership Series*. ERIC. 1994.

［273］Berscheid, E. , Snyder, M. , & Omoto, A. M. The relationship closeness inventory: Assessing the closeness of interpersonal relationships. *Journal of Personality & Social Psychology*, 1989, 57(5), 792 – 807.

［274］Bronfcnbrenner, U. The ecology of human development: Experiments by nature and design. Cambridge, MA: Harvard University Press. 1979.

［275］Camras, L. A. Children's understanding of facial expressions used during conflict encounters. *Child Development*, 1980, *51*（3）, 879 – 885.

［276］Cassidy, J. , Parke, R. D. , Butkovsky, L. , & Braungart, J. M. Family-peer connections: The roles of emotional expressiveness within the family and children's understanding of emotions. *Child Development*, 1992, *63*(3), 603 – 618.

［277］Chan D W, Hui E K P. Stress, support, and psychological symptoms among guidance and non-guidance secondary school teachers in Hong Kong. *School Psychology International*, 1998, *19*,169 – 178.

[278] Chaskin, R. J. , & Rauner, D. M. Youth and Caring. *Phi Delta Kappan*. 1995.

[279] Cherniss C. Emotional intelligence and the good community. *American Journal of Community Psychology*, 2002, *30*(1),1 - 10.

[280] Comstock, J. , Rowell, E. , & Bowers, J. W. Food for thought: Teacher immediacy, student learning and curvilinearity. *Communication Education*, 1995, 44(3), 251 - 266.

[281] Constanti, P. , & Gibbs, P. Higher education teachers and emotional labour. *International Journal of Educational Management*, 2004, *18* (4), 243 - 249.

[282] Carr-saunders. A. M. *The Profession*. Oxford: Clarendon Press. 1933.

[283] Charles R. Kniker, Natalie A. Naylor. *Teaching Today and Tomorrow*. Published by Charles E. Merill Publishing Co. p. 49. 1981.

[284] Gross, J. J. , Carstensen, L. L. , Pasupathi, M. , Tsai, J. , Skorpen, C. G. , Hsu, A. Y. Emotion and aging: experience, expression, and control. *Psychology & Aging*, 1997, *12*(4), 590 - 599.

[285] Decety, J. , & Lamm, C. Human empathy through the lens of social neuroscience. *Scientific World Journal*, 2006, *6*(3), 1146 - 1163.

[286] Dineke E. H. , Tigelaar, Diana H. J. M. , Dolmans, Inekeh A. P. , Wolfhagen & Cees P. M. , Vander V. The development and validation of a framework for teaching competencies in higher education . *Higher Education* , 2004, 48(3), 253 - 268.

[287] Eisenberg, N. , & Strayer, J. Critical issues in the study of empathy. *N. senberg & J. strayer Empathy* 1987.

[288] Elbaz, F. Hope, attentiveness, and caring for difference: The moral voice in teaching. *Teaching and Teacher Education*, *1992*, 8(5), 421 - 432.

[289] Galinsky, A. D. , Ku, G. , & Wang, C. S. Perspective-taking and self-other overlap: Fostering social bonds and facilitating social coordination. *Group Processes & Intergroup Relations*, 2005, *8*(2), 109 - 124.

［290］Gilligan，C. In a Different Voice. Harvard University Press. 1982.

［291］Gilligan，C. In a different voice: Psychological theory and women's development. *Contemporary Sociology*，1983，*12*(6)，39 - 40.

［292］Goldstein，K. , Goldstein，L. S. , & Lake，V. E. The impact of field experience on preservice teachers' understandings of caring. *Teacher Education Quarterly*，2003: 115 - 132.

［293］Goldstein，L. S. The Relational Zone: The role of caring eelationships in the co-construction of mind. *American Educational Research Journal*，1999，*36*(3)，647 - 673.

［294］Goldstein，L. S. , & Lake，V. E. "Love，love，and more love for children": exploring preservice teachers' understandings of caring. *Teaching & Teacher Education*，2000，*16*(8)，861 - 872.

［295］Goleman，D. *Emotional intelligence*，Scientific American，Inc. New York: Bantam Books. 1995.

［296］Gross，J. J. , & John，O. P. Facets of emotional Expressivity: Three self-report factors and their correlates. *Personality & Individual Differences*，1995，*19*(4)，555 - 568.

［297］Hackman，J. R. , & Oldham，G. R. Development of job diagnostic survey. *Journal of Applied Psychology*，*1975*，60，159 - 170.

［298］Hargreaves，A. Changing Teachers，Changing Times: Teachers' Work and Culture in the Postmodern Age. *Teachers College Press*. 1994.

［299］Hargreaves，A. The emotional politics of teaching and teacher development: with implications for educational leadership. *International Journal of Leadership in Education*，1998，(4)，315 - 336.

［300］Hargreves，A. Mixed emotions: teachers' perceptions of their interactions with students. Teaching and Teacher Education，2000，(16)，811 - 826.

［301］Hughes JN，Cavell TA，Jackson T. Influence of the teacher-student relationship on childhood conduct problem: A prospective study. *Journal of Clinical Child Psychology*，1999，28，173 - 184.

［302］Ingram，R. E. & Luxton，D. D. Vulnerability-Stress Models. In Abela

（Ed. ） . Development of Psychopathology： A Vulnerability-Stress Perspective （pp. 32 – 46）. Thousand Dask,CA： Sage Publications. 2005.

[303] Izard,C. E. ,&Harris, P. L. Emotional development psychopathology. *Developmental volume I ,Theory and Method*. New York： Wiley, 1995： 467 – 503.

[304] Jalongo, M. R. , & Heider, K. Editorial teacher attrition： An issue of national concern. Early *Childhood Education Journal* , 2006, *33*（6）, 379 – 380.

[305] Karasek, R. A. Job Demands. Job decision latitude,and mental strain： Implications for job design. *Administrative Science Quarterly*. （2）. 1979.

[306] Katz, L. G. Mothering and Teaching： Some Significant Distinctions. , In L. G. Katz （Ed. ）, *Current topics in early childhood education*, 1980, （Vol. 3, pp. 47 – 65）. , Norwood, NJ： Ablex.

[307] Keltner,D. *Born to be good: The science of a meaningful life*. New York： W. W. Norton & Company. 2009.

[308] Kennedy-Moore, E. , & Watson, J. C. *Expressing emotion: Myths , realities and therapeutic strategies*. New York： Guilford Press. 1999.

[309] King, L. A. , & Emmons, R. A. Conflict over emotional expression： psychological and physical correlates. *Journal of Personality & Social Psychology* , 1990, *58*（5）, 864 – 877.

[310] Klassen, R. M. , Foster, R. Y. , Rajani, S. , & Bowman, C. Teaching in the Yukon： Exploring teachers' efficacy beliefs, stress, and job satisfaction in a remote setting. *International Journal of Educational Research* , 2009, *48*（6）, 381 – 394.

[311] Kohl, H. Growing Minds： On becoming a Teacher. *Antioch Review* , 60. 2012.

[312] Lane, R. D. R. Levels of emotional awareness： Neurological, psychological, and social perspectives. *Cardiovascular Journal of Africa* , 2009, *20*（2）, 100 – 102.

[313] Lane, R. D. , & Schwartz, G. E. Levels of emotional awareness： a cognitive-developmental theory and its application to psychopathology.

American Journal of Psychiatry, 1987, 144(2), 133 - 143.

[314] Leavitt, R. L. *Power and emotion in infant-toddler day care.* SUNY Press. 1994.

[315] Lewis, J. L. , Ream, R. K. , Bocian, K. M. , Cardullo, R. A. , Hammond, K. A. , & Fast, L. A. Con Carino: Teacher Caring, Math Self-efficacy, and math achievement among Hispanic English learners. *Teachers College Record*, 2012, 114(7), 1 - 42.

[316] Lieberman, A. , & Miller, L. *Staff development for education in the '90s : new demands, new realities, new perspectives:* Teachers College Press, Teachers College, Columbia University. 1991.

[317] Linston, D. , &Garrison, J. *Teaching, Learning, and Loving: Reclaiming Passion in Educational Issues.* Cambridge, MA: Brookline Books. 2003.

[318] Lortie, D. C. *School teacher: A sociological inquiry.* Chicago University of Chicago Press. 1975.

[319] Lu, J. , Li, D. , & Xu, J. An Event-related potential study of maternal love in mothers. *Brain Topography*, 2012, 25(4), 399 - 407.

[320] Mariskind, C. Teachers' care in higher education: contesting gendered constructions. *Gender and Education*, 2014, 26(3), 306 - 320.

[321] Mayeroff, M. *On Caring.* New York: Perennial Library. Harper and Row. Reprinted. 1971.

[322] Mayer,J. D. , ipaolo, M. D. ,& Salvoey, P. Perceiving affective content in ambiguous visual stimuli: A component of emotional intelligence. *Journal of Personality Assessment*, 1990, 54 ,772 - 781.

[323] Max Weber. *Methodology of Social Sciences.* Transaction Publisher. 2000.

[324] McDermott, R. Social relations as contexts for learning in school. *Harvard Educational Review*, 1997, 47(2),198 - 213.

[325] Murphy,G. L. Noun phrase interpretation and conceptual combination. *Journal of Memory and Language*, 1990, 29(3), 259 - 288.

[326] National Council for Accreditationn of Teacher Education. Professional

Standards for the Accreditation of Schools, Colleges, and Departments of Education. Http: //www. ncate. org 2001.

[327] Nias, J. Thinking about feeling: the emotions in teaching. *Cambridge Journal of Education*, 1996, *26*(3), 293 – 306.

[328] Nilsson, M., Ejlertsson, G. O. R., Andersson, I., & Blomqvist, K. Caring as a salutogenic aspect in teachers' lives. *Teaching and Teacher Education*, 2015, *46*,51 – 61.

[329] Noddings, N. *Caring: A Feminine Approach to Ethics and Moral Education*. Hypatia. 1984.

[330] Noddings, N. Fidelity in teaching, teacher education, and research for teaching. *Harvard Educational Review*, 1986, *56*(4): 496 – 511.

[331] Noddings, N. *The Challenge to Care in Schools*, 2nd Editon: Teachers College Press. 1992a.

[332] Noddings, N. *The challenge to care in schools*: *An alternative approach to education*. New York: Teachers college press. 1992b.

[333] Noddings, N. *Educating Moral People: A Caring Alternative to Character Education*. ERIC. 2002.

[334] Noddings, N. Is teaching a practice? *Journal of Philosophy of Education*, 2003, *37*(2), 241 – 251.

[335] Noddings, N. *Caring as Relation and Virtue in Teaching*. *Hypatia*. 2007.

[336] O Connor, K. E. "You choose to care": Teachers, emotions and professional identity. *Teaching & Teacher Education*, 2008, *24* (1), 117 – 126.

[337] Pianta, R. C., Nimetz, S. L. Relationships between children and teachers: Associations with classroom and home behavior. *Journal of Applied Developmental Psychology*,1991, 12,379 – 393.

[338] Polkinghorne, D. E. Narrative knowing and the study of lives. *Aging and biography: Explorations in adult development*, 1996: 77 – 99.

[339] Purkey, S. C., & Smith, M. S. School Reform. The District Policy Implications Of The Effective Schools Literature. *Elementary School*

Journal, 1985, *85*(3), 352 - 389.

[340] Ritzer, G. Sociology: A Multiple Paradigm Science. *The American Sociologist*, 1975, 10, 156 - 167.

[341] Roffey, S. Pupil well being-Teacher well being: Two sides of the same coin? *Educational and Child Psychology*, 2012, *29*(4), 8.

[342] Rogers, C. R. *Freedom to Learn*. Ohiol: Merrill. 1983.

[343] Rogers, D. , & Webb, J. The Ethic of Caring in Teacher Education. *Journal of Teacher Education*, 1991, *42*(3), 173 - 181.

[344] Roorda, D. L. , Koomen, H. M. , Spilt, J. L. , & Oort, F. J. The influence of affective teacher-student relationships on students' school engagement and achievement a meta-analytic approach. *Review of Educational Research*, 2011, *81*(4), 493 - 529.

[345] Salovey, P. , Mayer, J. D. , Caruso, D. R. , & Lopes, P. N. *Measuring emotional intelligence as a set of abilities with the MSCEIT. In: S. J. Lopez and C. R. Snyder (Eds.). Handbook of positive psychology assessment*. Washington, DC: American Psychological Association. 2001.

[346] Scheve, C. V. & Luede, R. V. Emotion and social structures: Towards an interdisciplinary approach. *Journal for the Theory of Social Behaviour*, 2005, 3, 303 - 328.

[347] Scott, D. , & Usher, R. *Researching Education: Data, Methods and Theory in Educational Enquiry*. Bloomsbury Publishing. 2010.

[348] Seashore, S. E. Taber, T. D. Job satisfaction indicator sand their correlates. *Ameriean Behavioral Scientist*, 1975, *18*(3), 38 - 368.

[349] Sherman, M. D. , & Thelen, M. H. Fear of Intimacy Scale: Validation and Extension with Adolescents. *Journal of Social & Personal Relationships*, 1996, *13*(4), 507 - 521.

[350] Taylor, D. A. , Wheeler, L. , & Altman, I. Self-disclosure in isolated groups. *Journal of Personality & Social Psychology*, 1973, *26*(1), 39 - 47.

[351] Thayer-Bacon, B. J. The nurturing of a relational epistemology.

Educational Theory, 1997, 47(2), 239 – 260.

[352] Tinto, V. *Leaving College: Rethinking the Causes and Cures of Student Attrition*. ERIC. 1987.

[353] Tomlinson, J. M. , & Aron, A. The path to closeness A mediational model for overcoming the risks of increasing closeness. *Journal of Social & Personal Relationships*, 2013, 30(6), 805 – 812.

[354] Tosolt, B. Gender and race differences in middle school students' perceptions of caring teacher behaviors. *Multicultural Perspectives*, 2010, *12*(3), 145 – 151.

[355] Troman, G. Teacher Stress in the Low-Trust Society. *British Journal of Sociology of Education*, 2010, 21(3), 331 – 353.

[356] Tronto, J. C. Beyond gender difference to a theory of care. Signs, 1987: 644 – 663.

[357] Vogt, F. A caring teacher: Explorations into primary school teachers' professional identity and ethic of care. *Gender and Education*, 2002, *14*(3), 251 – 264.

[358] Vygotsky, L. S. *Mind in Society: The Development of Higher Psychological Processes*. Harvard university press. 1980.

[359] White, B. Caring and the Teaching of English. *Research in the Teaching of English*, 2003, 37(3), 295 – 328.

[360] Zembylas, M. Emotions and teacher identity: A post structural perspective. *Teachers and Teaching: Theory and Practice*, 2003a, 9(3), 213 – 238.

[361] Zembylas M. Caring for Teacher emotion: Reflections on teacher self-development. *Studies in Philosophy and Education*, 2003b, *22*(2), 103 – 125.

[362] Zembylas, M. Emotional ecology: The intersection of emotional knowledge and pedagogical content knowledge in teaching. *Teaching & Teacher Education*, 2007, 23(4), 355 – 367.